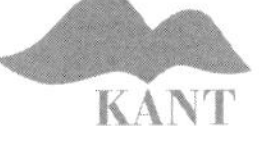
KANT

Vladimír Birgus

Cosi nevyslovitelného / Something Unspeakable

Vladimír Birgus děkuje za mimořádnou pomoc při přípravě této knihy /
For their extraordinary assistance in the preparation of this book Vladimír Birgus thanks:
Vojtěch Bartek, Jiří Böhm, Milan Brát / Fotonova Hronov, Eva Hodek, Marek Hrubý, Otakar Karlas, Karel Kerlický, Lucia Lendelová, Elzbieta Lubowicz, Janusz Nowacki, Václav Podestát, Tomáš Pospěch, Jiří Siostrzonek, Olga Sviblova, Ladislav Šmitke, Hana Štěchová, František Štěch, Dana Tausková, Milena Tučná, Jiří Votýpka, Matthew S. Witkovsky
& Darina, Helena, Daniel

ISBN: 80-86217-31-0

Also available through D.A.P. / Distributed Art Publishers, 155 Sixth Avenue, New York, N.Y. 10023. Tel. (001-212) 6271999
& Vice Versa Vetrieb, Dresdner Str. 118, D-10999 Berlin. Tel. (0049-30) 61609236), Fax (0049-30) 61609238), viceversa@comp.de.

VLADIMÍR BIRGUS MNOHOSTRANNĚ OVLIVŇUJE DĚNÍ v české fotografii jako fotograf, publicista, historik fotografie, pedagog a organizátor řady výstav. Tento neúnavný propagátor české fotografie je autorem a spoluautorem řady knih a více než 45 samostatných výstav a jedním z mála našich teoretiků a historiků fotografie, kteří pronikli na mezinárodní scénu. Je profesorem katedry fotografie FAMU v Praze a vedoucím Institutu tvůrčí fotografie Filozoficko-přírodovědecké fakulty Slezské univerzity v Opavě, z něhož od roku 1990 systematicky buduje prestižní vysokou fotografickou školu.

Fotografovat začal jako desetiletý ve školním fotokroužku v Příboře. Už tam se zajímal o aranžovanou fotografii, které se ještě intenzivněji věnoval během studia na gymnáziu v Olomouci-Hejčíně. V sedmnácti letech se poprvé představil na samostatné výstavě v olomoucké Galerii Pod podloubím, poskytující prostor mladým autorům i řadě neoficiálních umělců, v níž pak sám po mnoho dalších let pomáhal organizovat fotografické expozice. Od někdy až křečovitých a přesymbolizovaných inscenovaných výjevů, které nezapřou inspiraci pracemi brněnské skupiny Epos, se postupně dostal k myšlenkově hlubším sekvencím s jen lehce naznačeným a do slov obtížně převoditelným dějem (zde se patrně projevovalo jeho nadšení filmy Michelangela Antonioniho, jež dodnes považuje za jeden z vrcholů kinematografie) a k vytříbeným výtvarným detailům nahých těl černého muže a bílé ženy (cyklus Kontrapunkt z let 1973-1974) či k metaforicky pojatým fragmentům mořské hladiny nebo skal. Avantgardní malíř a fotograf a jeden z nejlepších českých znalců moderního umění Václav Zykmund, s nímž se seznámil během studií oboru literatura – divadlo – film na Filozofické fakultě Univerzity Palackého v Olomouci, napsal (pod pseudonymem Alena Šlachtová, protože z politických důvodů pod svým jménem publikovat nemohl) o cyklu Kontrapunkt v katalogu Birgusovy výstavy v brněnské Galerii mladých v roce 1974: „Podle mého názoru nejzajímavější soubor je ten, v němž autor konfrontuje fragmenty dvou nahých těl – tmavého muže a bílé ženy – v naprosto harmonických kompozicích, kde tónový kontrast, navozovaný spíše siluetami než iluzemi hmot, vyvolává přímé asociace základních pratvarů přírody. Jde o snímky, v nichž je vše dokonale „promyšleno". Racionalita fotografova postupu je však spíše racionalitou pro vnímatele než pro samotného fotografa, neboť umělec v těchto fotografiích realizuje především fyziologické vlastnosti člověka, tj. základní danost jeho smyslu pro kompozici, rytmus, proporcionalitu."

První sociálně zaměřené dokumentární fotografie – záběry z penzionu pro mentálně postižené děti, v němž o prázdninách pracoval jako dobrovolník – vytvořil Vladimír Birgus už roce 1972 v Belgii. Ale teprve o tři roky později, při návštěvě Velké Británie, se začíná sociální fotografii věnovat programově. Práce z cyklu East End byly publikovány ve třetím čísle Československé fotografie v roce 1976. O rok později se ve stejném časopise objevují i záběry z druhé cesty do Británie v roce 1976, které již míří hlouběji pod povrch události při současném uvolnění obrazové skladby. Můžeme v nich poprvé sledovat kompoziční amorfnost i vyhrocenější myšlenkovou koncepci. Od této doby už nejsou v centru Birgusova zájmu konkrétní lidé ani konkrétní země, ale všeobecnost prožívaných emocí. Jeho cílem je vytvořit autentický snímek ze života, který by měl potřebné formální hodnoty, odpovídající symbiózu konkrétnosti a symboličnosti, současně odrážel autorův pohled a především pomáhal divákovi něco ostřeji uvidět a lépe pochopit. Birgus si pomalu vytvářel vlastní nonkonformní fotografický rukopis. I formálně byly jeho fotografie snadno rozpoznatelné. Prezentoval je bez jemných valérů, v ostrých kontrastech černé a bílé a s výrazným zrnem.

Velkou roli v další fotografické i životní cestě Vladimíra Birguse sehrál profesor Ján Šmok, zakladatel a dlouholetý vedoucí katedry fotografie na pražské FAMU. Birgus na to vzpomíná: „Profesor Šmok mě fascinoval od první chvíle, kdy jsem ho spatřil na jakési přednášce pro olomoucké fotografy. Byl to skvělý řečník a diskutér. Šíří a hloubkou svých znalostí, schopností přesně formulovat, dramaticky fabulovat a vtipně pointovat stejně jako svou suverenitou, šarmem a nebojácností se tolik lišil od většiny ustrašených kantorů, s nimiž jsem se do té doby setkával na různých školách. Sám příliš nefotografoval, ovšem když jsme po jeho smrti z nikdy nevystavovaných snímků připravili malou výstavu, ukázalo se, že ve skutečnosti byl dobrým fotografem. Především však vytvořil vlastní originální teorii sdělování a uměl fotografie precizně analyzovat a upozorňovat na nejrůznější chyby, takže mnoha fotografům včetně mne pomohl v jejich začátečnickém tápání. Každý týden jsem pak dojížděl do jeho pražské „školičky", což byla jakási neoficiální přípravka na FAMU. Ačkoliv jsem při přijímacích zkouškách na katedru fotografie v roce 1974 skončil na prvním místě, na ministerstvu školství mi nepovolili souběžné studium na FAMU a na olomoucké Filozofické fakultě, kde se mi líbilo a z níž jsem nechtěl odejít. Šmok se snažil nějak to zařídit, ale nepovedlo se, a tak jsem začal studovat aspoň mimořádně a jezdil jsem jednou a někdy i dvakrát týdně z Olomouce rychlíkem po páté ráno, abych byl v devět na přednáškách na FAMU. Po čtyřech letech mi Šmok nabídl, abych působil na katedře jako asistent, což jsem nadšeně přijal. A začalo to tvrdě – hned první den mě jmenoval ročníkovým učitelem v ročníku, v němž byli všichni studenti kromě Štěpána Grygara starší než já. Ale docela mě brali. Katedra fotografie byla tehdy díky Šmokovu obratnému vedení skutečně jakousi oázou v čase nesvobody. A i když pan profesor mnohé štval svými neustále měněnými systémy různých předpisů, termínů, průvodek, číselných kódů a razítek, bohatě to vynahrazoval nejenom nezapomenutelnými výlety na Karlštejn, do Poněšic nebo do Levoče či svými pábitelskými historkami, ale zejména tou svobodou. To byl dar k nezaplacení."

V roce 1977, ještě předtím, než začal působit na FAMU jako pedagog, založil Birgus se svými přáteli Petrem Klimplem a Josefem Pokorným skupinu Dokument. Formálně se inspirovali novými proudy dokumentární fotografie, které stály v určité opozici k tradiční živé fotografii ve stylu tzv. „rozhodujících okamžiků". Netradiční v tehdejším domácím kontextu byla i systematická programová orientace na motivy spjaté s lidmi středního věku, která vyústila skupinovým projektem Produktivní věk. Paralelně se snímky myšlenkově blízkými orientaci skupiny se Birgusův zájem přesouvá od sociologicky orientovaného dokumentu k symboličtěji a mnohem obecněji pojatým subjektivním fotografiím. K této změně nemálo přispěla i nepřízeň doby. Sociologicky zaměřená fotografie nebyla na konci sedmdesátých let příliš společensky využita, jen ojediněle se dostávala na stránky časopisů, autorsky koncipované publikace téměř nevycházely. Většinu z vystavovaných a publikovaných prací tvořily vesměs povrchně popisné snímky, které často neinvenčně zobrazovaly dávno známé skutečnosti. Tento handicap se týkal jinak výrazné a nadějné žilinské skupiny Oči a projevil se i na projektu Produktivní věk skupiny Dokument nebo na výsledcích fotografické dokumentace Žižkova z přelomu sedmdesátých a osmdesátých let.

Snímky Vladimíra Birguse jsou obvykle označovány jako subjektivní dokumenty. Přiřazují se tedy k takovým polohám momentních fotografií, které zejména ve Spojených státech v padesátých letech rozvíjeli Louis Faurer, Lisette Modelová, William Klein, Robert Frank a další představitelé tzv. newyorské školy fotografie. V Československu, kde na sklonku padesátých let vystřídaly kašírované snímky ve stylu socialistického realismu humanistické fotoreportáže a fotografie ve stylu poezie všedního dne, se až na výjimky (Viktor Kolář) subjektivní dokument neuplatňoval a Frankova či Kleinova tvorba byla mezi českými a slovenskými fotografy na rozdíl od populárních děl Henriho Cartier-Bressona, Wernera Bischofa nebo Davida Seymoura téměř neznámá.

Charakter subjektivního dokumentu naplňuje už raný Birgusův soubor Spáči, jenž vznikal od roku 1974. Birgus se tehdy vydal cestou vizuálního dobrodružství přetavování reality. Od studia na FAMU až do současnosti, již tři desetiletí, rozvíjí svůj soubor Cosi nevyslovitelného. Fotografuje obvykle v zahraničí, kde má na fotografování na rozdíl od domova obvykle čas. Jeho tvorbu charakterizuje jasná konstrukce a racionalita, která však není na překážku emotivnímu vizuálnímu sdělování. Racionalitu prozrazuje i pečlivá kompozice, působící někdy snad také jako záměrná dekompozice. Birgus neorganizuje to, co chce zobrazit, ale organizuje plochu obrazu, vztahy zobrazovaných figur. Neužívá optickou ani pohybovou neostrost, vše je téměř vždy ostré. Pro Birgusovu tvorbu je také charakteristická práce se stíny, které mají nezřídka symbolický význam. Snímek často umocňuje ostrá hrana mezi světlem a stínem, konfrontace člověka s jeho vlastní siluetou, přítomnost fotografa prostřednictvím jeho stínu.

Vývoj Birgusovy subjektivní dokumentární tvorby je neobyčejně myšlenkově celistvý. Charakterizuje jej plynulé budování symbolického jazyka směřujícího od jednoznačných a verbalizovatelných obsahů. Vše na jeho snímcích je potenciálním nositelem možných vizuálních významů. Postupně opouští dějovost, zbavuje se náznaků příběhů. V průběhu let se omezuje na stále menší počet výrazových prvků, soustředí se na několik osob a náznaky gest, které bychom ani při nejlepší vůli nemohli nazvat dějem.

Ve světě Birgusových fotografií je každý sám pro sebe, lidi na různých polednících a rovnoběžkách však mnohé spojuje. Stojka u stanů na náhorní planině Kirgizie je podobná stojce mezi stěnami domku pobřežní hlídky v Miami Beach a stojce v newyorském Central Parku na pozadí mrakodrapů. Najdeme zde míjející se chodce na ulicích, objímající se dvojice, symbolizující intimitu a člověčenství mezi zástupy anonymních lidí, každodenní situace, které se opakují tolikrát, že jsou vlastně nespatřitelné. Muž ležící na chodníku v rohu snímku a v druhém koutě staří lidé, snad manželská dvojice, si cloní rukou oči a dívají se kamsi do nedohledna mimo snímek. Tak jsme si navykli vnímat typické snímky Vladimíra Birguse. Ale o čem že vlastně „hovoří"?

Skutečný význam těchto fotografií není konkrétní a jasně definovaný, vždy odvisí od divákovy ochoty myšlenkově spolupracovat při dešifrování jemných symbolů a metafor. Obecně můžeme Birgusovy snímky charakterizovat snad jako pocity z velkoměst: konfrontace člověka s prostorem, který vytvořil, kontrast člověka a monumentální velkoměstské architektury, zachycení samoty. Nekonvenčně komponovanou momentní fotografií vkládá Vladimír Birgus do souboru Cosi nevyslovitelného mnohovýznamovou výpověď, v níž tematizuje lidský smutek, osamělost a odcizení, pocity vykořenění člověka uprostřed davu, často prostřednictvím zachycování momentů vydělujících konkrétní osobu od ostatních. Taková nesounáležitost jedince s okolím je vždy psychologicky dráždivý prvek. Lidé jsou nezřídka zobrazeni bez kontextu s vlastním prostředím, s pohledem upřeným do dáli, cloní si oči, aby lépe viděli. Zasaženi něčím mimo obraz sledují to námi neviditelné. Mnohdy jsou natolik vzdáleni, že jim není vidět do tváře a jejich výraz zůstává pro diváka nepostřehnutelný. Anonymní lidé, kteří gesty ani výrazem tváře nenavazují dialog. Jsou ponecháni sami sobě, vrženi do tohoto světa, bloudí v něm, ale nikdo jim nepomůže.

Vladimír Birgus neopatřuje své snímky obvyklým názvem, vycházejícím vstříc divákově interpretaci, ale jen věcným uvedením místa a data vzniku. Není však důležité, jestli vznikly v Londýně, v Moskvě, New Yorku, Varšavě, Miami nebo v Praze. Jeho fotografie totiž sdělují především to, co není možné vyjádřit slovy, ale co lze naznačit obrazem. Ostatně vyjadřovat se obrazem je hlavní úkol fotografa a název Cosi nevyslovitelného je jakýsi autorským návodem, jak číst tato díla. Birgusovy fotografie jsou především zrcadly našeho nitra. Nemanipulují námi, obsahují jen to, co si v nich dokážeme nalézt. Přestože jde často o momentní fotografie lidí z dalekých, často exotických zemí, atraktivní prostředí tu nehraje významnou roli; ostatně případné zbytky nechtěné atraktivity se rozplynuly po otevření hranic na začátku devadesátých let. Tím, co zůstává, je obecnost sdělení: je jedno, ve které zemi byla fotografie pořízena. Pod zdánlivě jednoduchými a na první pohled snad i motivicky nepříliš zajímavými záběry se skrývá bohatý jazyk nuancí gest a významů, systematicky rozvíjený už třetí desetiletí. Birgusovy snímky jsou tak pravým opakem toho, co obvykle laický divák očekává. Autor nevyhledává atraktivní pohledy na známá místa a neusiluje o postižení „tváře" dané krajiny pokud možno v sumě jediné pohlednice, ale zobrazuje motivy, které rezonují s jeho vnitřním světem.

Od začátku 80. let Vladimír Birgus fotografuje paralelně na

černobílý a barevný (inverzní) materiál, od 90. let pak barva v jeho snímcích dominuje. V české dokumentární fotografii je promyšlené využívání psychologických a emotivních účinků barev stále ještě značně výjimečné. Birgus se nikdy nenechává svést pestrostí barev. Pracuje většinou s jedinou barvou v jinak barevně nevýrazném prostředí nebo nebarevné figury vkládá na výrazný, zpravidla červený, žlutý či modrý podklad. Snaží se neponechat barevnou skladbu záběru náhodě, ale podřídit ji výrazu snímku do té míry, že výsledný vjev se vymyká běžné vizuální zkušenosti. Záběr je pak stejně málo reálný jako abstrahující škála jasů fotografie černobílé. Birgusovy barevné snímky se tak do jisté míry stávají mostem mezi dokumentární a abstraktní výtvarnou fotografií.

Vývoj Birgusovy dokumentární tvorby charakterizuje plynulé

budování metaforického jazyka vzdalujícího se od jednoznačných a do slov snadno převoditelných obsahů. Postupně opouští dějovost, soustředí se na několik málo osob a jen naznačená gesta. Výpovědní síla novějších snímků je stále důrazněji stavěna na výtvarných aspektech barev, elementárních tvarů či konfrontací světel a stínů. Z tohoto rejstříku pak vystupuje mlčenlivá řeč nevyslovitelného. Na důrazu zde postupně nabývá mnohoznačnost vizuálních metafor a bohatá síť významů. Do popředí se tak dostává to, pro co autor sám na začátku osmdesátých let razil označení subjektivní dokument – zobrazení pocitů, onoho „nic moc se neděje, ale je to zajímavé". Zatímco v rané Birgusově tvorbě můžeme spatřit vliv děl Roberta Franka a Williama Kleina, v pozdějších černobílých fotografiích lze postřehnout určité paralely s tvorbou Charlese Harbutta či Josefa Koudelky a v barevných snímcích s fotografiemi Alexe Webba. Záměrná nedramatičnost a citlivost pro motivy odcizení může zase připomenout některé Antonioniho či Wendersovy filmy.

Vladimír Birgus až obsedantně sleduje takové motivy, které souzní s jeho vnitřním světem. Ať je kdekoliv, hledá své obrazy. Jeho fotografie jsou symboly univerza.

Tomáš Pospěch

VE FOTOGRAFIÍCH VLADIMÍRA BIRGUSE NEJDE ANI TAK o důraz na brilantnost techniky či o soustavné uplatňování jistých výtvarných zákonitostí, především kompozičních, ale daleko spíše o důraz na vyhraněné, osobité vidění. Birgusův pohled či systém, jemuž je jeho vidění podřízeno, má v sobě četné aspekty, s nimiž jsme se v naší fotografii buď vůbec nesetkávali nebo setkávali zcela ojediněle.

Ve světové fotografii bylo jistě vytvořeno mnoho snímků, které inklinovaly k podobnému vidění, ale většina z nich nesla a nese viditelné stopy aranžování. Takový způsob, i když má také své oprávnění, přenáší však fotografické skutečnostní znaky nikoli do roviny symbolických významů nabízejících divákům prožitky abstraktních a všeobecně lidských kvalit, ale většinou do roviny alegorie či záznamu konkrétního hereckého výkonu. Nestane-li se tak – a to je právě případ Birgusův – pak si znovu ověřujeme, že viděná, předem neupravovaná skutečnost je vždy neopakovatelná a že dokáže samo o sobě vtisknout konečnému výsledku pečeť originality.

Nejcharakterističtějším rysem Birgusových snímků je konfrontace scény vytvořené reálnými postavami či jen jednou postavou, a prostředím, v němž se odehrává hlavní děj. Tato konfrontace má zpravidla rysy kontrastu či protikladu. (...) Autorovi nejde o tragédie, zdrcující fakta či beznaději. Lidé na jeho snímcích prostě chodí po ulicích, tlačí vozíky, ženy nosí chléb, muži zamračeně kráčejí s cigaretou v ústech, děti si hrají, míří dětskou pistolkou či stojí na hlavě před vzdálenou a zcela civilní budovou, starší a silnější žena, opírajíc se o hůlku, jde podle vozovky, na níž je napsáno NO. To všechno jsou každodenní, všední a zdánlivě nudné jevy, které, Birgusem zobrazeny, získávají nevšednost charakterizovanou – mimo jiné – přesně odpozorovanou fyziognomií, jež sugestivně vyjadřuje vztah zobrazených postav k životu, k situaci, v níž se nalézají. Někdy je to únava, jindy netečnost či radost, zarputilost, letargie, stesk i vášnivá zaujatost. Je to právě tento zmíněný rys Birgusových fotografií, který je dominantní. To, že v rámci této zobrazovací metody se jaksi dodatečně uplatňují i výtvarné prvky (především dobře volená kompozice), je již méně podstatné, byť fotografická mluva, cele podřízená významu, je sama jeho nositelkou.

Václav Zykmund:
Vladimír Birgus. *Fotoforum* (Oslo), 1982, č. 3, s. 40-41.

VE SVÝCH FOTOGRAFIÍCH NÁM VLADIMÍR BIRGUS UKAzuje člověka, který se na chvíli odpoutal od okolního vesmíru a obrátil se sám k sobě, do svého vnitřního světa. Vnější tvářnost jeho existence je pro něj v takové chvíli irelevantní, protože neslyší své okolí, jeho fyzické prostředí je vyměněno za nitro, v bdění či snění. Je to jistá forma kontemplace, stav, ve kterém se západní člověk utíká k duševním technikám Východu, spíš ovšem z touhy být na chvíli sám se svým mikroosudem než programově. V cyklu Spáči tak protagonisté činí i fyziologicky – uzavřením sama sebe proti světu spánkem, často v kuriózních situacích. Cyklus Cosi nevyslovitelného zachází dál, přináší uzavření psychické, jehož vnější podoba může být na rozdíl od spánku velmi rozmanitá. Člověk může při tom hledět do dálky, stát na hlavě či zavřít oči při opalování: rozhodující je, že v této chvíli je hluboce sám sebou. Mohl by vzniknout dojem, že Birgus glorifikuje pasivního člověka. Takový výklad by byl velmi primitivní. Koncentraci nelze pokládat za pasivitu.

Několikrát se v souvislosti s Birgusovou fotografickou tvorbou objevilo tvrzení, že porušuje či dokonce neguje výtvarné zákonitosti. Je tomu spíše naopak: důsledně je aplikuje v oblasti, kde na to nejsme zvyklí. Výsledkem je unikátní symbióza živé fotografie s výtvarnou rafinovaností. Birgus výrazně omezuje počet obrazových prvků, pracuje promyšleně s tonalitou, vyhýbá se optické a pohybové neostrosti, volí rozmístění prvků tak, aby koncentroval pozornost na hlavní postavu a dal divákovi možnost uvědomit si lidské zastavení v čase a ponoření do vnitřního světa. V poslední době k tomu přispívá i důmyslné využití barvy, která se zatím v české dokumentární fotografii objevuje jen zcela výjimečně.

V Birgusových fotografiích jde většinou o „cosi nevyslovitelného", ale je to přece jen vysloveno dodatečně zřetelně, abychom tomu rozuměli, i když slovy se to vyjadřuje těžko.

Ján Šmok:
Vladimír Birgus. In: *Contemporary Photographers*.
St. James Press, Detroit a Londýn 1995, s. 100.

KROMĚ KRÁTKÉ EPIZODY V OBLASTI VÝTVARNÉ FOTOgrafie je Birgus především bytostným dokumentaristou, pohybujícím se v souřadnicích, které kladou důraz na vizuální kvality motivu. Birgusovy obrazy jsou intelektuální komunikací s divákem, ale především osobní komunikací s bytím člověka ve světě.(...) Všechny nedefinovatelné situace, které fotograf zaznamenává, jsou organizovány do vizuálních znaků. Sama situace je nedefinovatelným znakem, až svou transformací do obrazu může získat svůj význam. Pro tvorbu Vladimíra Birguse je charakteristická intelektuální a logická metoda, vizuální výzkum vzájemných souvislostí situací v konkrétním (ale jen lehce načrtnutém) prostředí.

Aleš Kuneš:
„Na cestě“ s fotografickými dokumenty Vladimíra Birguse.
Denní Telegraf (Praha) 2. 4. 1997.

POUŽITÍ BAREVNÉHO FILMU PŘINÁŠÍ DO FOTOGRAFIE většinou až příliš mnoho reality, zobrazené v celé její barevné škále. Jinak to vypadá na fotografiích Vladimíra Birguse: barva se tu naopak stává faktorem, jenž vnáší do obrazu abstraktní prvek. (...) Velké plochy dominantní barvy způsobují, že snímky získávají nereálné prvky, které připomínají spíše abstraktní malířství než nemanipulovaný obraz skutečnosti. Přestože autor využívá možnosti budování prostoru pomocí soustavy plochých geometrických skvrn, jeho práce jsou demonstrativně čistě fotografické. Ignorují pravidla malířské kompozice tím, že nechávají mimo záběr části postav a věcí, lámou perspektivu, protože za sebe kladou velmi blízké a velmi daleké prostorové plány.

Spojení prvků abstraktního obrazu a kvazireportáže v jednom snímku přináší zvláště intenzivní efekt nereálnosti obrazu. Fotografované postavy, které jsou obrazem velmi reálných osob zachycených při pohybu nebo uprostřed nějakého gesta, budí dojem, že jsou umístěny ve fiktivním prostoru abstraktního obrazu určovaného plochými barevnými skvrnami. Všední každodenní prostor ulice, na první pohled dobře známý, získává nový význam. To, co je pro nás známé a triviální, najednou představuje tajemnou a neznámou skutečnost.

V jakýchkoliv scénách, které vypadají na první pohled náhodně a nečekaně, objevujeme nejen nadreálný prostor, ale také zvláštní souhru forem. Dvě podobné ženské postavy, které kráčejí po chodníku v Chicagu, z nichž jedna je zachycena zezadu a druhá zepředu, působí, jako by byly zrcadlovým obrazem jediné osoby. Stíny dvou osob scházejících na fotografii s fragmentem Eiffelovy věže po schodech dolů, jsou jakousi zvláštní kopií ženy v červeném, která vychází nahoru. Vysoko na zdi nakreslená velká oranžová tečka na fotografii z Gorzówa „kopíruje“ tvar míče, s nímž si hraje malý chlapec. Vidíme také stín chlapce a míče, jenž se jakoby nachází v jiné skutečnosti, neboť míč není níž, jak by měl, ale výš, než je chlapcova zdvižená ruka.

Stíny na fotografiích Vladimíra Birguse hrají vždy významnou roli. Tvoří jakýsi jiný svět, souběžný se světem, v němž vládne světlo a barva, a stejně skutečný jako on. Na snímku z Rovinje, kde jsou na pravém okraji záběru tři stíny a před otevírající se temnou propastí ve středu fotografie, komponované mezi dvě zářivě červené plochy, je patrný fotografův stín, vidíme dva různé světy – svět světla a svět stínu, které se vzájemně stýkají, prolínají a násobí. Snímek tanečníka z Miami Beach ukazuje skutečné objekty a stíny, které tvoří dva téměř symetrické obrazy – podobně jako v zrcadlovém obraze, ve kterém jeden neúplně kopíruje druhého; stín může být jednou odrazem předmětu a jednou jiného stínu.

Vladimír Birgus je mistrem tvorby, která sugeruje spojení několika různých skutečností v jednom obraze. (...) Podobného efektu je možno dosáhnout obvykle použitím fotomontáže několika negativů. Zde však jde o čistou, nemanipulovanou fotografii. Děj na snímku se obvykle odehrává v několika plánech. Každý z nich budí dojem, jako by byl přenesen z úplně jiného časového prostoru. Na snímku žonglérů z pláže v Barceloně třeba vidíme pět samostatně se pohybujících postav v odlišných časoprostorech.

Když se díváme na díla Vladimíra Birguse, které zachycují jakoby situaci uprostřed děje, může se nám na první pohled zdát, že představují scény, k nimž lze děj jednoduše dopsat, podobně jako by to byly jednotlivé obrázky filmu. Je to však jenom zdání. Takový pokus totiž ihned odhaluje chybějící vzájemnou provázanost mezi osobami a dějem. Fotografie působí, jako by spojovaly v jednom záběru obrázky z různých filmů. Představují jakýsi anti-film, který interpretuje realitu ne jako lineární následnost faktů, jež tvoří vazbu „příčina – výsledek“, ale jako koexistenci různých časoprostorových políček.

Fotografie Vladimíra Birguse, které vypovídají o existenci dvou souběžných „světů“, přinášejí skutečnější a pravdivější poznání než zdánlivě realistický film, jenž uměle spojuje nespojitelné střípky naší komplikované reality. V dalším, ještě hlubším významu tyto fotografie objevují jiný druh současné mnohosti světů. Tento dojem může vzniknout tehdy, sledujeme-li několik osob v náhodném hloučku anonymních kolemjdoucích: každá z nich v souladu se svým jedinečným svědomím vnáší svůj odlišný náhled na svět. Další význam těchto fotografií se týká tajemné podstaty skutečnosti, kde věci a stíny vytvářejí vzájemně se prolínající dva světy, řídící se nám neznámými pravidly. Nakonec ještě objevujeme jeden význam týkající se nejisté podstaty našeho vnímání, protože skutečnost se zde často zaměňuje s iluzí, a to, co vnímáme jako přímý kontakt, se může ukázat čistě vizuálním obrazem, v podstatě abstrakcí, kterou vytváříme, když chceme obsáhnout a uchopit realitu.

Elżbieta Lubowicz:
Rzeczy i cienie. Fotografia postartystyczna Vladimíra Birgusa. *Format* (Wrocław), 2002, č. 41, s. 71-73. Přeložil Martin Štěrba.

OD OSMDESÁTÝCH LET ZAČAL BIRGUS VE SVÝCH DOKUmentárních fotografiích preferovat barvu. Ovšem hovořit o barvě v jeho fotografiích může být nepřesné. Barevná škála snímků bývá velmi často redukována do tlumeného podání modré i skoro černobílé, na druhé straně se můžeme setkat s výraznou, dominantní červenou či žlutou plochou. Podobně jako v moderním malířství, kdy barva nezřídka nemá přesně dokládat vžitou skutečnost reálného světa, autor vybírá z barevného spektra jen jeho část. Červená plocha má v sobě sílu i žár, je barvou odhodlání; ponuře temně modré prostředí zase může vyvolávat tesklivý pocit nenaplněnosti, blížící se noci a jednou provždy končícího dne. Například na snímku pořízeném v Paříži v roce 1990 můžeme postupně dešifrovat fragment Eiffelovy věže na pozadí jednolitě modré oblohy v sousedství dominantní okrové zdi. Zdánlivě plochá kompozice nabývá na tajemnosti pomocí ostře vržených stínů (snad za časného úsvitu či na sklonku dne). Důležitou roli hrají stínem vymezené kráčející postavy, proti nimž z hloubky tmavé plochy vystupuje osamocená žena v červeném. Mohlo by se zdát, že jde o nedůležitou postavu, ale právě ona je středobodem celého obrazu: naplňuje jej neklidem a v jeho kompozici vytváří i tolik potřebnou barevnou protiváhu ostatním monochromatickým plochám.

Podobnou paralelu můžeme vidět i na fotografii pořízené v roce 1995 kdesi na Manhattanu. Setkáváme se zde s výrazně červenou plochou novinového stánku, který působí jako obrovité technické monstrum, i s postavami utápějícími se v temnotě mohutné zdi. První figura, oděná do červeného pláště, snad vyjadřuje naději a cestu vpřed, prostřední černá postava se vzdaluje a je možná symbolem mizejícího tajemství.

Příklad dvou popisovaných snímků naznačuje, že přestože autor nikdy nearanžuje a spoléhá jen na nalézání přízračných okamžiků mnohdy zdánlivě zcela obyčejných scén, v nichž se spojuje reálno se surreálnem, rád pracuje se symbolikou, pečlivě volí výslednou kompozici, využívá tonálních a barevných kontrastů velkých ploch i drobných detailů, do obrazu nezřídka zapojuje také stíny, ale divákovi v konečném vyznění ponechává tolik důležitý svobodný prostor pro vlastní výklad naznačeného. Jeho nejednoznačné příběhy jsou obrazové, nikoliv literární. Znepokojují nás náznakem děje, který každý z nás může vnímat s různou intenzitou. Mívají totiž několik rovin. Vypovídají o autorových a přeneseně i o našich pocitech a náladách, často o samotě uprostřed davů, ale i o skrytých touhách a o tom, co nosíme ve svých duších.

Václav Podestát:
Vladimír Birgus. Something Unspeakable. *Imago* (Bratislava), 2002, č. 14, s. 16-17.

VLADIMÍR BIRGUS INFLUENCES THE CZECH PHOTOgraphy environment in a number of ways, as a photographer, publicist, photography historian, educator and organizer of many exhibitions. He is an untiring promoter of Czech photography and an author and co-author of many books about photography; and one of only a few Czech theoreticians and historians of photography who have become known internationally. As a professor of the Photography Department at the Film and Television Faculty of the Academy of Performing Arts in Prague and the Head of the Institute of Creative Photography of the Silesian University in Opava, from which he has methodically been building a prestigious academy of photography since 1990.

He started taking photographs when he was ten, in a student photo club in Příbor. At that time he was interested in staged photography, which he pursued with still greater intensity during his secondary school studies in Olomouc. When he was 17, he had his first solo exhibition in the Arcade Gallery in Olomouc. That gallery often gave opportunity to young and unofficial artists, and he himself in the following years helped to organise photography exhibitions there. From fitful, occasionally symbolically over-charged scenes, undeniably influenced by the Epos group then active in the nearby city of Brno, Birgus gradually came to intellectually more profound sequences, in which the storyline is barely indicated and difficult to express in words. These works suggest his enthusiastic admiration for the movies of Michelangelo Antonioni, which Birgus still feels are some of the best ever made. Other, equally advanced series from this time feature selective, aestheticized details of the naked bodies of a black man and a white woman (Counterpoint, 1973-74) and metaphorically conceived fragments of sea water and cliffs. Avant-garde painter and photographer Václav Zykmund, one of the most prominent authorities in Czech modern art, who met Birgus during the latter's university studies (Department of Literature, Theater anfd Film, Palacký University, Olomouc) wrote (under the pseudonym Alena Šlachtová, his real name suppressed for political reasons) about the Counterpoint series for the catalogue to an exhibition held by Birgus at the Galerie mladých (Young People's Gallery) in Brno in 1974 : "In my opinion, the most interesting is the series in which the author opposes fragments of two naked bodies – of a dark-skinned man and a light-skinned woman – in thoroughly harmonious compositions; the tonal contrast, which is indicated by silhouettes rather than by illusion of mass weight, evokes unmediated associations with fundamental natural archetypes. These are photographs in which everything is "carefully planned" – but this apparently rational approach is more valid for viewers than for the author, who was led by human physiology, i.e. his innate sense of composition, rhythm and proportions."

Birgus's first series of socially oriented documentary photographs – taken in a mentally handicapped children's home, where he had a summer job as a volunteer – was created in Belgium in 1972. But it was only three years later, when visiting the United Kingdom, that he began to work systematically in this area. Parts of the East End series were published in the third issue of Československá fotografie in 1976. A year later the same magazine published photos taken during his second visit to the UK in 1976; those later works went even deeper under the skin of events, even as Birgus loosened his compositional structure. Here we observe the first indications of a compositional formlessness accompanying a sharpened underlying conception. Henceforth, attention in Birgus's work is focused not on particular people or countries but on the universality of emotional experience. His goal has been to create authentic photographs from life with the requisite formal values corresponding to a symbiosis of the concrete and the symbolic, which at the same time reflect the author's point of view and above all help the viewer to see and understand more clearly. Birgus slowly created his own photographic signature. Even from a formal standpoint his photographs were easy to recognise, especially in the Czech context. They were presented without tonal gradation, in sharp, grainy contrasts of black and white.

Professor Ján Šmok, the legendary founder and long-time head of the Photography Department of the Academy of Performing Arts (FAMU) in Prague, played a very important role in Vladimír Birgus's life and work. Birgus recalls his influence: "Professor Šmok fascinated me from the moment I first saw him, at a lecture for Olomouc photographers. He was a terrific orator and panellist. With his breadth and depth of knowledge, his ability for precise formulation, dramatic invention and witty endings, and his self-confidence, charm and courage, he differed so greatly from most of the frightened teachers I had met until then at various schools. He did not photograph much himself; after his death, however, we arranged a small exhibition of his unseen, unpublished photographs and it showed that he was in fact a good photographer. But above all he had his own, original theory of communication, and could analyse photos precisely and point out all sorts of mistakes. Because of this, he helped many photographers, myself included, in their beginners' fumblings. I came to his Prague "school" every week – it was an unofficial preparatory course for FAMU. I placed first in the admissions test for photography in 1974, but the Ministry of Education would not let me study there and also at the Philosophical Faculty of Palacky University, which I liked and did not want to leave. Šmok tried hard to arrange things, but unsuccessfully. So I began by sitting in at least, going once or sometimes twice a week by express train, leaving Olomouc at 5 am to be at the Academy in time for 9 am lectures. After four years, Šmok offered me an assistant's position at the Department and I enthusiastically accepted. The beginning was hard – the first day he appointed me a tutor for a group in which all the students except Štěpán Grygar were older than me. But they accepted me. Thanks to Šmok's skilful leadership, the Photo Department was an oasis of freedom in times characterised by the lack of it. Well, he bothered everyone a lot with all his regulations, deadlines, tags, numerical codes and rubber stamps, but all the same he made up for that by unforgettable trips to Karlštejn, Poněšice or Levoča, by his windjammer stories and – above all – the freedom. It was a priceless gift."

In 1977, before he began to teach at FAMU, Vladimír Birgus founded the Dokument group together with his friends Petr Klimpl and Josef Pokorný. The three were inspired by new trends in documentary photography, which ran counter to the tradition of reportage in the style of the "decisive moment." Another non-traditional aspect in the Czech context of that time was the group's systematic focus on middle-aged people, resulting in their project Productive Age. In addition to images conceptually close to the orientation of the group, Birgus shifted his interest from sociological work to much more general and symbolic, subjective photographs. This change was effected to a large extent under the influence of the time. Documentary photography was not much appreciated in society; it found its way into magazines only rarely, and books designed by the photographers themselves almost never appeared. Most exhibited and published photographs were superficially descriptive, uninventive representations of conventional realities. This handicap affected the otherwise outstanding and promising group Oči (Eyes), from Žilina, and even the Productive Age project by Dokument, as well as the documentation of Prague-Žižkov undertaken in the late 1970s – early 1980s by FAMU teachers and students.

The photographs by Vladimír Birgus are usually understood as subjective documents. As such, they are aligned with approaches developed by Louis Faurer, Lisette Model, William Klein, Robert Frank and other representatives of the "New York School of Photography" in the USA in the 1950s. At the same time in Czechoslovakia, where cheap socialist-realist photography alternated with humanistic reportage and a poetics of everyday life, the subjective documentary style found a voice only exceptionally (Viktor Kolář). Unlike Henri Cartier-Bresson, Werner Bischof or David Seymour, whose work held great popularity, Frank and Klein were virtually unknown among Czech and Slovak photographers.

The character of subjective documentary work can be seen in Birgus's early series Sleepers, begun in 1974 when Birgus began his studies at FAMU. With unconventionally composed snapshots Vladimír Birgus puts in his Something Unspeakable series a multi-faceted testimony in which are joined sadness, loneliness and estrangement, and a feeling of uprootedness. Photographs are nearly ideal mirrors, which do not manipulate us but speak about what is going on inside of us, or – perhaps even more accurately – what we are able to find in them.

Birgus set off on a visual adventure to recast reality. His art is characterised by the clarity of its construction and by its rationality, which however does not interfere with an emotive visual message. His rationality is betrayed as well by the meticulous composition, which on occasion seems to be calculatedly uncomposed. He does not organise what he wants to depict, but rather the space of the photograph and the relationships between figures in it. He does not use optical or movement blur, almost everything in his pictures is sharp. Also characteristic of Birgus's work is his often symbolic use of shadows. Many photographs feature a clear definition between light and shade, the confrontation of a person with his or her own shadow, occasionally even the shadowed presence of the photographer himself.

The development of Birgus's subjective documentary work is characterised by extraordinary integrity and the ongoing construction of his own symbolic language out of unambiguous and verbally expressible meanings. Everything in his pictures has the potential to carry visual meanings. The underlying story is gradually left behind, and any signs of it are dropped. Over the years, the author has used fewer and fewer expressive elements, concentrating on a few persons and gestures that we could not call a story even if we really wanted to.

One is on one's own in this world. Headstands at tents on a Kirghiz plateau, or between the walls of a baywatch house on Miami Beach, or in Central Park with skyscrapers in the background. A couple embracing, a little humanity and intimacy in an anonymous crowd. A man lying on the sidewalk in one corner of a photograph, while an elderly couple in another corner, perhaps husband and wife, shield their eyes and gaze somewhere far beyond the picture. Pedestrians passing each other in the street. Everyday situations that repeat themselves so many times that we do not really see them any more. This is the typical perception of Vladimír Birgus's photographs. But what are they "speaking" about?

The real significance of these photographs is not concrete. We might characterise them in a general way as impressions in a metropolis: the confrontation of man and the man-made environment, the contrast between people and monumental city architecture, loneliness captured in a crowd. The people in Birgus's photographs are often looking elsewhere, their backs turned, or stand so far away that we cannot see their faces and expressions. Anonymous people who do not open a dialogue by gestures or facial expressions. They are left to themselves, wandering in the world into which the have been cast, and no one will help them. They stand with eyes closed, looking somewhere far away, screening their eyes to see even better, as if struck by something outside the picture, following something invisible to us; they walk, caught in the banality of walking, or just stand on their hands.

It doesn't matter whether Birgus took his photographs in London, Moscow, New York, Warsaw, Miami or Prague. As Miroslav Vojtěchovský remarked in the catalogue to an exhibition of his work in Opava, Birgus's colour photos have the attributes of a well-set trap for uninformed viewers: snapshots of people from far abroad, often from exotic countries. But the attractive environment plays no important role in the photographs, and if there were remnants of such exoticism, they disappeared once the borders were opened in the early 1990s. What remains is the universality of communication, regardless of the country in which the photographs were taken.

Apparently simple and, at first sight, perhaps thematically uninteresting views conceal a rich lexicon of gestural nuance and meanings, which has been developed for three decades now. Birgus's photos contravene lay viewers' expectations. He does not seek attractive views of well-known places and does not try to catch the "face" of a landscape as on a postcard, but instead depicts motifs that correspond to his inner vision.

In the course of these three decades, a certain development may be discerned. Birgus' photography is less and less narrative, and its communicative strength lies increasingly in visual aspects - colour, light and shadow, form. At the same time, what has come to the fore is that which the author himself described with the term "subjective document" in the early 1980s: the representation of feelings, that "nothing much is happening, but it's interesting."

From the beginning of the 1980s he has been taking both black-and-white and colour photographs. Colour documentary photography is still not well represented in the Czech context. Birgus is not simply using colour film instead of black-and-white, however, but rather working with colours as independent visual components in order to accord a psychological and emotive impact to the photograph. He has never let colour lead him astray in colour photographs, as if he carried over the principles of work in black and white to the realm of colour. He mostly uses one colour in a non-coloured environment, or shows non-coloured figures against distinctive-coloured (usually red or yellow) background. A woman curls dreamily on the edge of a bench, her only complement in the infinite visual plain the photographer's shadow. A painted rear facade of a house and a man with a cone bag of sweets who multiplies his pleasure by basking in the last rays of the setting sun. He does not leave the colour composition to chance but subordinates it to photographic expression to such an extent that the result departs from ordinary optical experience, rendering the photograph as little "real" or "probable" as the fantastic, abstract range of black-and-white photographs. In this sense, the photographs of Vladimír Birgus bridge the realms of documentary and abstract creative photography. Wherever he is, he looks for the images he carries within him. His photographs are symbols of the universe.

Tomáš Pospěch

PHOTOGRAPHS BY VLADIMÍR BIRGUS ARE NOT SO MUCH characterised by brilliant technique or consistent application of visual relationships; most emphasis is put on pronounced originality. Birgus's view, or system governing such view, contains many aspects we have not seen in Czech photographs in the past, or saw only sparsely.

Many photographs have been created in the world photography that tend to display similar views; however, most of them have always shown certain signs of "stage-management." Such an attitude may have good reasons, but the resulting work is more an expression of allegory or actors' performance than experiences of abstract or generally human qualities. If such artificiality is not present, the unarranged, raw reality - such as shown by Birgus – proves unrepeatable and is, in its own right, able to imprint originality into the result.

The most characteristic feature of Birgus's photographs is confrontation between realistic main characters of the scenes and the environment in which the story is taking place. This confrontation is usually based on a contrast. (...) The author is not interested in tragedy, devastating facts or hopelessness. People in his photos simply walk in the streets, push trolleys, women carry bread and men gloomily walk with cigarettes in their mouths. Children are playing, aiming a toy pistol or doing a headstand in front of a distant, ordinary-looking building; an elderly lady, leaning on a walking stick, is walking along a street on which "NO" is written. These everyday, ordinary and apparently boring things take on remarkableness when seen through Birgus's camera, remarkableness which is – among other things – characterised by exact observation of physiognomy, suggestively expressing the characters' attitude to life and the actual situation. Sometimes it is tiredness, sometimes apathy or joy, stubbornness, lethargy, sadness or passion. This is the dominant feature of Birgus's photographs. This method of expression, as a sort of by-product, also brings forth certain visual elements (especially a good composition), but this plays a secondary role, even though the photographs' expression is governed by the meaning, and at the same time it is a platform on which the meaning is based.

Václav Zykmund:
Vladimír Birgus. *Fotoforum* (Oslo), 1982, No. 3, p. 40-41.

IN HIS PHOTOGRAPHS VLADIMÍR BIRGUS PRESENTS man as just having detached himself from the context of the surrounding universe and turned into himself, into his innermost world. Whether walking or moving in any other way, man seems to be just about the same as if standing, sitting or sun-bathing. The actual outward apperance of his existence is irrevelant at such moments, since during those split seconds man is deaf to the outside world, oblivious to it. The world's physical environment has been exchanged for a inner world of his own, whether he is awake or dreaming. This constitutes a specific form of contemplation, through wchich western man escapes to the realm of Eastern mental techniques out of desire to be on his own with his fate for a time, rather than outside any chosen programme.

This could easily give the impression that Vladimír Birgus is actually bent on glorifying a passive kind of man. But that would be a dangerous oversimplification. It is necessary to come back to firm ground every now and then for man to be able to rebel against heaven – it is vital to return to the sources of rivers in order to appreciate the vastness of the ocean.

On several occassions Birgus's photographs have given rise to the criticism that he has been guilty of violating or, indeed, negating valid laws of art. But the truth lies elsewhere: he has applied these laws very consistently, but to creative materials where we are simply unaccustomed to encounter them. All the signs are that these artistic tendencies of his early years have found their expression there. The outcome is a rare symbiosis of life photography with the sophistication and refinement of an artist. Just observe how Birgus restricts the number of pictorial elements applied, how he handles tonality, how ingeniously he often uses colours, how he avaids emotional and optical perfection of any kind and how carefully he distributes his elements in order to focus attention on the main figure, to highlight to the viewer the pausing of man in time, his immersion in his own inward world.

True, there is "Something Unspeakable" involved, but still it is expressed sufficiently clearly for us to understand the imagery, however hard it is to spell it out in words.

Ján Šmok:
Vladimír Birgus. In: *Contemporary Photographers.* St. James Press, Detroit & London 1995, p. 100.

APART FROM A SHORT EPISODE IN VISUAL PHOTOgraphy, Birgus is a born documentarist, who exists in coordinates that put emphasis on a motif's visual qualities. Birgus's pictures are means of intellectual dialogue with viewers, but even more they represent his personal communication with human existence in the world around us. (...) All situations that lack exact definitions but are recorded in the photos are organised by their visual signs. The situation itself is a non-definable sign, which can be assigned some meaning only when transformed into the picture. Vladimír Birgus's work is characterised by his intellectual and logical method, and visual exploration of mutual relationships between different situations in a particular (but only slightly outlined) environment.

Aleš Kuneš:
"On the Way" With Vladimír Birgus's Photographic Documents.
Denní Telegraf, April 2, 1997.

USING COLOURS USUALLY BRINGS TOO MUCH REALIty to photographs; but it is not the case of Vladimír Birgus's photographs, into which colours bring abstract elements. (...) Large areas in dominant colours bring unrealistic atmosphere to them, so that they remind us of abstract paintings more than of reality recordings. The author makes use of spatial construction with the aid of flat geometric spots, but his work remains provably photographic. He ignores the rules of painting composition by leaving parts of figures and other objects outside of the field of vision, putting together near and distant space elements.

A combination of abstract-painting and quasi-reportage elements in one photograph brings about a very intensive impression of unreality. The figures, depicting realistic-looking people in movement or gesturing, make an impression of being located in a fictitious space of an abstract painting defined by flat colour-spots. Everyday view of a street, so well-known to all of us, thus acquires a new meaning. Things we know well - and take for granted - become mysterious and unknown.

In scenes that at first sight look random or unexpected we find a specific accord of forms in a surreal world. Two similar women walking on a Chicago street, one of them depicted from behind and the other from the front, look as if they were mirror images of the same person. Shadows of two people walking down the stairs from the Eiffel Tower are peculiar copies of a woman in red dress who is walking upstairs. A large orange spot high on the wall on a photo from Gorzów, is a "copy" of the ball played with by a small boy. We can also see here shadows of the boy and the ball, which seem to be parts of a different reality since the ball is higher than the boy's hand, and not lower as it should be.

Shadows play an important role in most of Birgus's photographs. They represent a strange world, parallel to and as real as the one full of light and colours. Let us have a look at the Rovinj photograph: we can see three shadows on the right hand side of the picture, and the photographer's shadow in the central part, continuing into the black depth in the middle, between two bright-red areas – we witness here the world of light and the world of shadows, and these two worlds are mutually intertwined, blended and amplified. A Miami Beach dancer's photograph shows real objects and their shadows in a nearly symmetrical arrangement, as if mirror images that are imperfect copies of each other; a shadow can be a reflection of a real object or of another shadow...

Vladimír Birgus is a master of creations that indicate several different facts in one picture. (...) A similar effect can be and usually is achieved by a photomontage of several negatives. His, however, are non-manipulated, "clean" photographs. His pictures' motifs usually follow several plans, and each of them makes an impression of being brought from a completely different time-space. Let us take an example of five Barcelona jugglers, where we can see five separately moving figures in five different time-spaces.

Watching Vladimír Birgus's photos that seem to catch a situation "on the move," we may feel that the story hidden behind them could be easily reconstructed, as if they were just freeze-frames of a movie. Well, it is not so. If we make an attempt at such a "reconstruction," we will immediately find out that there is no relationship between the figures and the story, it is more like freeze-frames of several movies put together, a sort of an"anti-movie," which interprets the reality not as a linear "cause-and-effect" sequence, but rather as several time-spatial frames coexisting in parallel.

Vladimír Birgus's photographs, which express existence of "two parallel worlds," ultimately bring about cognition that is truer and more real than that displayed in an apparently realistic film, which finds artificial links between unattached facets of the complicated reality we live in. In another, deeper meaning the photographs reveal a different kind of parallel variability of worlds. This deeper meaning can be found if we watch several persons in a random group of anonymous passers-by: each of them represents his/her individual perception of the world. Still another meaning is hidden in the mysterious substance of reality, in which objects and their shadows create two intertwined worlds existing within rules we know nothing about. Finally, there is a meaning connected with the uncertain roots of our perceptions, in which real facts are blended with illusions – what we take for a direct contact may be a visual image, an abstraction we create in an effort to view and understand the world around us.

Elżbieta Lubowicz:
Rzeczy i cienie. Fotografia postartystyczna Vladimira Birgusa.
Format (Wrocław), 2002, No. 41, pp. 71-73.

FROM THE 1980s VLADIMÍR BIRGUS BEGAN TO GIVE preference to colour. The range of colours which he uses in his photographs is very often reduced to subdued shades of blue and almost black-and-white. On the other hand, we can often come across a striking, dominant use of a red or yellow surface. Just as in modern painting, when colour is frequently not intended to precisely portray deeply-rooted reality of our world, Vladimír Birgus chooses only a part of the colour spectrum. A red area contains strength and a glow and a loud signals is revealed by colour. In a photograph taken in Paris in 1990 we can decipher the torso of the Eiffel Tower against the background of a blue sky and also the neighbourhood of dominant ochre wall. The seemingly flat composition acquires its mysterious character by means of thrown shadows (perhaps during the early dawn or at the end of the day) in which an important role is played by shadow-indicated moving figure opposite which there emerges from the depth of the dark area a contrasting, small red area of a realistically portrayed figure. It seems that it is an unimportant figure, but in actual fact it is the important central point of the whole picture which fills it with restlessness and, in the composition of the photograph, creates the so necessary colour counterbalance to the rest of the monochromatic areas.

A similar parallel can be seen in a photograph which was taken somewhere in the streets of Manhattan in New York in 1995. Nothing points to a concrete place in wealthier or poorer quarters. Here we see a conspicuous red area of a newspaper stand, which figuratively looks like an enormous technical monster, as well as figures moving against a huge wall. The first, attired in a red coat, expresses hope, the way ahead, while the smaller black figure in the centre, receding into the distance, is quite possibly a metaphor for sorrow.

The example of the two incidentally described photographs indicates that the photographer is fond of working with symbolic meanings. Naturally, he doesn' t forget the careful composition even though considerably remote from the classical rules. He uses tonal and colour contrasts, but in the final tenor he leaves the viewer the so important free scope for his or her own interpretation of what is intimated. He is indifferent to the questions of whether his photographs originate here or there, because he doesn't provide full/value information about a concrete place. In the present rapid course of the world every passing second has its own importance and climax.

It is quite possible that viewers will find in Vladimír Birgus's photographs a number of other ties and symbols and consequently also episodes. It can be said that his photographs are about emotions, moods, hidden desires and experiences. He disturbs us with an indicated happening which everyone can perceive in his or her own way. With an abundance of everyday situations he shatters our restless and hectic era into thousands of fragments and reverberations in our own selves.

In the first plane of observation Vladimír Birgus's photographs present miniepisodes taking place in the most varied places of our planet, while in the second they mainly inform us about the present hurried process of globalization of society, loneliness in the middle of a crowd, the contrasts between dreams and reality, the not fully said and the suspected. Thus about the inner state borne with various degrees of intensity in our souls.

Václav Podestát:
Vladimír Birgus. Something Unspeakable. *Imago* (Bratislava),2002, No. 14, pp. 16-17.

VLADIMÍR BIRGUS

Narozen 5. 5. 1954 ve Frýdku-Místku. Vystudoval gymnázium v Olomouci-Hejčíně (1973) a obor Literatura-divadlo-film na Filozofické fakultě Univerzity Palackého v Olomouci (1978, doktorát 1980), paralelně mimořádně studoval fotografii na FAMU v Praze (1974-78). Od 1978 byl odborným asistentem, od roku 1994 docentem a od roku 1999 je profesorem katedry fotografie na FAMU, kde v letech 1998-2002 vedl Kabinet dějin a teorie fotografie. Od roku 1982 byl vedoucím Institutu výtvarné fotografie SČF, od 1990 je vedoucím Institutu tvůrčí fotografie FPF Slezské univerzity v Opavě. Od roku 2001 je členem Evropské společnosti pro dějiny fotografie. Je redaktorem časopisu Imago za Českou republiku, vedoucím redaktorem sborníku Listy o fotografii a stálým spolupracovníkem Mladé fronty Dnes a časopisů Ateliér, Fotograf, Photonews, European Photography, Kwartalnik Fotografia, Portfolio aj. Je členem Vědecké rady Filozoficko-přírodovědecké fakulty Slezské univerzity v Opavě, Pražského domu fotografie a nákupní komise Muzea umění v Olomouci. Kurátor galerií Velryba v Praze a Opera v Ostravě.

VLADIMÍR BIRGUS

Born in Frýdek-Místek on 5 May 1954. Completed grammar school in Olomouc (1973), Literary, Theatre and Film Studies at Faculty of Philosophy, Palacký University, Olomouc (1978, Ph.D. in 1980), and simultaneously a programme in Photography at Film and Televsion Faculty of the Academy of Performing Arts (FAMU), Prague (1974-78). Appointed Research Assistant in 1978, Associate Professor in 1994, and Professor (1994) at the Department of Still Photography, FAMU, in 1998-2002 was Head of its History and Theory of Photography Section. Directed the Czech Photographers' Union Institute of Art Photography from 1982, and the Institute of Creative Photography, Faculty of Philosophy and Science, Silesian University, Opava, since 1990. Member of the European Society for the History of Photography since 2001. Czech Editor for the Imago journal and Chief Editor of Listy o fotografii; writes regularly for the Mladá fronta Dnes daily and journals Ateliér, Fotograf, Photonews, European Photography, Kwartalnik Fotografia, Portfolio, etc. Member of the Scientific Board, Faculty of Philosophy and Science, Silesian University, Opava, Prague House of Photography and Purchasing Committee, Olomouc Museum of Fine Arts. Curator of galleries Velryba in Prague and Opera in Ostrava.

SAMOSTATNÉ VÝSTAVY (výběr) / PERSONAL EXHIBITIONS (selection)

1971 Galerie Pod podloubím, Olomouc

1972 Divadlo Rokoko, Praha
Výstavní síň Fotochema, Ostrava

1974 Galerie Pod podloubím, Olomouc

1975 Výstavní síň Fotochema, Ostrava

1976 Galerie mladých, Brno
Galerie Pod podloubím, Olomouc

1978 Komorná galéria fotografie, Žilina
Národní dům, Prostějov
Výstavní síň Fotochema, Ostrava

1979 Galerie Pod podloubím, Olomouc
Biuro Wystaw Artystycznych, XI. Konfontacje Fotograficzne, Gorzów

1980 Malá galerie Československého spisovatele, Praha

1981 Fotografijos galerija, Kaunas (s Ondřejem Kavanem)
Fotografijos salon, Vilnius (with Ondřej Kavan)
Fotografijos museos, Šiauliai

1983 Galerie F, Banská Bystrica (s Josefem Pokorným / with Josef Pokorný)

1984 Výstavní síň Fotochema, Praha
Mala galeria ZPAP, Gorzów

1985 Canon Photo Gallery, Amsterdam
Výstavní síň SČF, Česká Lípa

1986 Kellergalerie, München (s Wolfgangem Zurbornem / with Wolfgang Zurborn)

1988 Stara galeria ZPAF, Warszawa
Museum für Photographie, Braunschweig (s Petrem Klimplem a Josefem Pokorným / with Petr Klimpl and Josef Pokorný)
Komorní galerie fotografie Jaromíra Funka, Dům pánů z Kunštátu, Brno (s Petrem Klimplem a Josefem Pokorným / with Petr Klimpl and Josef Pokorný)
Galerie 4, Cheb (s Petrem Klimplem a Josefem Pokorným / with Petr Klimpl and Josef Pokorný)

1990 Salzburg College, Salzburg
Galerie Mathurin, Tours
Výstavní síň Foma, Praha

1991 Fotogalerie im Haus Bohl, Eisenach
FM, Siegen

1993 Galerie Friedrichstrasse, Berlin

1996 České centrum, Dom umenia, Mesiac fotografie / Month of Photography, Bratislava

1997 Pražský dům fotografie / Prague House of Photography, Praha
Galerie 4, Cheb
Dům umění města Brna, Brno
Slezské zemské muzeum, Opava
Galerie Opera, Národní divadlo moravskoslezské, Ostrava

1998 Galerie Caesar, Olomouc

1999 Galerie Stará pošta, Nový Jičín
Malá výstavní síň, Liberec

2000 Galerie Maecenas, Plzeň

2001 Centrum Kultury „Zamek“, Poznań
Galeria pf, Poznań

2003 Pražský dům fotografie, Galerie Oskara Kokoschky, Praha
Tschechisches Zentrum, Berlin
BWA, Wrocław
Moskevský dům fotografie / Moscow House of Photography, Moskva

SKUPINOVÉ VÝSTAVY (výběr) / GROUP EXHIBITION (selection)

1970-76 Mladí fotografové ukazují Evropu / Young Photographers Show Europe, München.

1974-78 Fotografia academica, Pardubice.

1976 Portrét v současné moravské fotografii / Portrait in Contemporary Moravian Photography. Galerie výtvarného umění, Hodonín.

1979, 1980 Mladí fotografové / Young Photographers. Galerie Aréne, RIP, Arles.

1981 Fotografie 81. Galerie Na Újezdě, Praha.
Východoevropská fotografie / East European Photography. Galerie Aréne, Arles 1981.

1982 Aktuální fotografie ze sbírek Moravské galerie / Topical Photography from the Collection of Moravian Gallery. Moravská galerie, Brno.

1984 Česká výtvarná fotografie / Czech Creative Photography. Galerie “d”, Praha 1984.
Aspekty československé fotografie / Aspects of Czechoslovak Photography. Thackeray and Robertson Gallery, San Francisco 1984.
Salón pozvaných / Salon of Invited. BWA, Lódź, (1986, 1988).

1985 27 současných československých fotografů / 27 Contemporary Czechoslovakian Photographers. The Photographers' Gallery, London (Bristol).
Fotografie aktu ve východní Evropě/ The Nude Photography

in East Europe. Torino Fotografie 85, Torino 1985 (Amsterdam).

1986 Tělo v československé fotografii / The Body in Czechoslovak Photography. Muzeum Kroměřížska, Kroměříž.
Mladí českoslovenští fotografové / Young Czechoslovak Photographers. Galerie Aréne, Arles.

1987 Užité umění výtvarných umělců do 35 let / Applied Art by Young Artists Under 35 Years. Mánes, Praha.
Aktuální fotografie 2 – Okamžik / Topical Photography 2 – The Moment. Moravská galerie, Brno (Cheb, Bechyně, Žďár nad Sázavou).

1988 Fotografie pedagogů a studentů FAMU / Photographs by Teachers and Students of FAMU. Helsinki.

1989 Proměny české dokumentární fotografie. Galerie 4, Cheb 1989 (Praha, Szczecin).
150 fotografií ze sbírky Moravské galerie / 150 Photographs from the Collection of Moravian Gallery. Moravská galerie, Brno.
Československá fotografie 1945-1989 / Czechoslovak Photography 1945-1989. Valdštejnská jízdárna, Praha 1989.
Salón užitého umění / Salon of Applied Art. Průmyslový palác, Praha 1989.
Současná československá fotografie / Contemporary Czechoslovak Photography. Holland Foto 89, Nieuwe Kerk, Amsterdam.
Československý listopad 1989 / Czechoslovak November 1989. Výstavní síň Foma, Praha (České Budějovice, Hradec Králové, Graz, Strasbourg, Nürnberg).

1992 Co nového: Praha? / What's New: Prague. Art Institute, Chicago.

1993 Jména PHP / Names of PHP. Pražský dům fotografie / Prague House of Photography, Praha.
Česká a slovenská fotografie od meziválečné doby do současnosti / Czech and Slovak Photography From Between the Wars to the Present. Fitchburg Art Museum, Massachussetts (Boston, Middlebury, Seattle, Monaco).
Akt / The Nude. Národní technické muzeum, Praha.

1994 Jména PHP / Names of PHP. Pražský dům fotografie / Prague House of Photography, Praha.

1995 Jména PHP / Names of PHP. Pražský dům fotografie / Prague House of Photography, Praha.

1996 Pedagogové katedry fotografie FAMU / Teachers of the Department of Photography of FAMU. Lichtenštejnský palác, Praha.

1997 Naposledy / Last Time. Pražský dům fotografie / Prague House of Photography, Praha 1997.

1998 Česká a slovenská fotografie / Czech and Slovak Photography. Muzeum umění, Benešov u Prahy 1998 (stálá expozice – permanent exposition).
Pedagogové katedry fotografie FAMU / Teachers of the Department of Photography of FAMU. Lichtenštejnský palác, Praha.

2000 Praha-Kraków. Galeria Krzysztofory, Kraków.

2001 Pedagogové Institutu tvůrčí fotografie FPF Slezské univerzity v Opavě / Teachers of the Institute of Creative Photography of Silesian University in Opava. Dům umění, Opava (Ostrava, Poznań).
Současná česká dokumentární fotografie / Contemporary Czech Photography. 6. Internationale Fototage, Herten (Leverkusen, Dormagen).

2002 Česká a slovenská fotografie 80. a 90. let 20. století / Czech and Slovak Photography of the 1980s and 1990s. Muzeum umění, Olomouc (Dom umenia, Bratislava).
Česká dokumentární fotografie / Czech Documentary Photography. Leica Gallery, New York.
Divadlo života – Tanec smrti / Theatre of Life – Dance of Death. Galerie Roxy-NOD, Praha.

KURÁTOR VÝSTAV (výběr) /
CURATOR OF EXHIBITIONS (selection)

1979 Deset mladých fotografů / Ten Young Czechoslovak Photographers. Galerie Pod podloubím, Olomouc 1977 – Canon Photo Gallery, Amsterodam 1979.

1979, 1981, 1983 Fotografie studentů FAMU / Photographs by Students of FAMU. RIFE CILECT, Thermal, Karlovy Vary.

1980 Dokumentární fotografie na FAMU /FAMU Documentary Photography . Konfrontacje Fotograficzne, BWA, Gorzów (Galerie výtvarného umění, Hodonín 1980, Dům umění, Brno 1981).

1981 Fotografie z pražské FAMU / Photographs from FAMU in Prague. Stadthalle, Oberhausen.

1984 Mladá československá fotografie / Young Czechoslovak Photography. Konfrontacje Fotograficzne, BWA, Gorzów.
Fotografie z FAMU / Photographs from FAMU. Fotografijos galerija, Kaunas (Fotografijos salon, Vilnius).

1985 Fotografie absolventů FAMU / Photographs by Graduates of FAMU. Dům pánů z Kunštátu, Brno.
Eugen Wiškovský. Torino Fotografia 1985, Galleria d'Arte Narciso, Torino.

Současná litevská a lotyšská fotografie / Contemporary Lithuanian and Latvian Photography. Komorná galéria fotografie, Bratislava 1985.

Ze současné litevské fotografie / From the Contemporary Lithuanian Photography. Dům umění města Brna, Brno.

1986 Mladí českoslovenští fotografové / Young Czechoslovak Photographers. Galerie Aréne, Arles (s Miroslavem Vojtěchovským / with Miroslav Vojtěchovský).

15 let Institutu výtvarné fotografie. Fotografijos galerija, Kaunas (Vilnius, Šiauliai, Brno, Praha, Cheb).

Mladá československá fotografie / Young Czechoslovak Photography. Fabrik Foto Forum, Hamburg (s Denisem Brudnou / with Denis Brudna).

1987 Česká inscenovaná fotografie / Czech Staged Photography. Konfrontacje Fotograficzne, BWA, Gorzów.

Fotografie absolventů FAMU / Photographs by Graduates of FAMU. Uměleckoprůmyslové muzeum, Praha (se Zdeňkem Kirschnerem / with Zdeněk Kirschner).

1989 Současná československá fotografie / Contemporary Czechoslovak Photography. Holland Foto 89, Nieuwe Kerk, Amsterdam (s Miroslavem Vojtěchovským / with Miroslav Vojtěchovský).
Jiří Lehovec. FAMU, Praha.
Československý listopad 1989 / Czechoslovak November 1989. Výstavní síň Foma, Praha (České Budějovice, Hradec Králové, Graz, Strasbourg, Nürnberg – s Radovanem Bočkem / with Radovan Boček).

1990-94 Československá fotografie současnost / Czechoslovak Photography Today. Museum Ludwig, Köln (Erlangen, Metz, Luxembourg, Strasbourg, Odense, Freiburg, Barcelona / Granollers, Waldkreiburg, Austin/Texas, Lawrence/Kansas – s Miroslavem Vojtěchovským / with Miroslav Vojtěchovský).

1991 20 let Institutu výtvarné fotografie / 20 Years of the Institute of Creative Photography. Slezské zemské muzeum, Opava 1991 (Praha, Cheb, Katowice).

1992 Fotografie FAMU / FAMU Photography. Dům umění, Brno (s Pavlem Diasem).

Eugen Wiškovský. Pražský dům fotografie / Prague House of Photography, Praha.

1993-96 Česká fotografie 90. let / Czech Photography of the 1990s.

Fotofeis, Maclaurin Art Gallery, Ayr / Glasgow (London, Lisboa, Coimbra, Porto, Alicante, Santiago de Compostella, Salamanca, Skopelos - s Miroslavem Vojtěchovským / with Miroslav Vojtěchovský).

1993 Fotografie posluchačů FAMU / Photographs by FAMU Students. Lichtenštejnský palác, Praha.

1994 František Drtikol. Pražský dům fotografie / Prague House of Photography, Praha.

Fotografie studentů FAMU v Praze / Photographs by Students of FAMU in Prague. České centrum, Sofia (Blagoevgrad, Plovdiv).

William Klein. Nejvyšší purkrabství Pražského hradu, Praha (Slovenská národná galéria, Bratislava).

1995-2000 Hořká léta – Evropa 1939-1947 očima českých fotografů / Bitter Years – Europe 1939-1947 Through the Eyes of Czech Photographers. Nejvyšší purkrabství Pražského hradu, Praha. (Ostrava, Opava, Edinburgh, London, Skopelos, Berlin, Moskva – s Blankou Chocholovou / with Blanka Chocholová).

1995 Po pěti letech – Česká republika. / Ten Years After – Czech Republic. Mesiac fotografie, Dom kultúry, Bratislava 1995.

Jindřich Marco – Evropa 1945-47. Pražský dům fotografie / Prague House of Photography, Praha.

1996-97 Institut tvůrčí fotografie 25/5 / Institute of Creative Photography 5/25. Slezské zemské muzeum, Opava (Ostrava, Poznań, Cheb, Cieszyn, Prostějov, Praha – ve spolupráci s Vojtěchem Bartkem a Jiřím Siostrzonkem / in a cooperation with Vojtěch Bartek and Jiří Siostrzonek)

1997 Tibor Honty. Pražský dům fotografie / Prague House of Photography.

1996–98 Jistoty a hledání v české fotografii 90. let / Certainty and Searching in Czech Photography of the 1990s. Nejvyšší purkrabství Pražského hradu, Praha 1996 (Ostrava, Opava, Brno, Karlovy Vary, Bratislava, Berlin - s Miroslavem Vojtěchovským / with Miroslav Vojtěchovský).

1998 Tělo v současné české fotografii / The Body in Contemporary Czech Photography. Fotofesis, Mackintosh Gallery, Glasgow School of Art, Glasgow (London, Braga).

1998–99 Moderní krása - Česká fotografická avantgarda 1918-1948 / Modern Beauty – Czech Photographic Avant-Garde 1918-1948. Museu Nacional d'Art de Catalunya, Palau Nacional, Barcelona (Mission du Patrimoine Photographic, Hotel Sully, Paris – Musée Elysée, Lausanne – Galerie hl. m. Prahy, Dům U Kamenného zvonu, Praha – Neue Sammlung, München - s Pierrem Bonhommem / with Pierre Bonhomme).

1999 Česká fotografie 90. let / Czech Photography of the 1990s. Chicago Cultural Centre, Chicago (Vilnius, Kaunas – s Miroslavem Vojtěchovským / with Miroslav Vojtěchovský).

2000 Česká avantgardní fotografie 1918-1938 / Czech Avant-Garde Photography 1918-1938. Tschechisches Zentrum, Berlin (Magyar Fotográfusok Káza, Budapest - s Janem Mlčochem / with Jan Mlčoch).

2000-01 Akt v české fotografii / The Nude in Czech Photography. Císařská konírna Pražského hradu, Praha (Muzeum umění, Olomouc – s Janem Mlčochem / with Jan Mlčoch).

2001–02 Jaroslav Rössler – fotografie, koláže, kresby / Jaroslav Rössler – Photographs, Collages, Drawings. Uměleckoprůmyslové museum, Praha (Ministerio de Education, Cultura y Deporte – Salla Millares, Madrid – Centre Atlantique de la Photographie, Brest - s Janem Mlčochem a Karlem Srpem).

Současná česká dokumentární fotografie / Contemporary Czech Documentary Photography. Internationale Fototage, Herten (Leverkusen, Dormagen).
Pedagogové Institutu tvůrčí fotografie / Teachers of the Institute

of Creative Photography. Dům umění, Opava (reprízy Ostrava, Poznań).

2002 Akt v české fotografii 1960-2000 / The Nude in Czech Photography 1960-2000. 4. Fotobiennale, Manéž, Moskva (Paris, Aachen).

Konfrontace - Institut tvůrčí fotografie FPF Slezské univerzity v Opavě / Institute of Creative Photography of Silesian University in Opava. Pražský dům fotografie / Prague House of Photography, Praha (České Budějovice).

Česká dokumentární fotografie / Czech Documentary Photography. Leica Gallery, New York.

KNIHY / BOOKS

Miroslav Bílek. Profil, Ostrava 1982
Město. Práce, Praha 1984 (s Miroslavem Huckem a Pavlem Jasanským / with Miroslav Hucek and Pavel Jasanský).

Milan Borovička. Profil, Ostrava 1984.

Informatorium II. (Fotografie.) Mladá fronta, Praha 1984.

USA. Gondrom Verlag, München 1988; Comptoir du Livre, Paris 1990; Muza, Warszawa 1992; Pressfoto, Bratislava 1992 (s Ivo Petříkem / with Ivo Petřík).

František Drtikol. Odeon, Praha 1986, 1989(s Antonínem Braným - with Antonín Braný).

Československo 89. Panorama, Praha 1990.

Tchechoslowakische Fotografie der Gegenwart. Museum Ludwig, Köln - Edition Braus, Heidelberg 1990 (s Miroslavem Vojtěchovským / with Miroslav Vojtěchovský).

Vývoj československé fotografie v datech 1945 - 1989. SPN, Praha 1990.

Das einsame Wesen. Text Frank Matthä-Hollitzer. Bohl, Eisenach 1991.

Encyklopedie českých a slovenských fotografů. ASCO, Praha 1993 (s Petrem Balajkou, Antonínem Dufkem, Ĺudovítem Hlaváčem, Martinem Hruškou, Pavlem Scheuflerem a Ladislavem Šolcem / with Petr Balajka, Antonín Dufek, Ĺudovít Hlaváč, Martin Hruška, Pavel Scheufler, Ladislav Šolc).

Fotograf František Drtikol. Prostor, Praha 1994.

Jindřich Marco - Hořká léta - Evropa 1945-1947. Orbis, Praha 1995.

Jistoty a hledání v české fotografii 90. let / Certainty and Searching in Czech Photography of the 1990s. KANT, Praha 1996 (s Miroslavem Vojtěchovským / with Miroslav Vojtěchovský).

European Photography Guide 6. European Photography, Göttingen 1997 (s Petrem Badgem / with Peter Badge).

František Drtikol - Modernist Nudes. Robert Koch, San Francisco 1997.

Beaute Moderne - Les avant-gardes photographiques tchéques 1918-1948. Mission du patrimoine photographique, Paris 1998 (s Pierrem Bonhommem / with Pierre Bonhomme).

Česká fotografie 90. let / Czech Photography of the 1990s. KANT, Praha 1998 (s Miroslavem Vojtěchovským).

Česká fotografická avantgarda 1918-1948. KANT, Praha 1999.

Tschechische Avantgarde-Fotografie 1918-1948. Arnoldsche, Stuttgart 1999.

Fotografie v českých zemích 1839-1999. Grada, Praha 1999 (s Pavlem Scheuflerem).
Photographer František Drtikol. KANT, Praha 2000.

František Drtikol. KANT, Praha 2000.

European Photography Guide 7. European Photography, Göttingen 2000 (s Petrem Badgem / with Peter Badge).

Akt v české fotografii / The Nude in Czech Photography. KANT, Praha 2000 (s Janem Mlčochem).

Laterna Magica. Einblicke in eine Tschechische Fotografie der Zwischenkriegszeit. Rupertinum, Salzburg 2000 (s Margit Zuckriegl a Antonínem Dufkem / with Margit Zuckriegl and Antonín Dufek).

Jaroslav Rössler. TORST, Praha 2001.

Maestri della fotografia dell'avanguardia ceca negli anni Venti e Trenta / Masters of the Czech Avant-Garde Photography of the 1920's and the 1930's. Silvana Editoriale, Milano 2001 (s Margit Zuckriegl / with Margit Zuckriegl).

Czech Photographic Avant-Garde 1918-1948. The MIT Press, Cambridge & London 2002.

Jaroslav Rössler - fotografie, koláže, kresby. KANT, Praha 2003 (s Janem Mlčochem).

Spolupráce na řadě dalších knih, například Contemporary Masterworks (Londýn a Chicago 1991), Contemporary Photographers (Detroit a Londýn 1995), Nová encyklopedie českého výtvarného umění (Praha 1995), Die Kunst der Abstrakten Fotografie / The Art of Abstract Photography (Stuttgart 2002) aj.

Collaboration on many other books, for instance Contemporary Masterworks (London and Chicago 1991), Contemporary Photographers (Detroit and London 1995), Nová encyklopedie českého výtvarného umění (Praha 1995), Die Kunst der Abstrakten Fotografie / The Art of Abstract Photography (Stuttgart 2002)

OCENĚNÍ / PRIZES

International Festival Primavera Fotográfica, Barcelona 2000 - Grand prix za nejlepší fotografickou knihu let 1998-1999 / Grand prix for the best photographic book from years 1998-99 (Česká fotografická avantgarda 1918-1948).

Mezinárodní festival Měsíc fotografie, Bratislava 2000 -hlavní cena v soutěži o nejlepší fotografickou publikaci ze střední a východní Evropy v letech 1999 - 2000 / International festival Month of Photography, Bratislava 2000 - Grand prix for the best photographic book from the Central and East Europe from years 1999-2000 (Česká fotografická avantgarda 1918-1948).

Řada cen v soutěži Nejlepší fotografická publikace roku / Many prizes in the competition "The Best Photographic Book of the Year"

ZASTOUPENÍ VE SBÍRKÁCH (výběr) / REPRESENTATION IN COLLECTIONS (selection)

Uměleckoprůmyslové museum, Praha
Moravská galerie, Brno
Muzeum umění, Olomouc
Slezské zemské muzeum, Opava
Muzeum umění, Benešov u Prahy
Galerie výtvarného umění, Hodonín
Pražský dům fotografie / Prague House of Photography, Praha
České centrum fotografie / Galerie Jiří Jaskmanický, Praha
Národní muzeum fotografie, Jindřichův Hradec
Leica Gallery Prague, Praha
Státní ústřední archiv - Sbírka Svazu českých fotografie, Praha
Museum Ludwig, Köln
Maison Européenne de la Photographie, Paris
Bibliothéque National, Paris
The Photographers' Gallery, London
Museet for Fotokunst, Odense
Lietuvos fotografu sajunga, Vilnius
Fotografijos muziejus, Šiauliai
International Center of Photography, New York

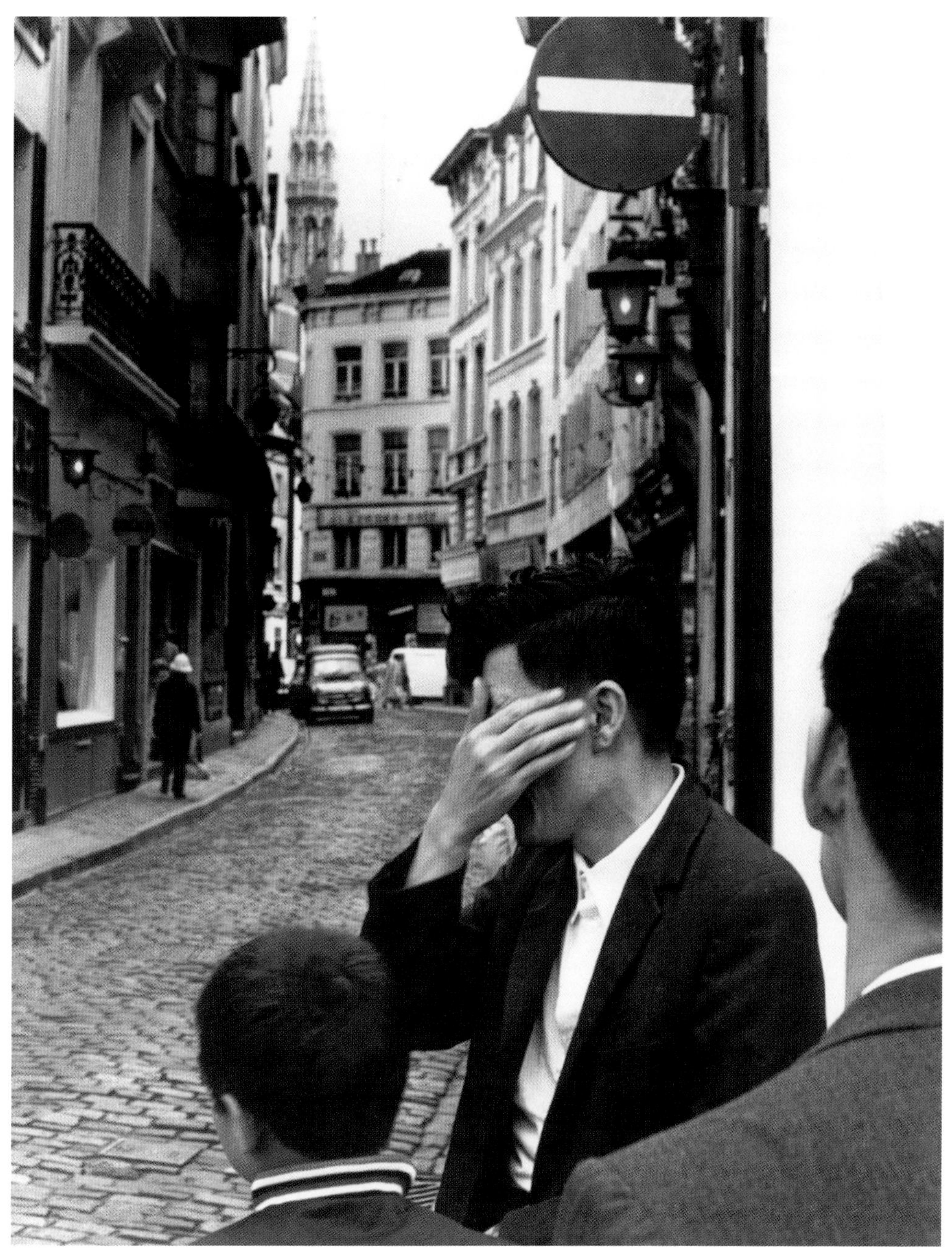

Brusel/Brussels 1972

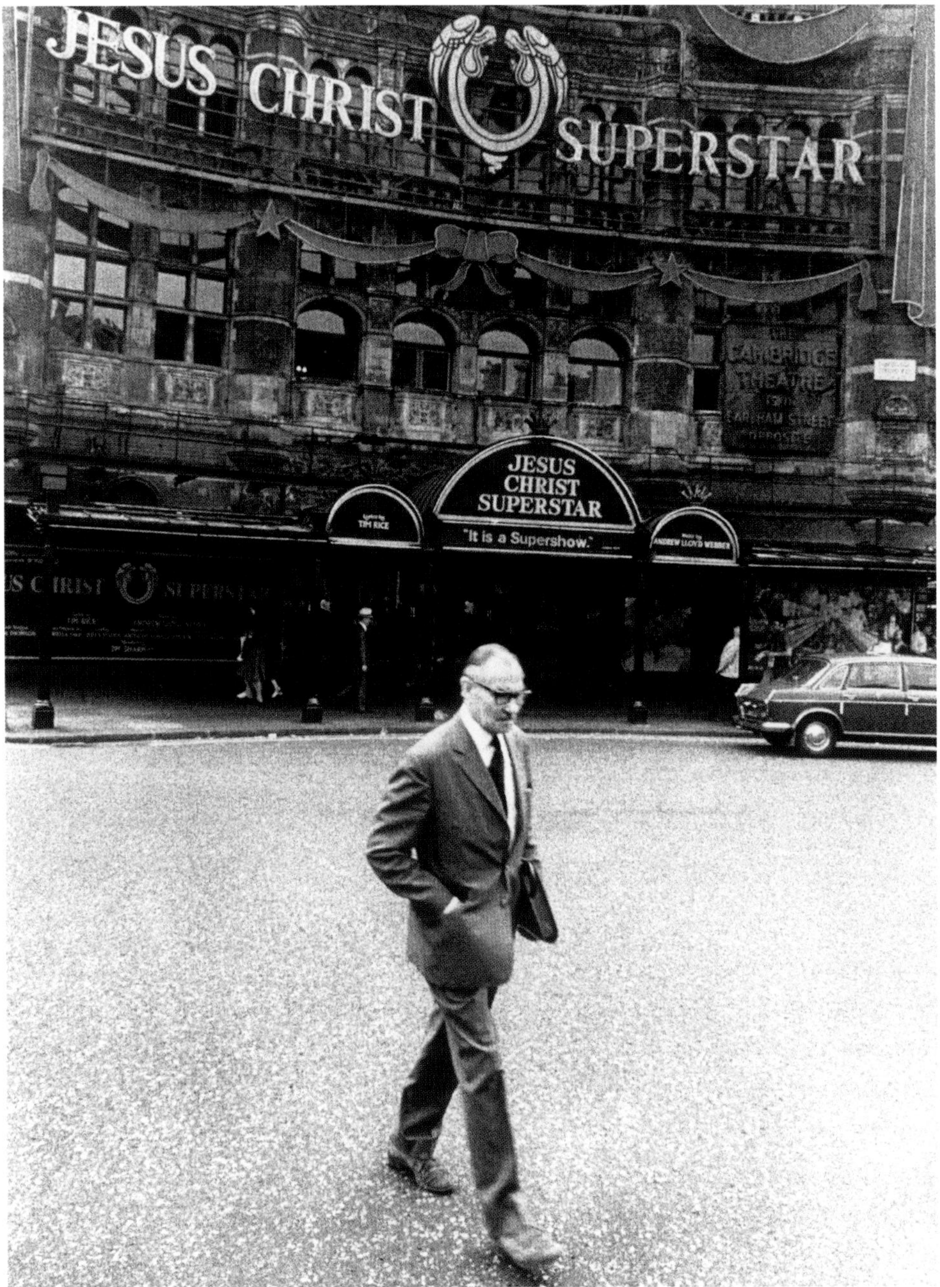

Londýn/London 1976

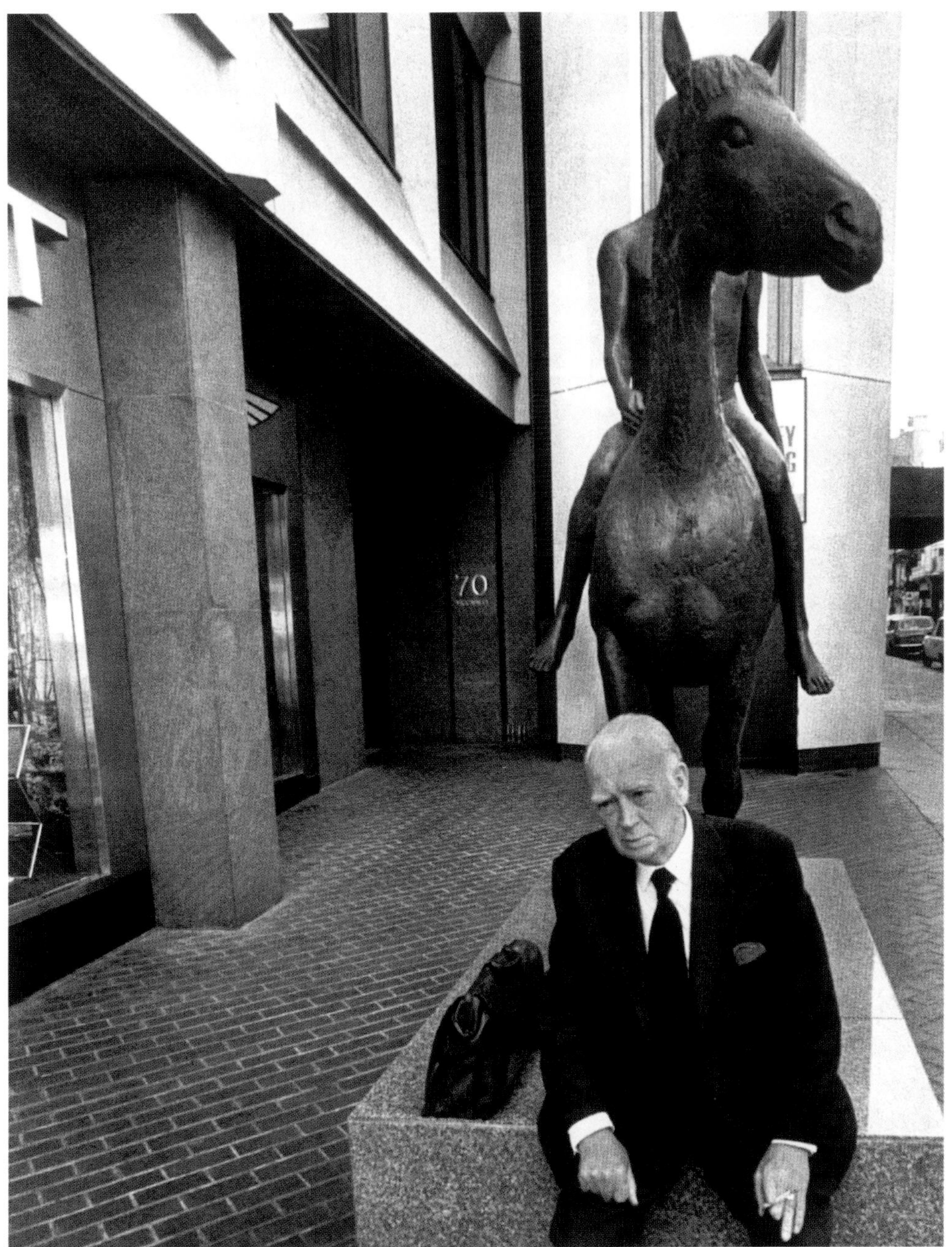

Londýn/London 1976

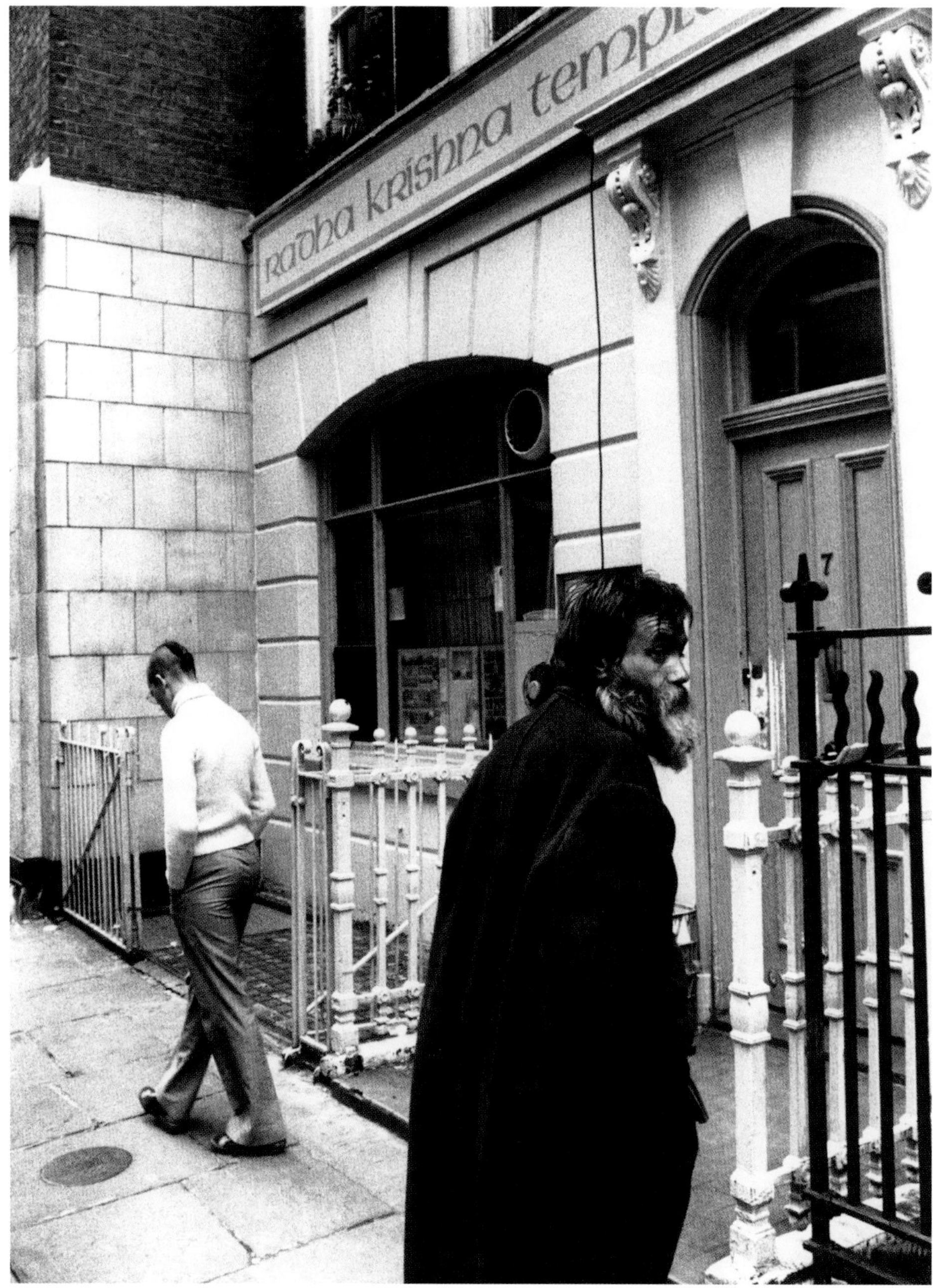

Londýn/London 1987

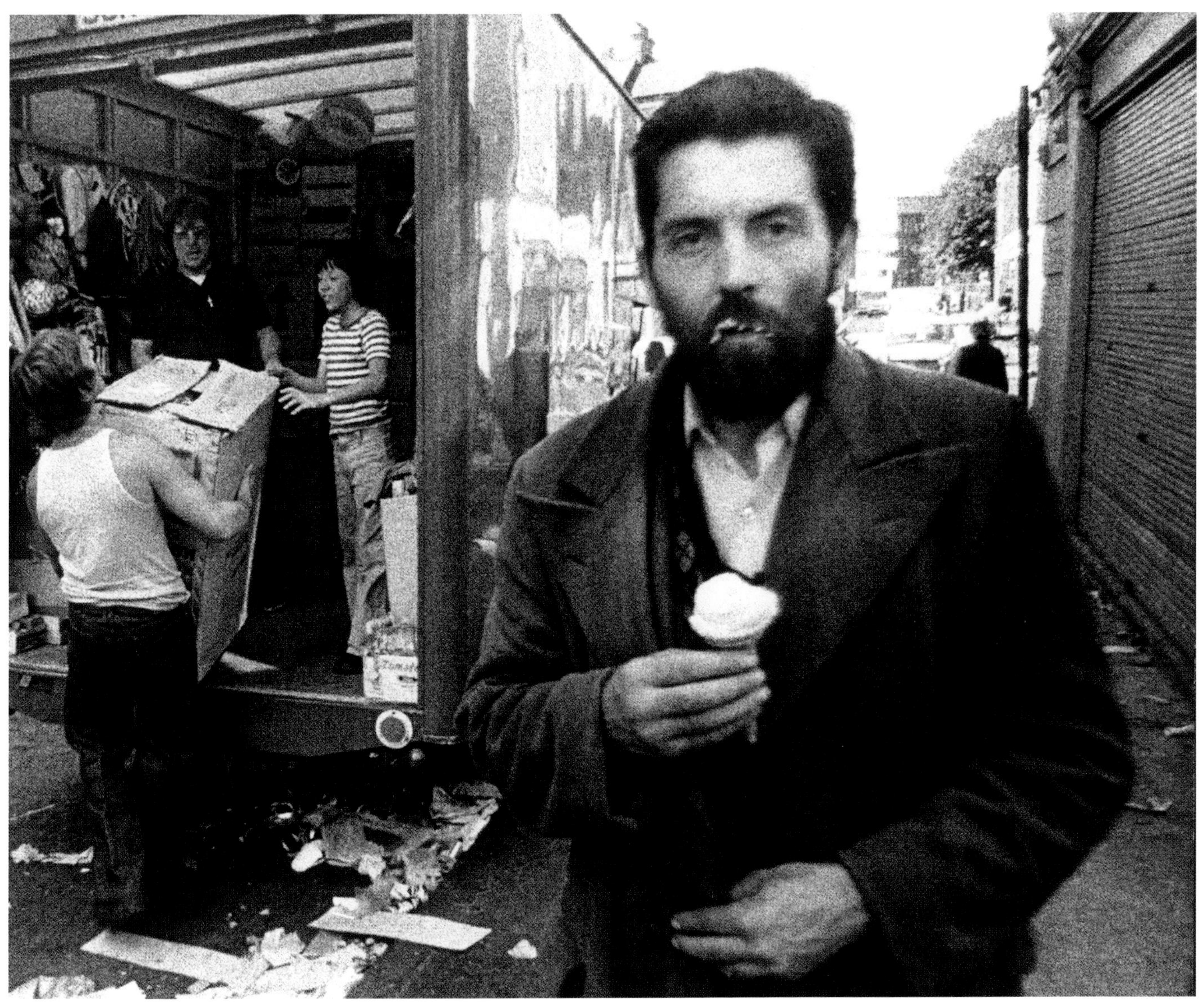

Londýn/London 1976

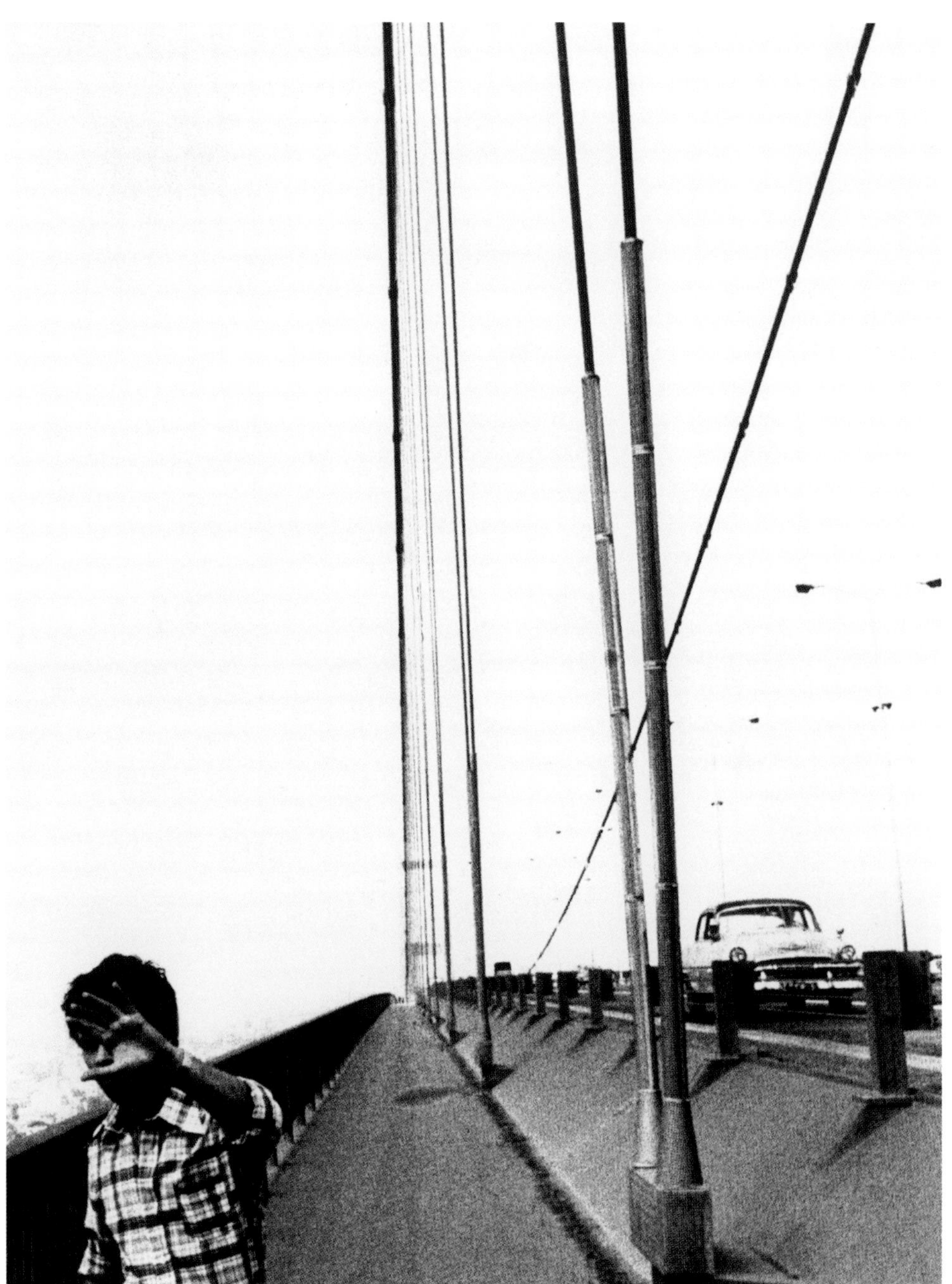

Istanbul 1977

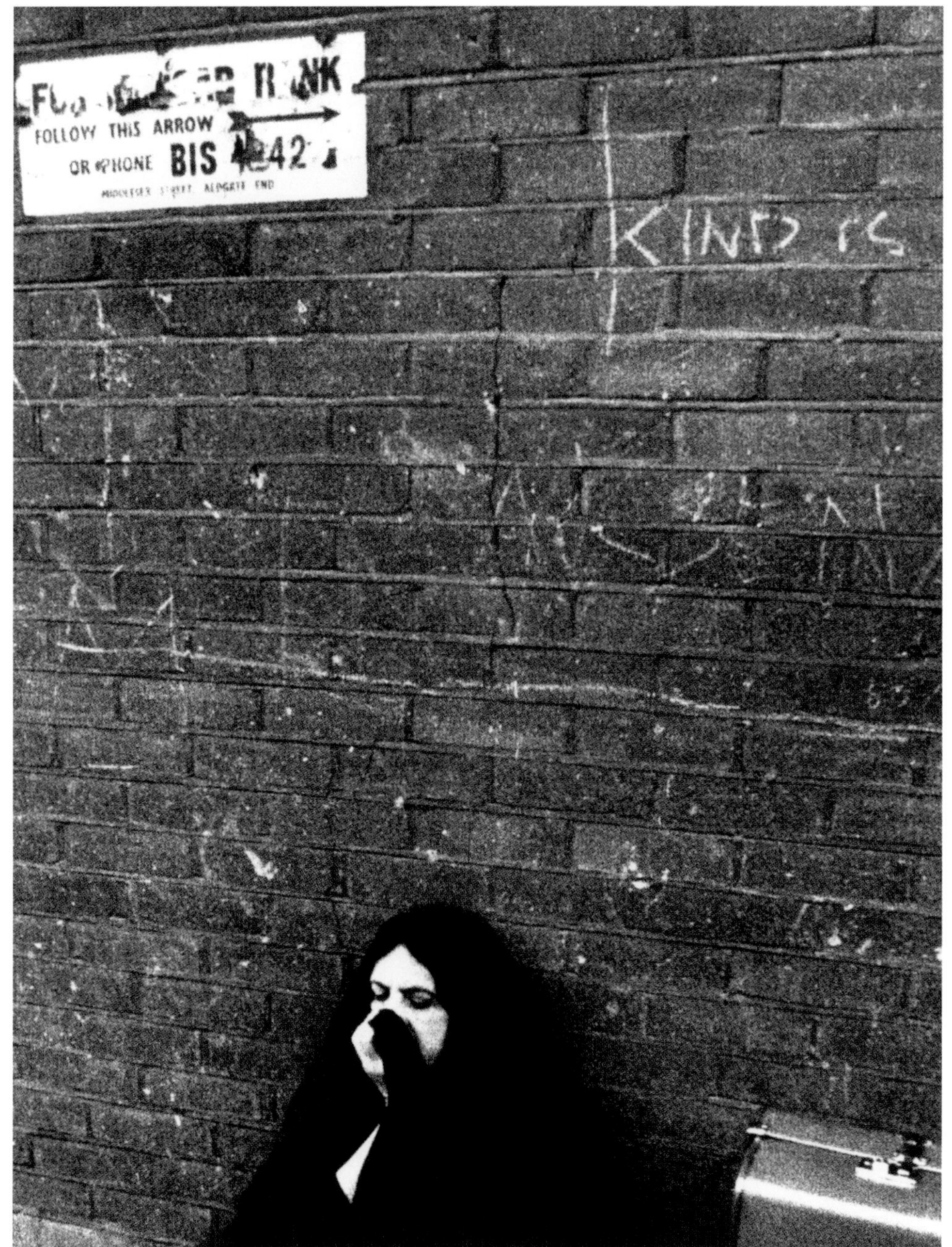

Istanbul 1977

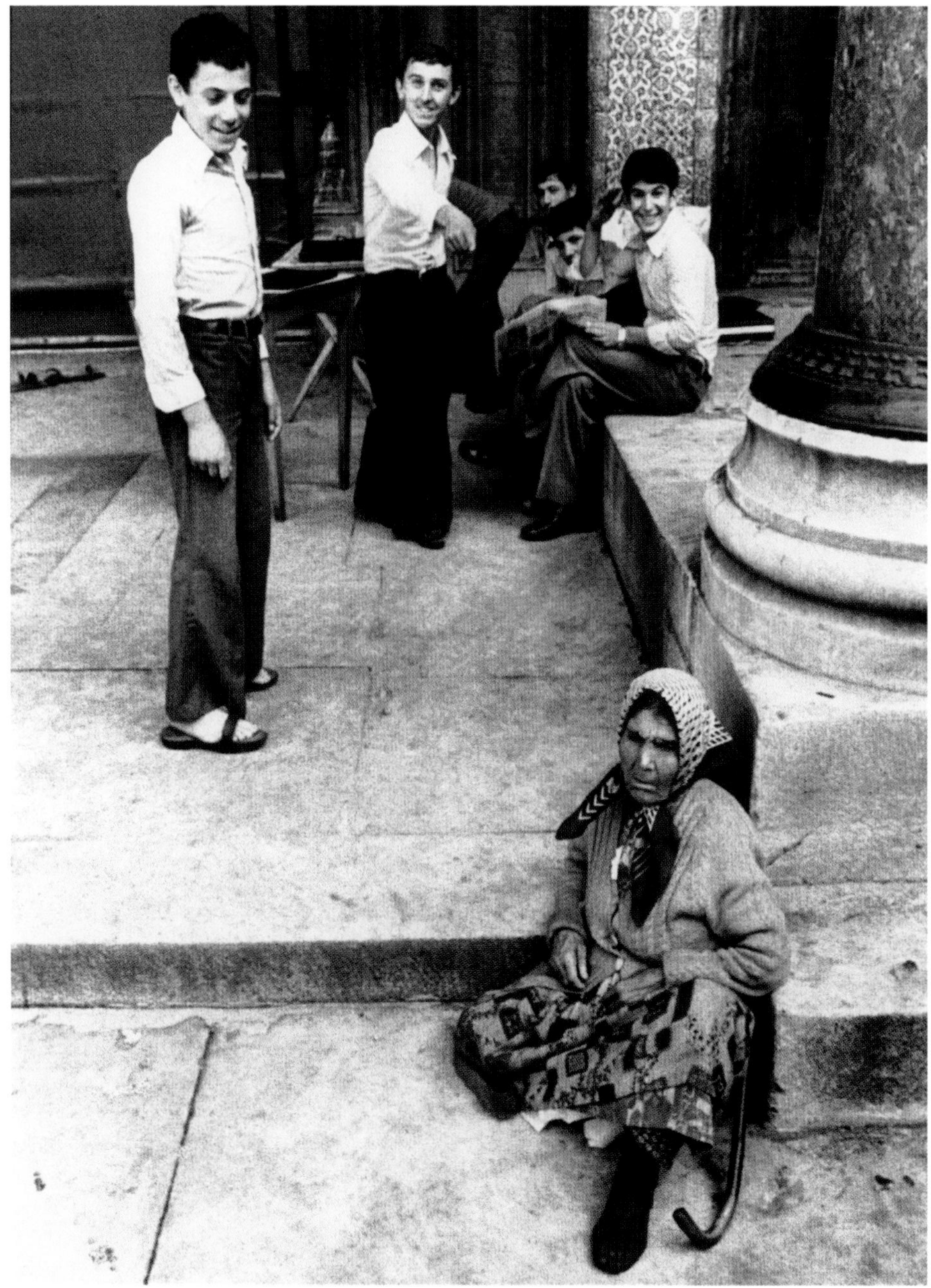

Istanbul 1977

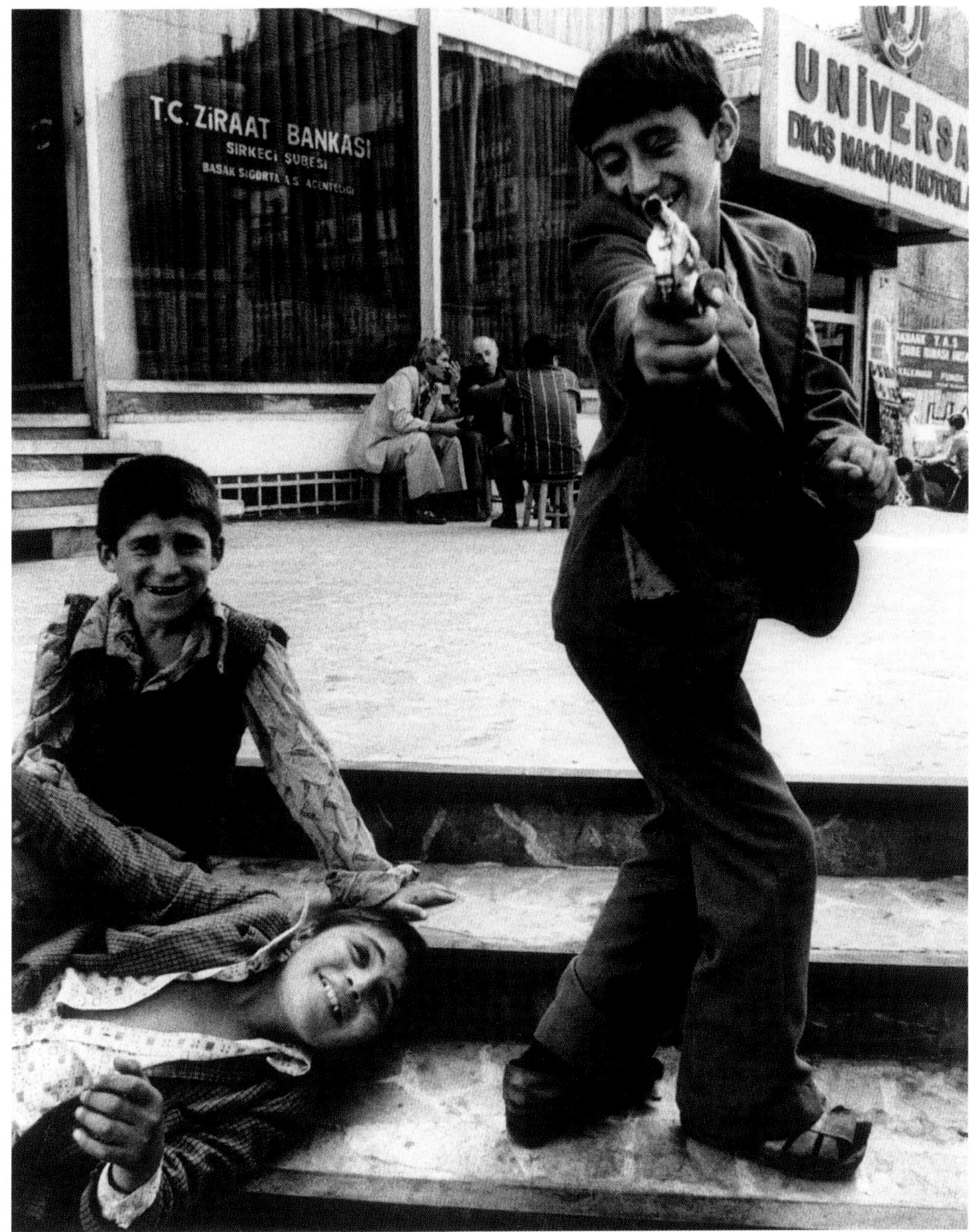

Istanbul 1977

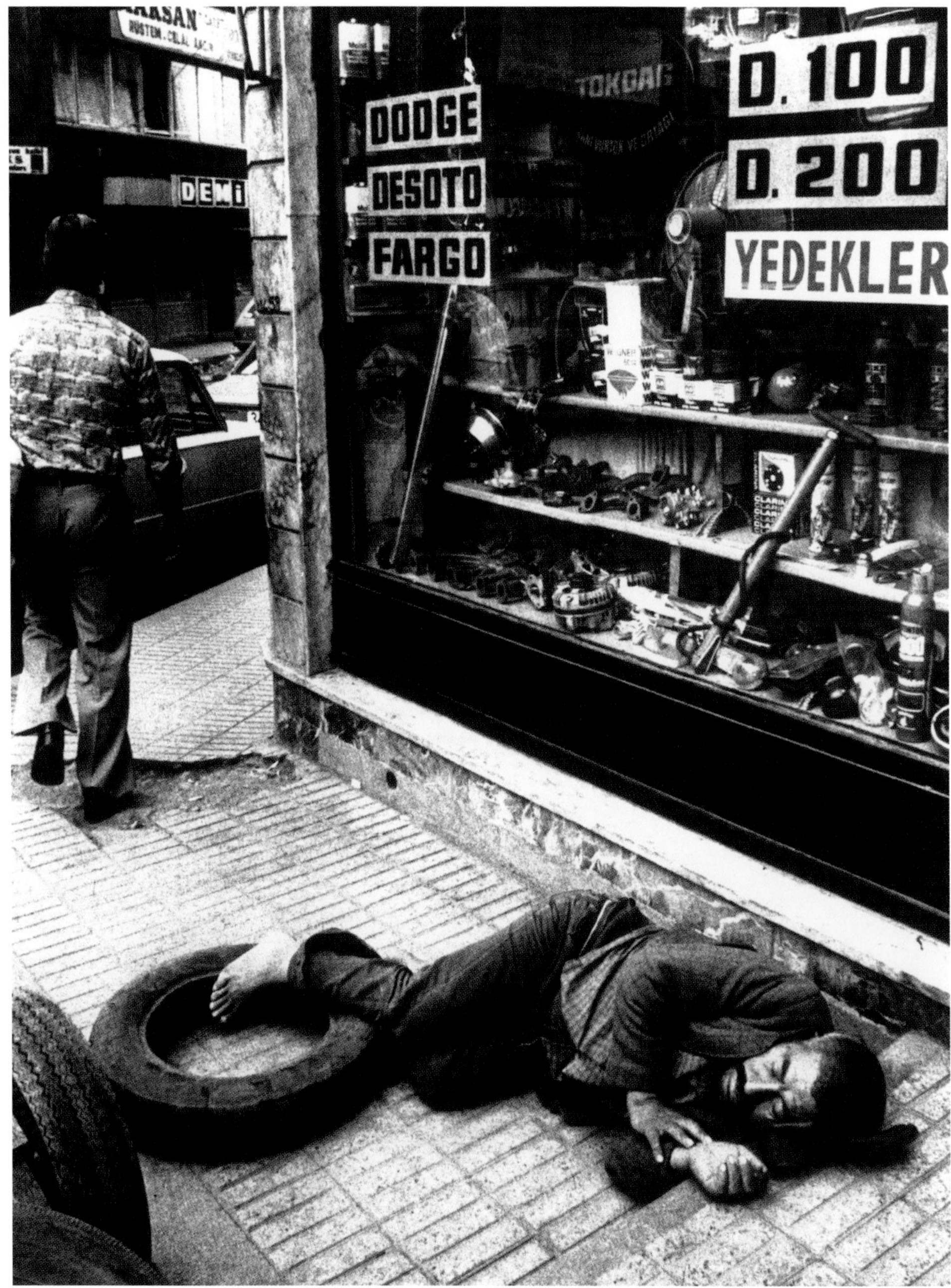

Istanbul 1977

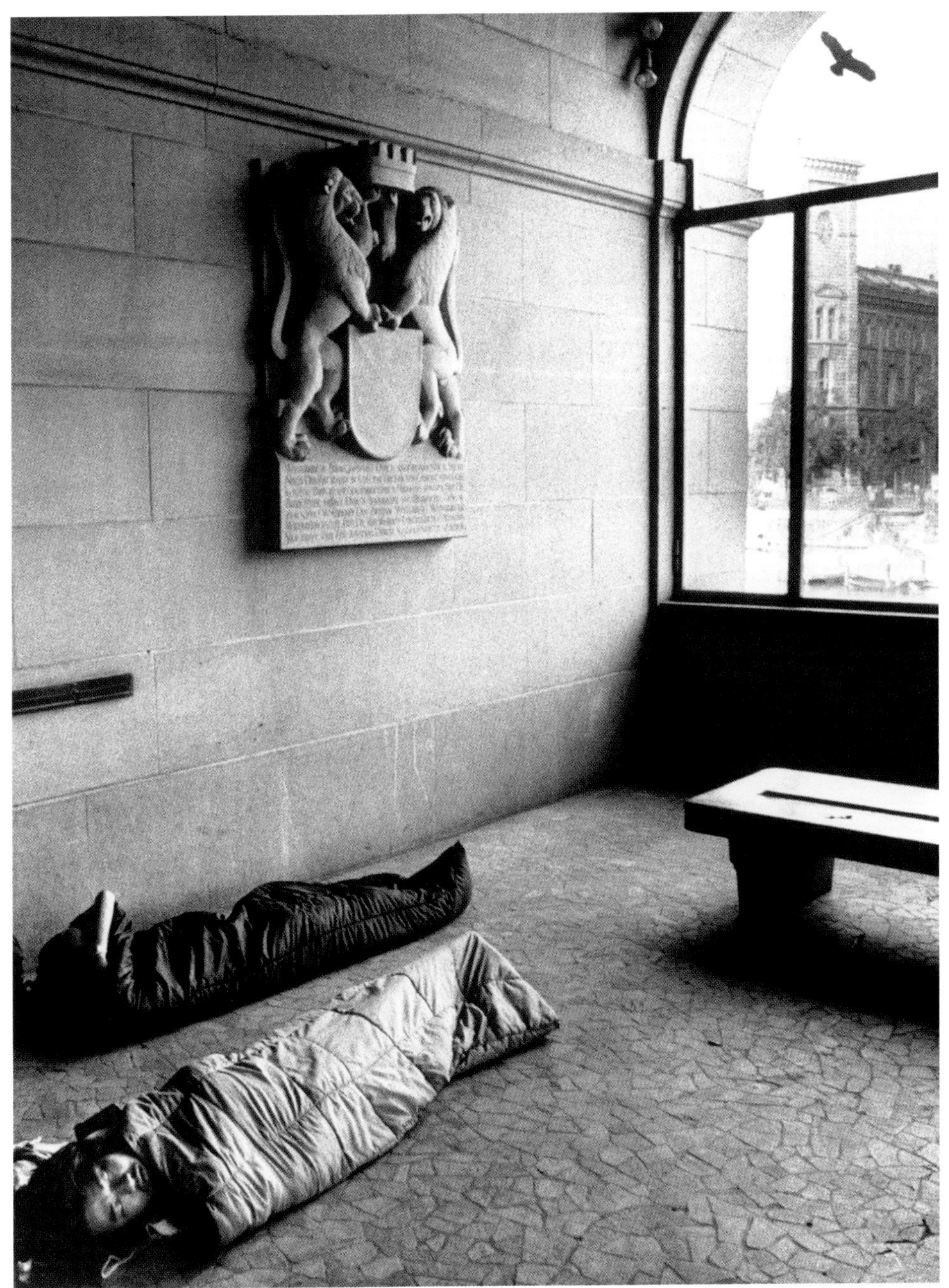

Curych/Zurich 1976

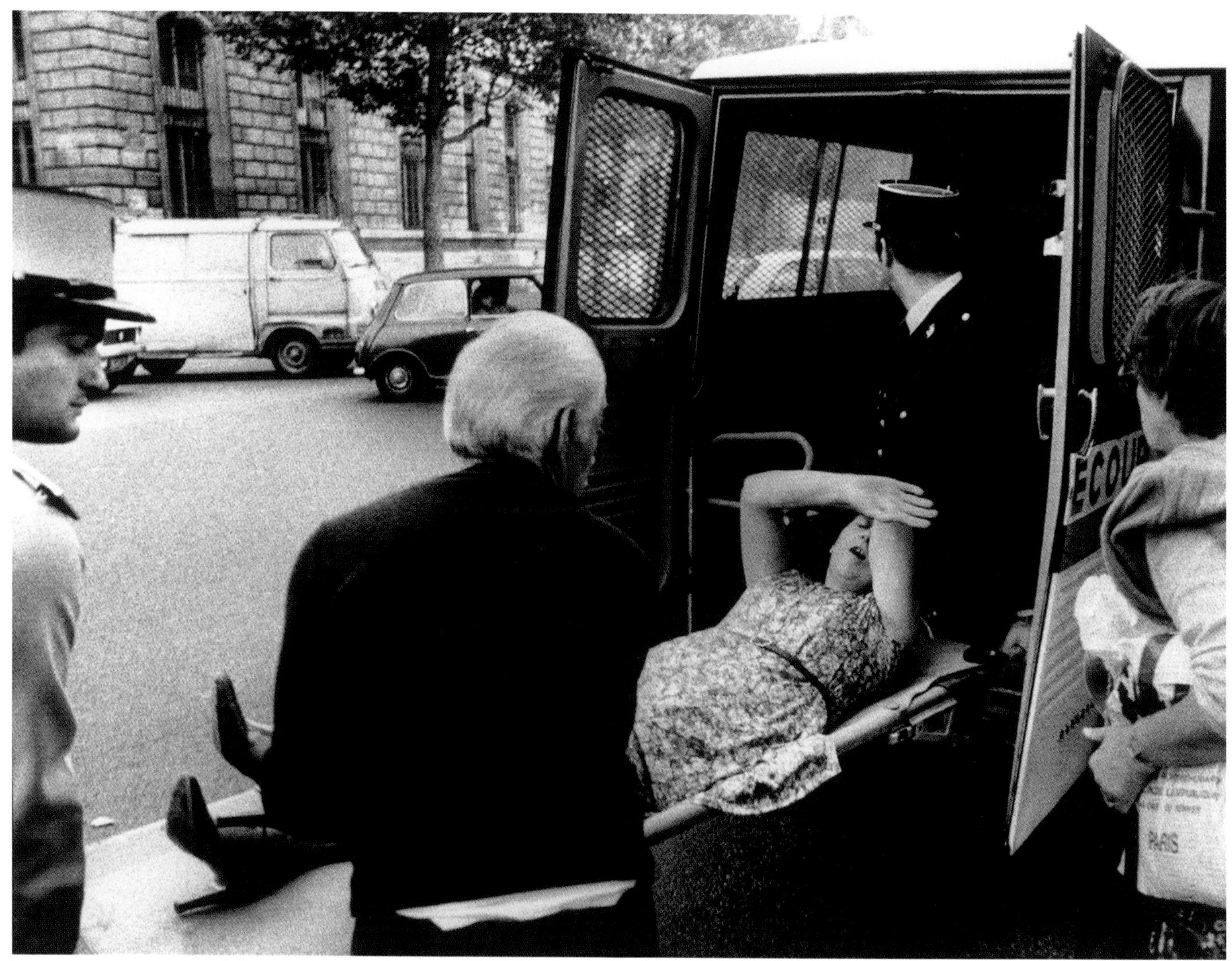

Paříž/Paris 1980

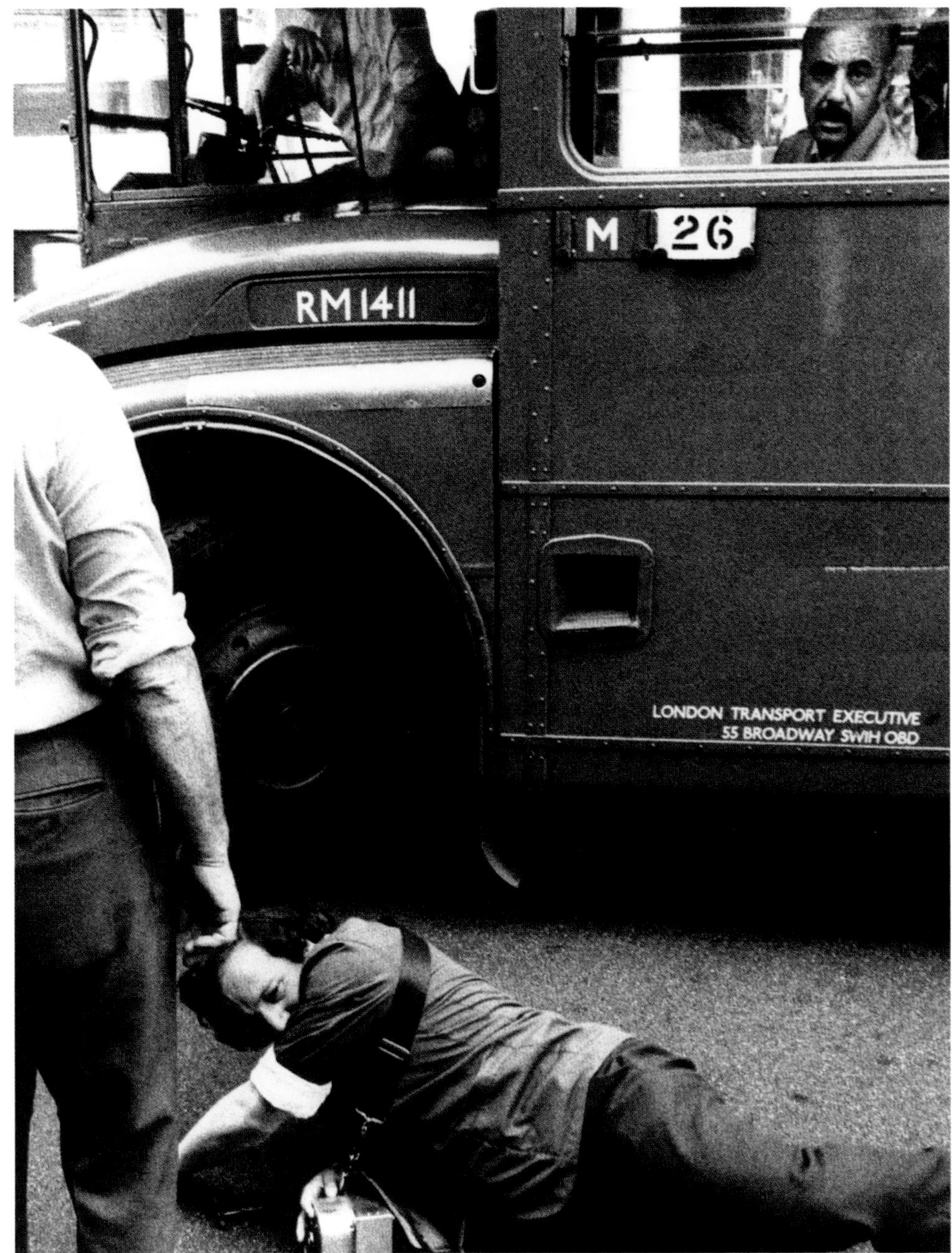

Londýn/London 1980

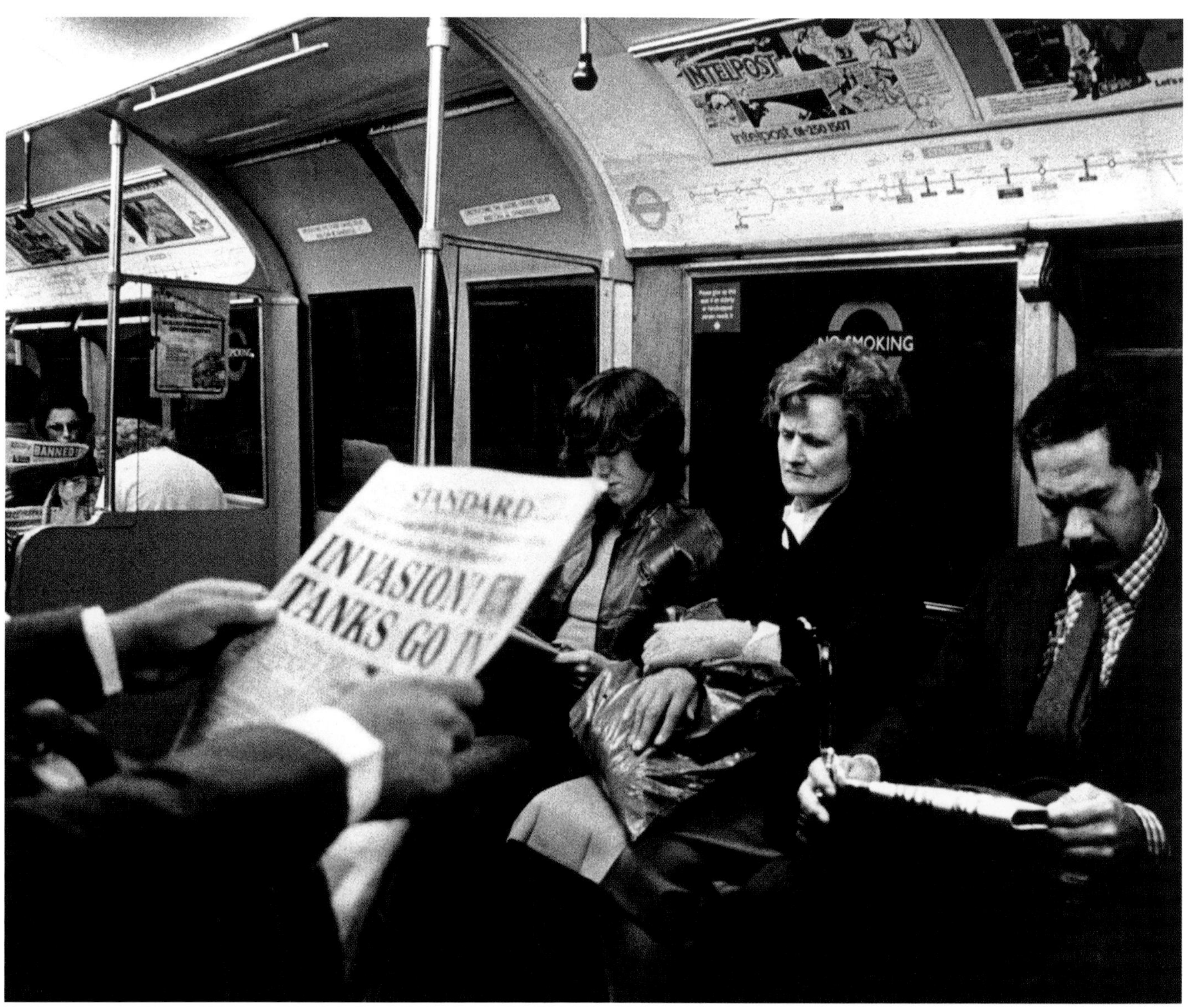

Londýn/London 1978

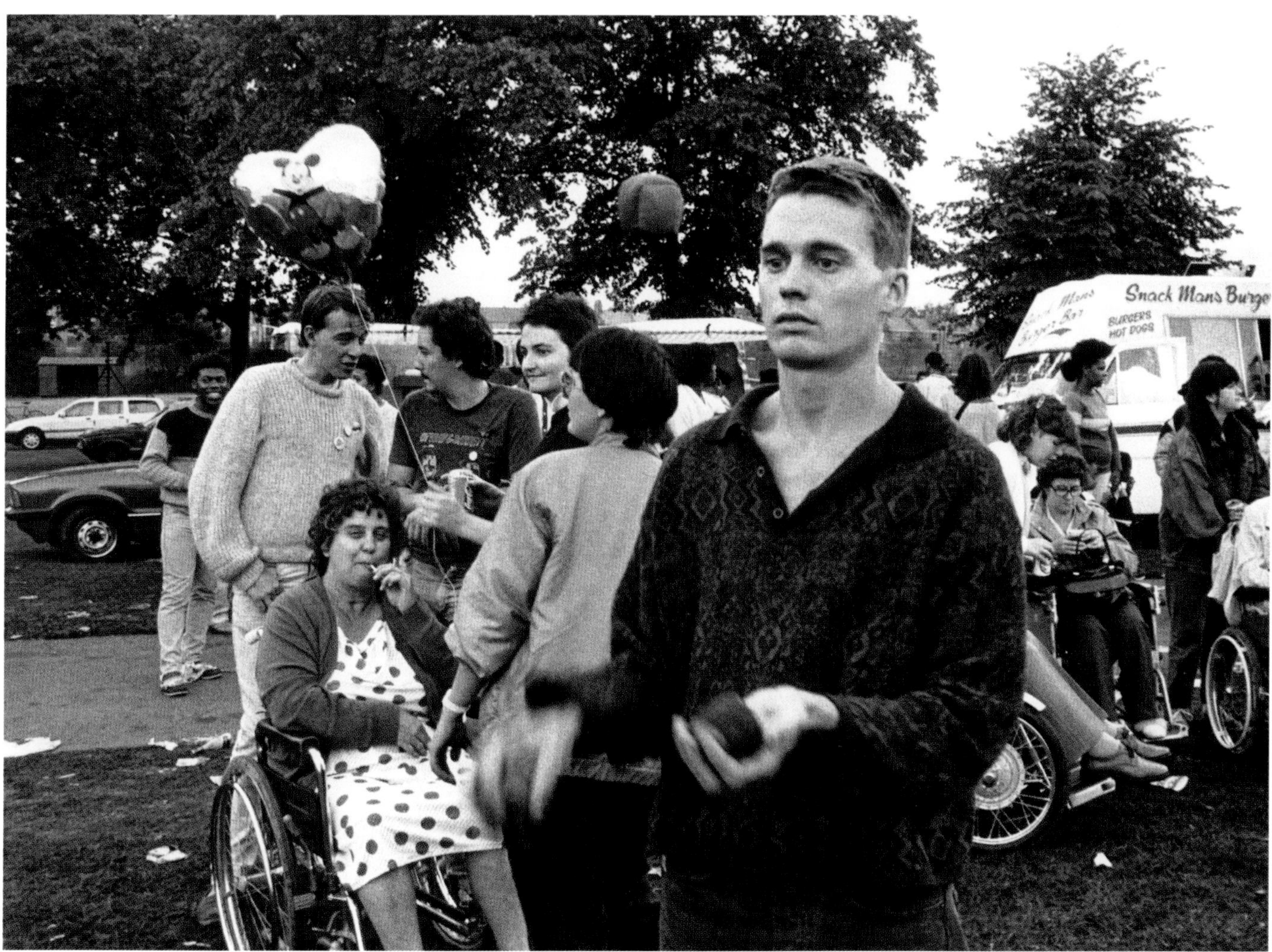

Londýn/London 1987

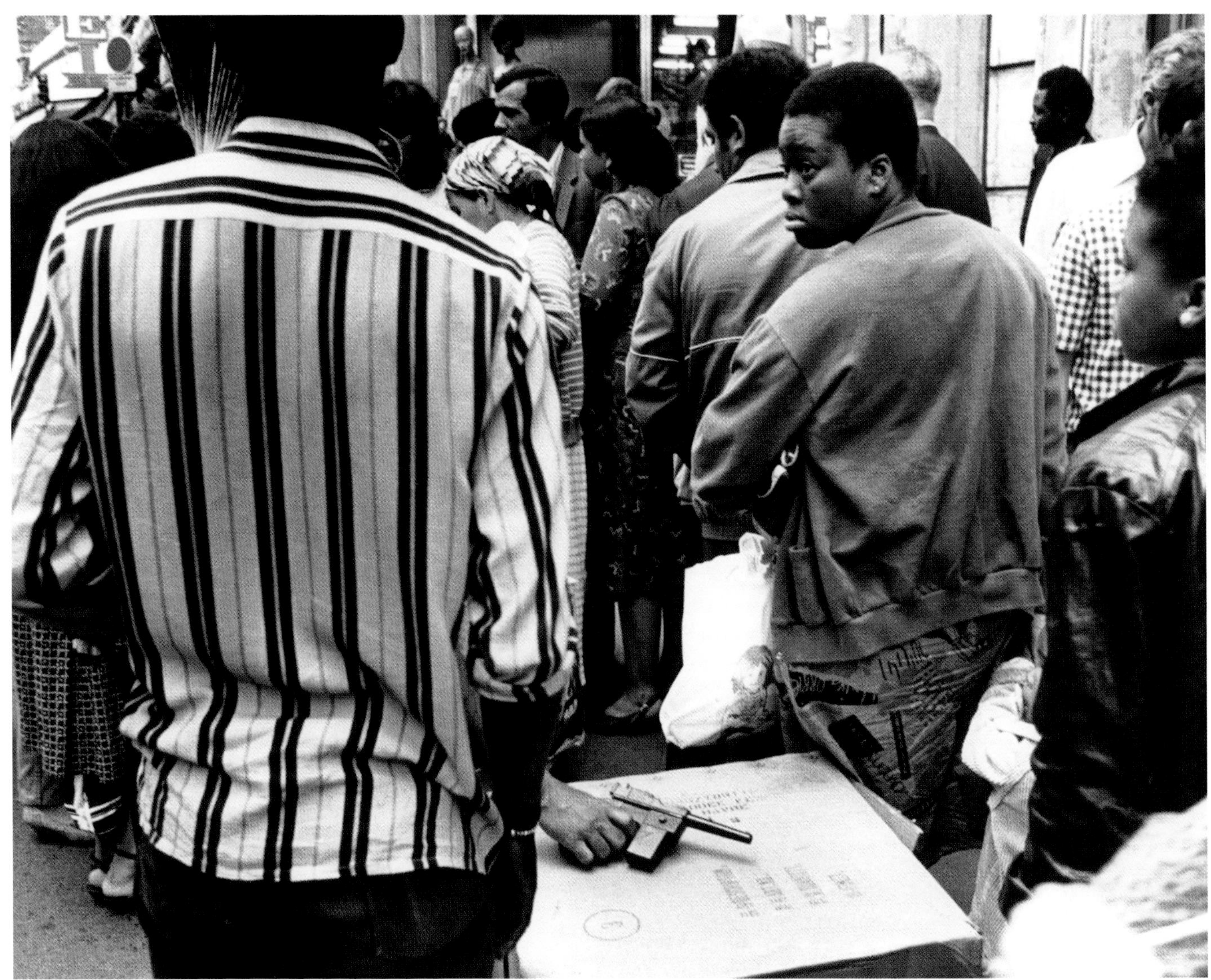

Paříž/Paris 1980

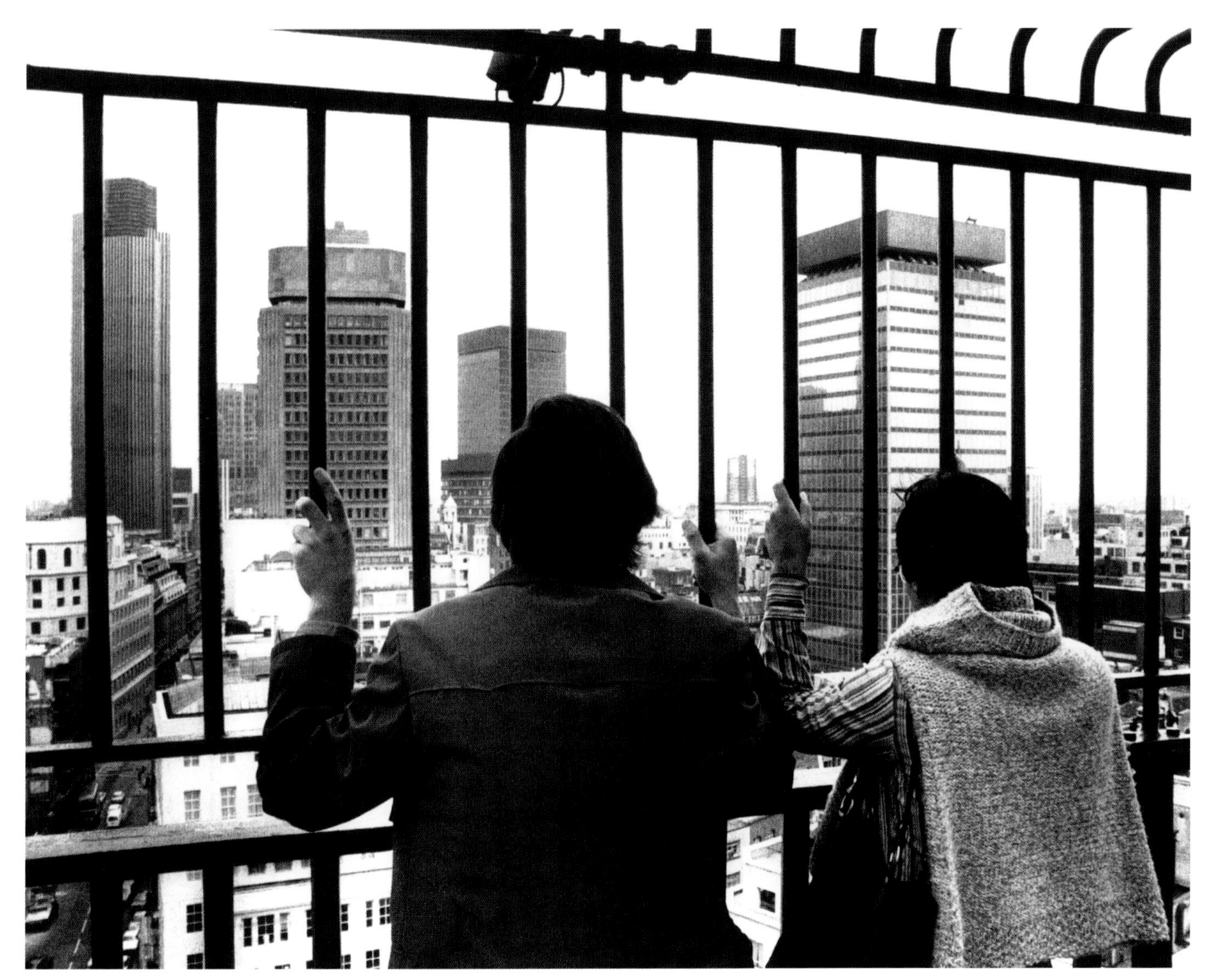

Londýn/London 1978

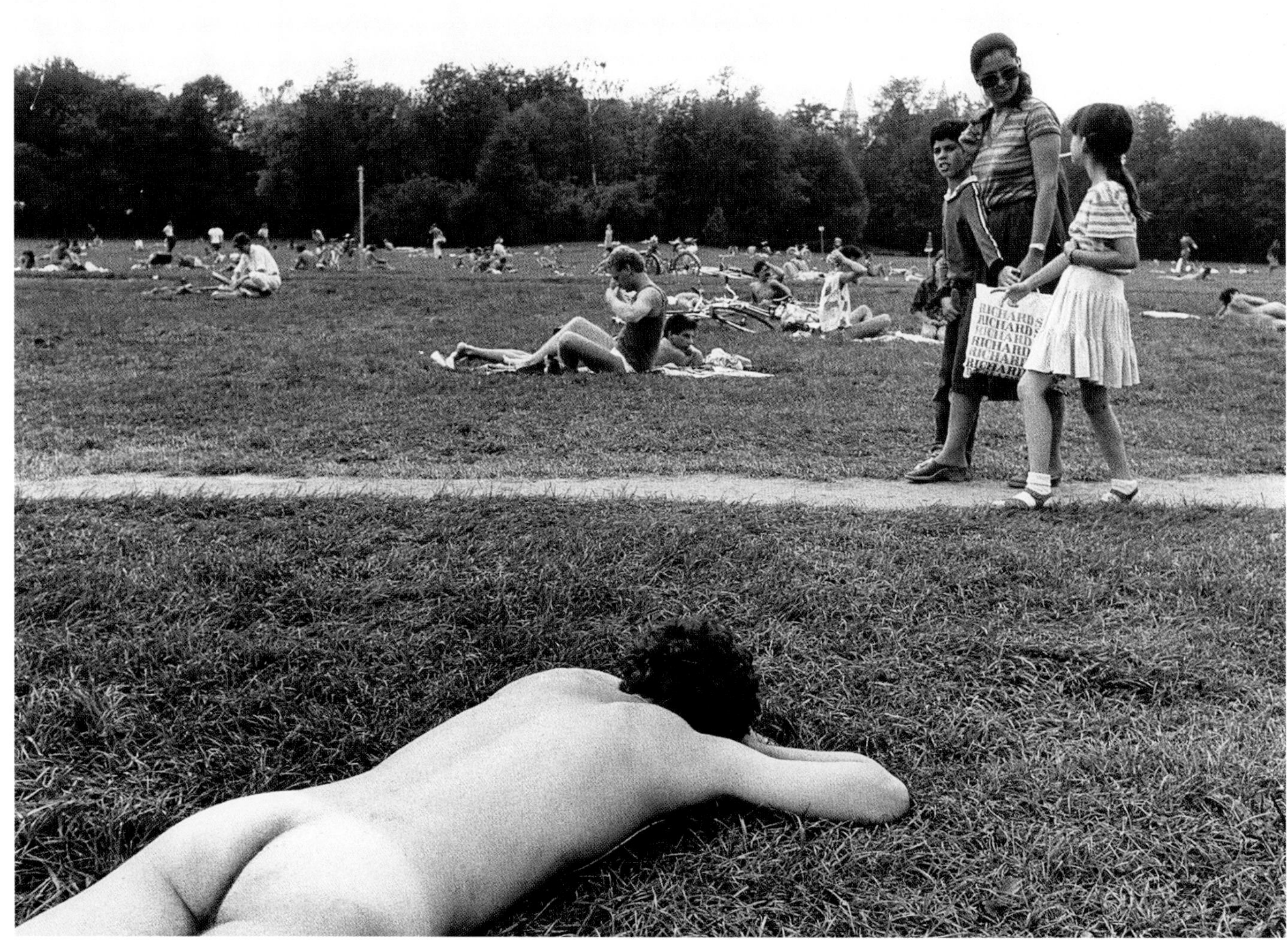

Mnichov/Munich 1985

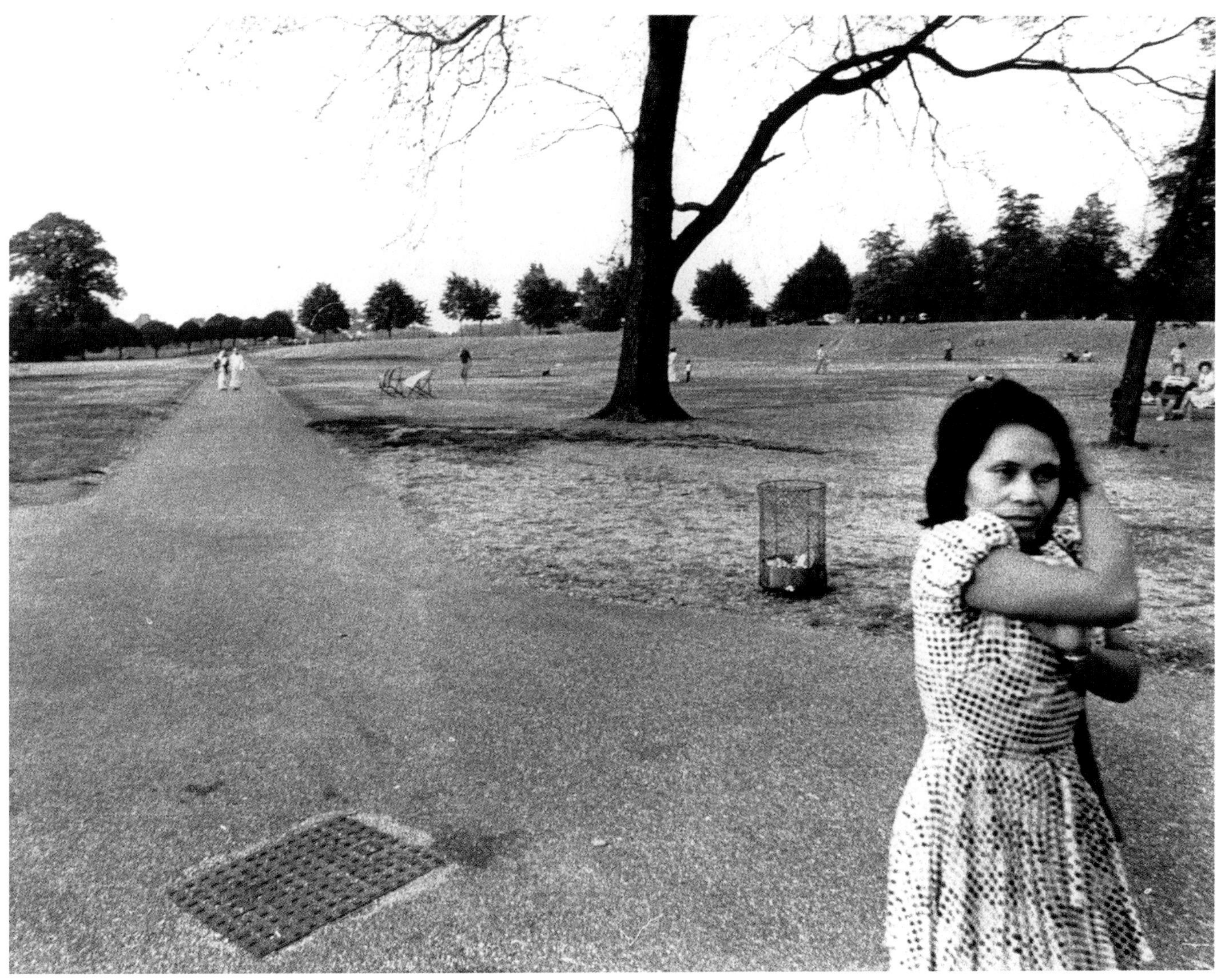

Londýn/London 1976

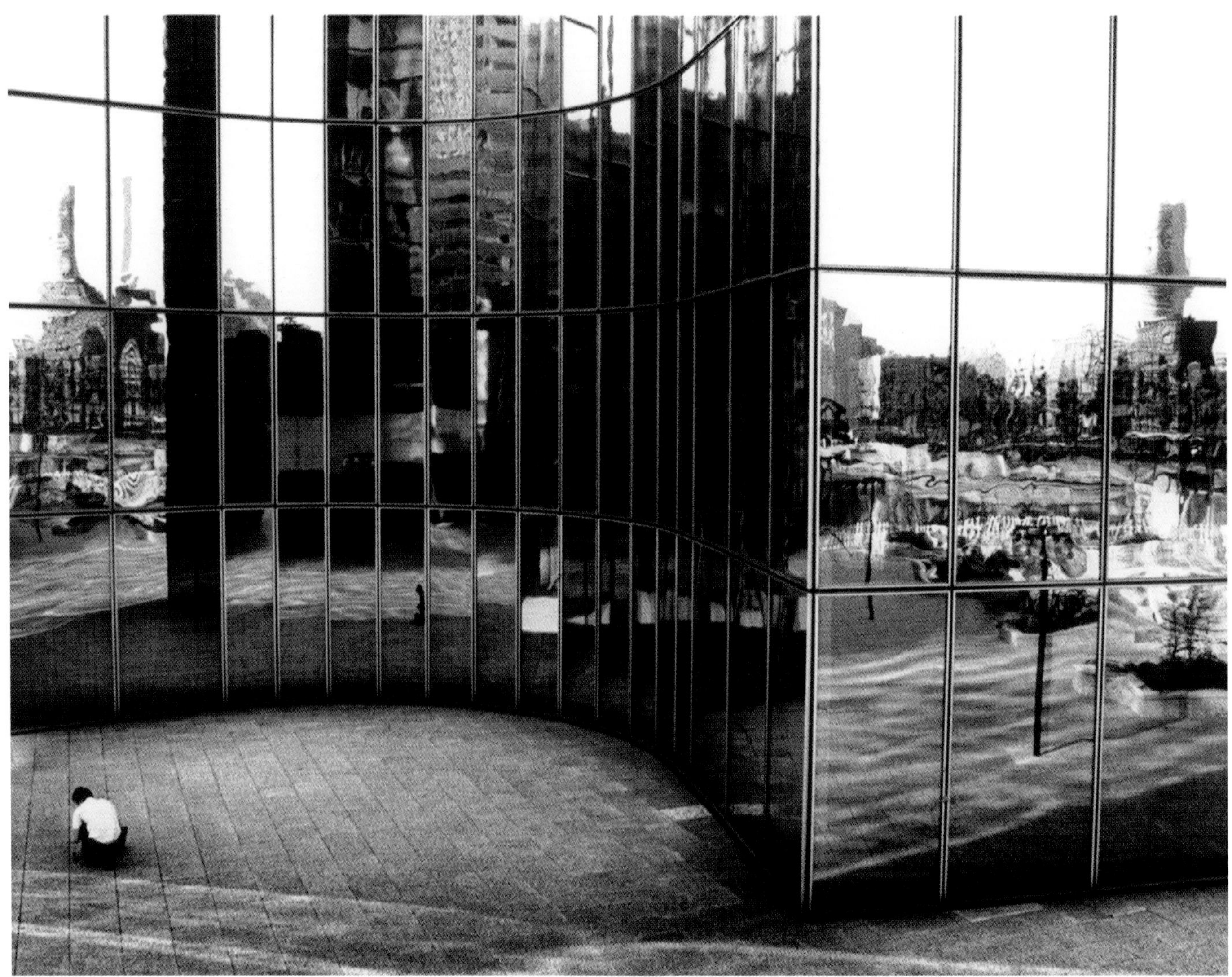

Paříž/Paris 1980

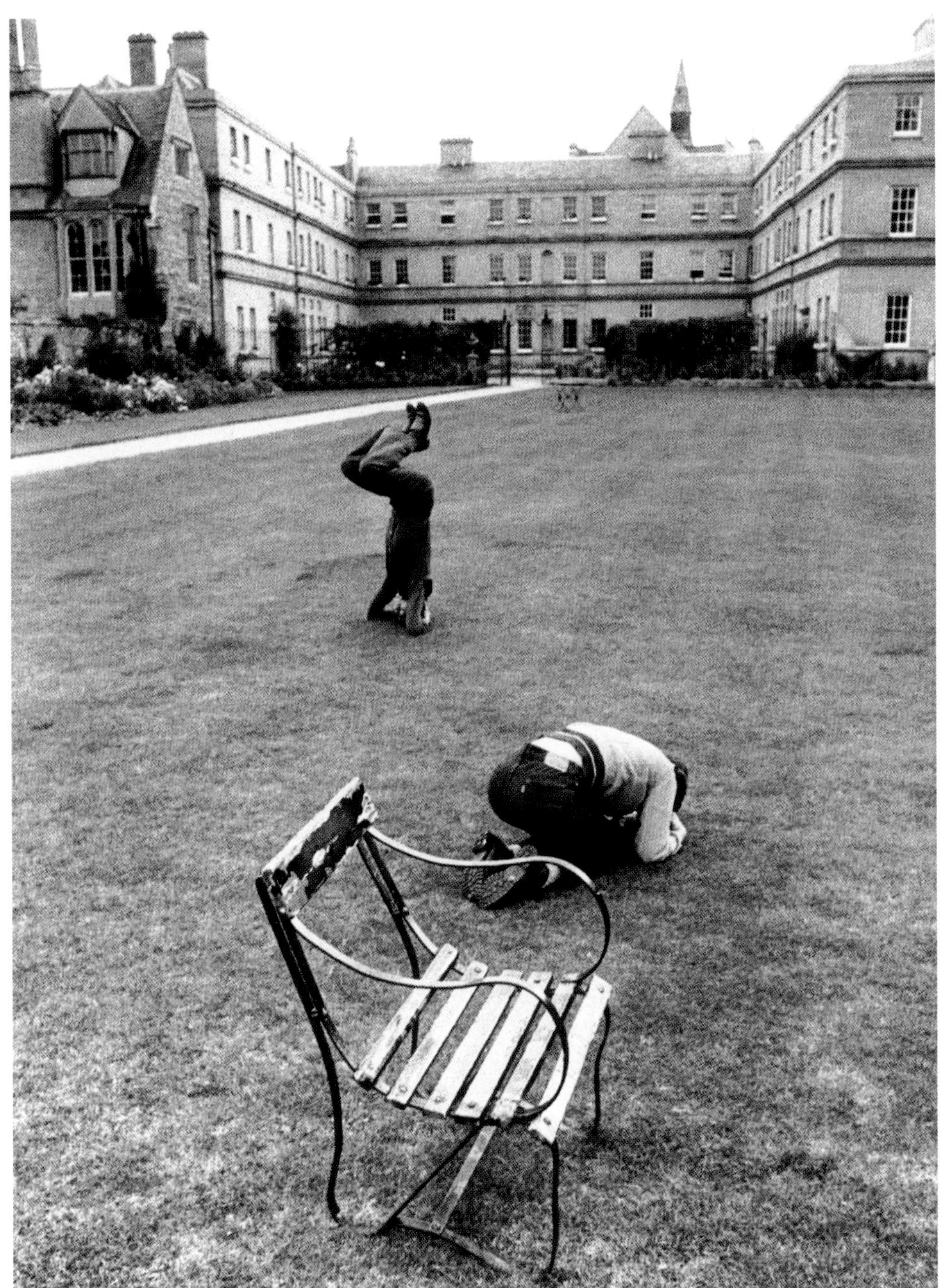

Oxford 1978

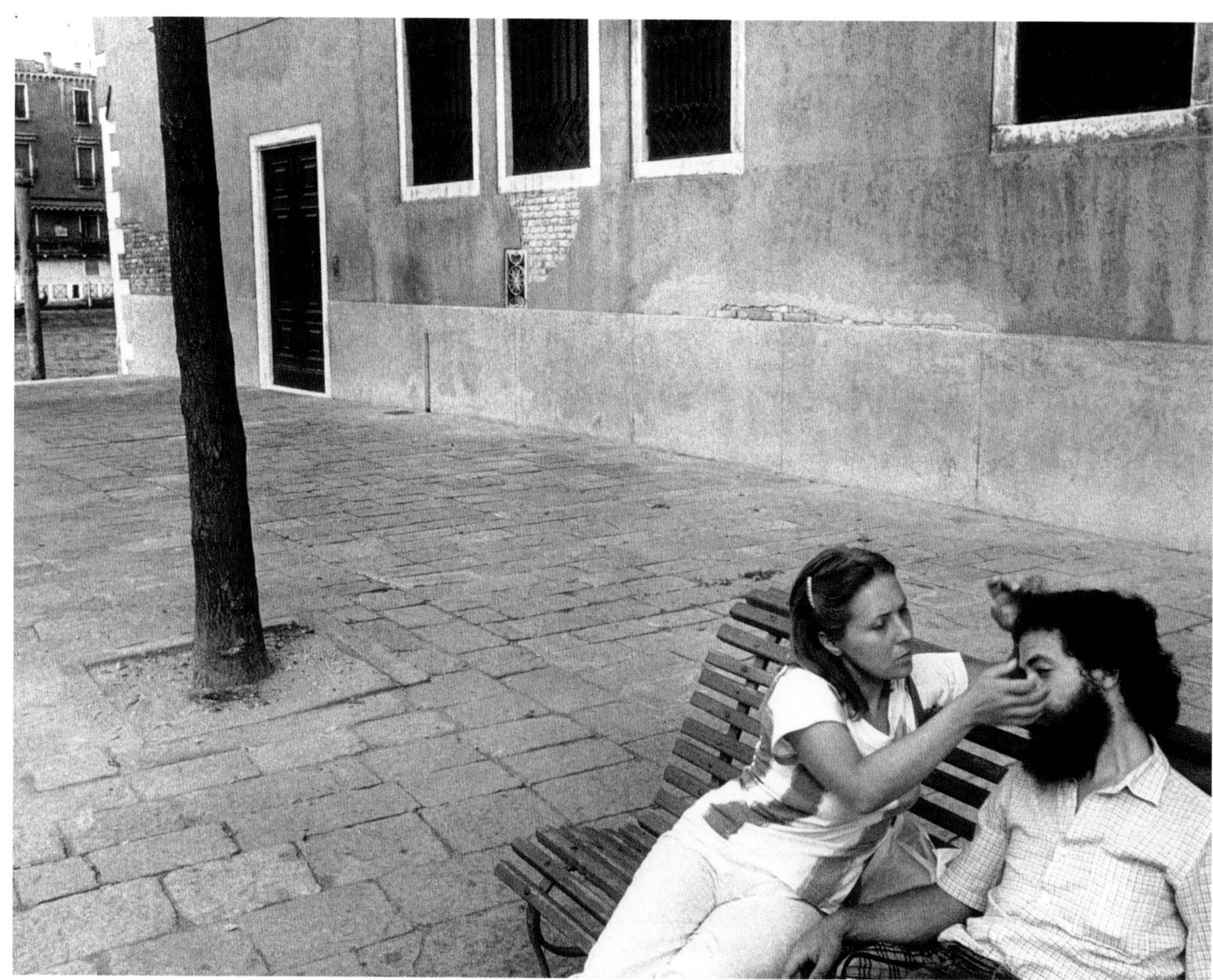

Benátky/Venice 1982

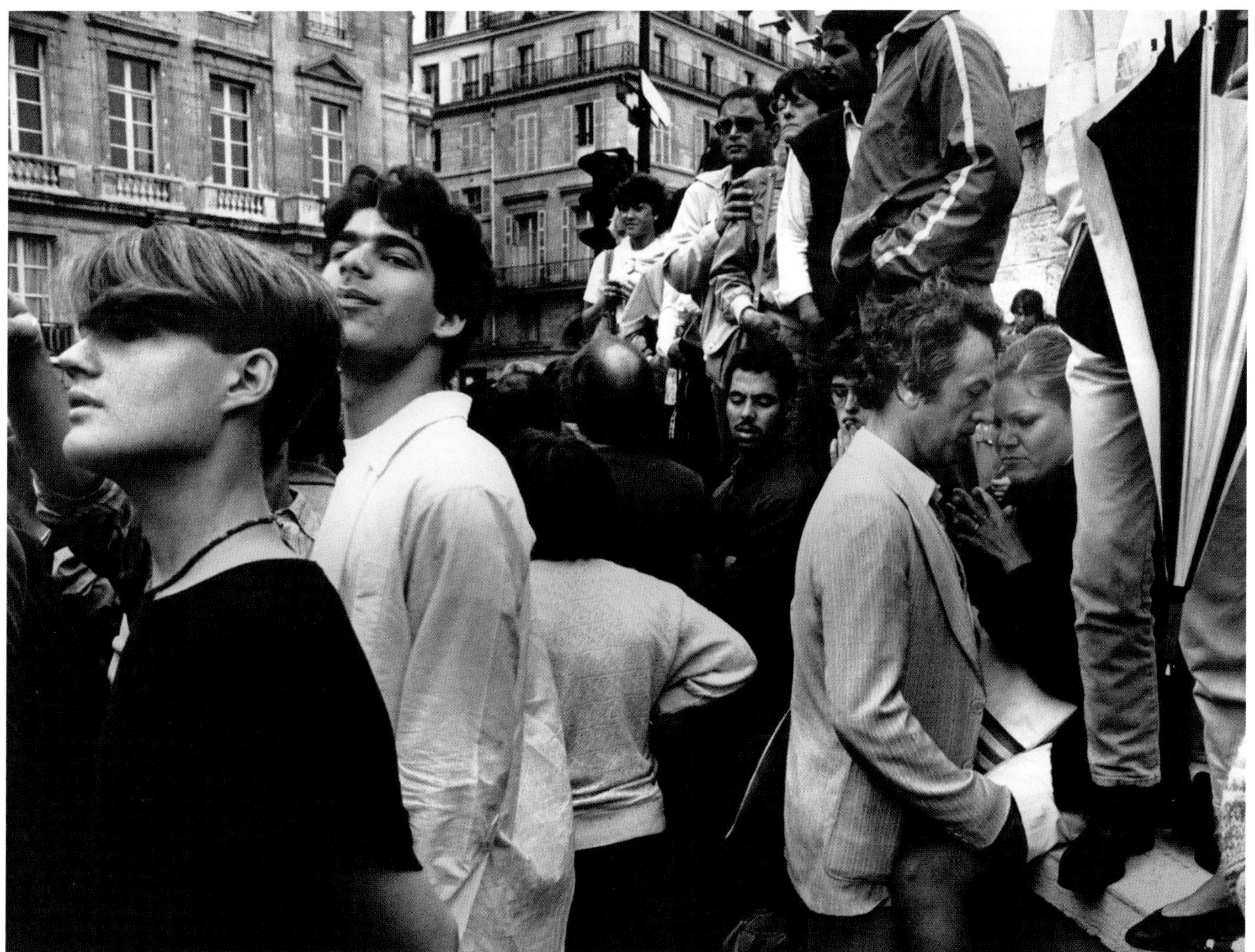

Paříž/Paris 1980

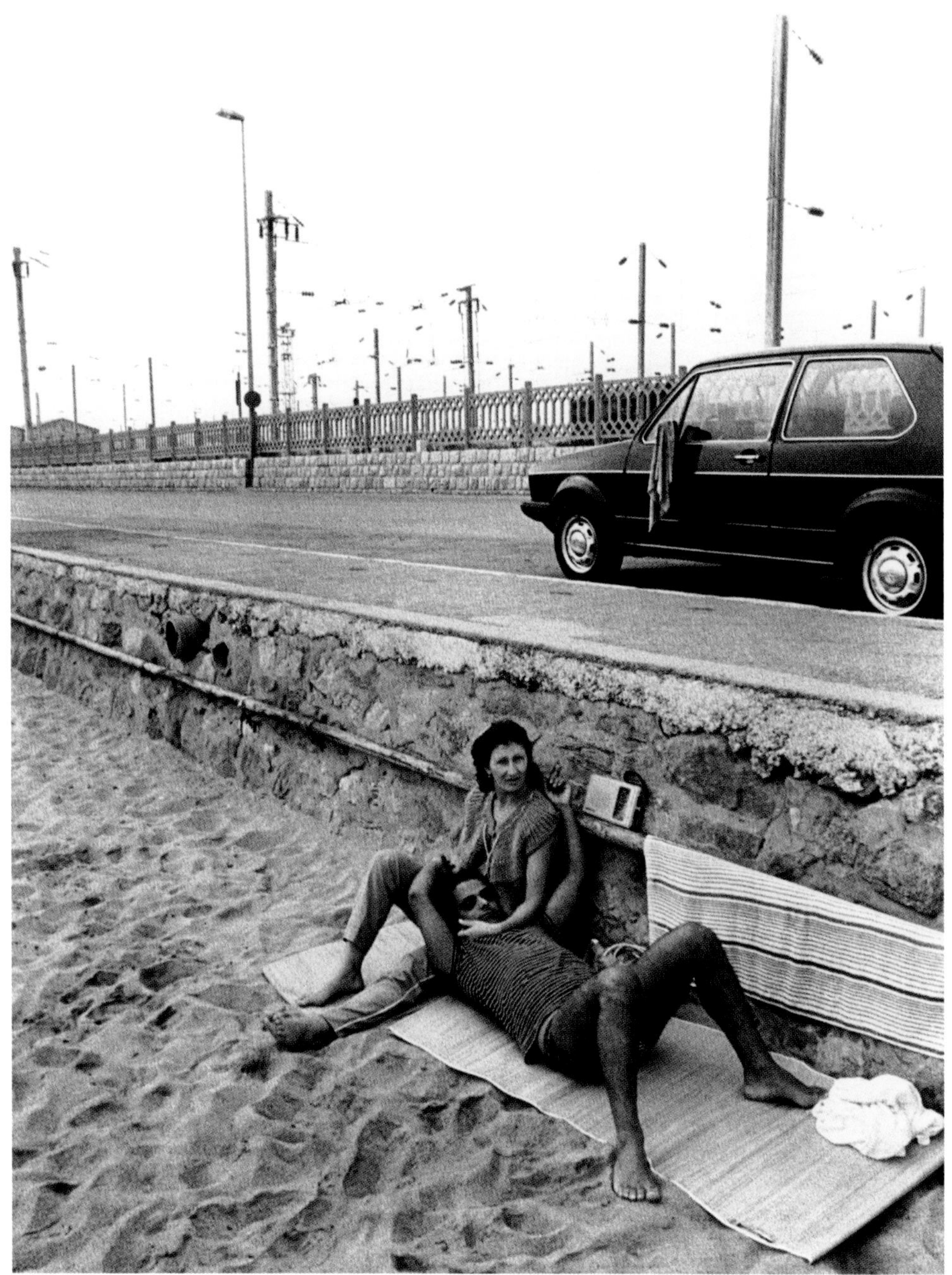

Cannes 1980

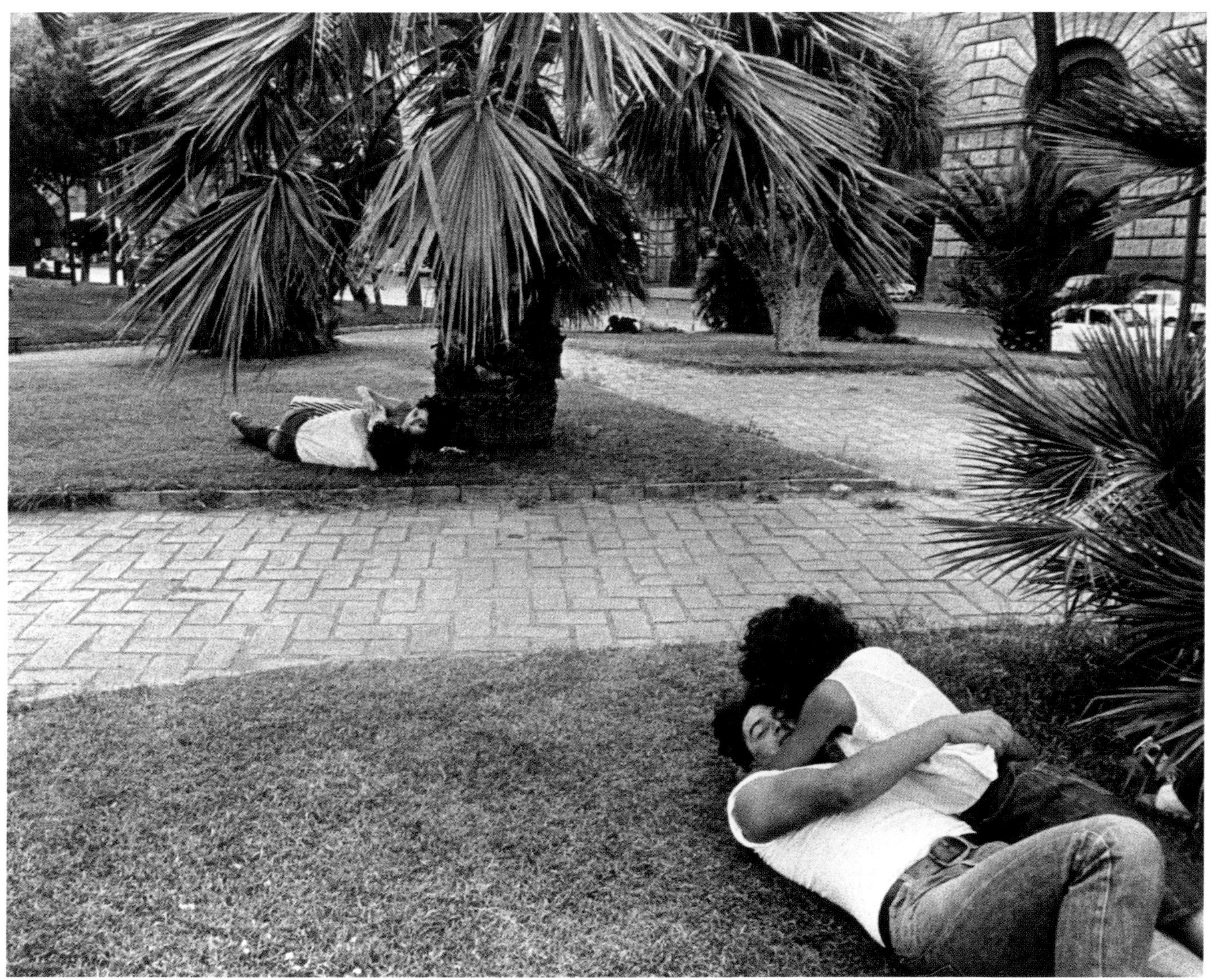

Neapol/Naples 1982

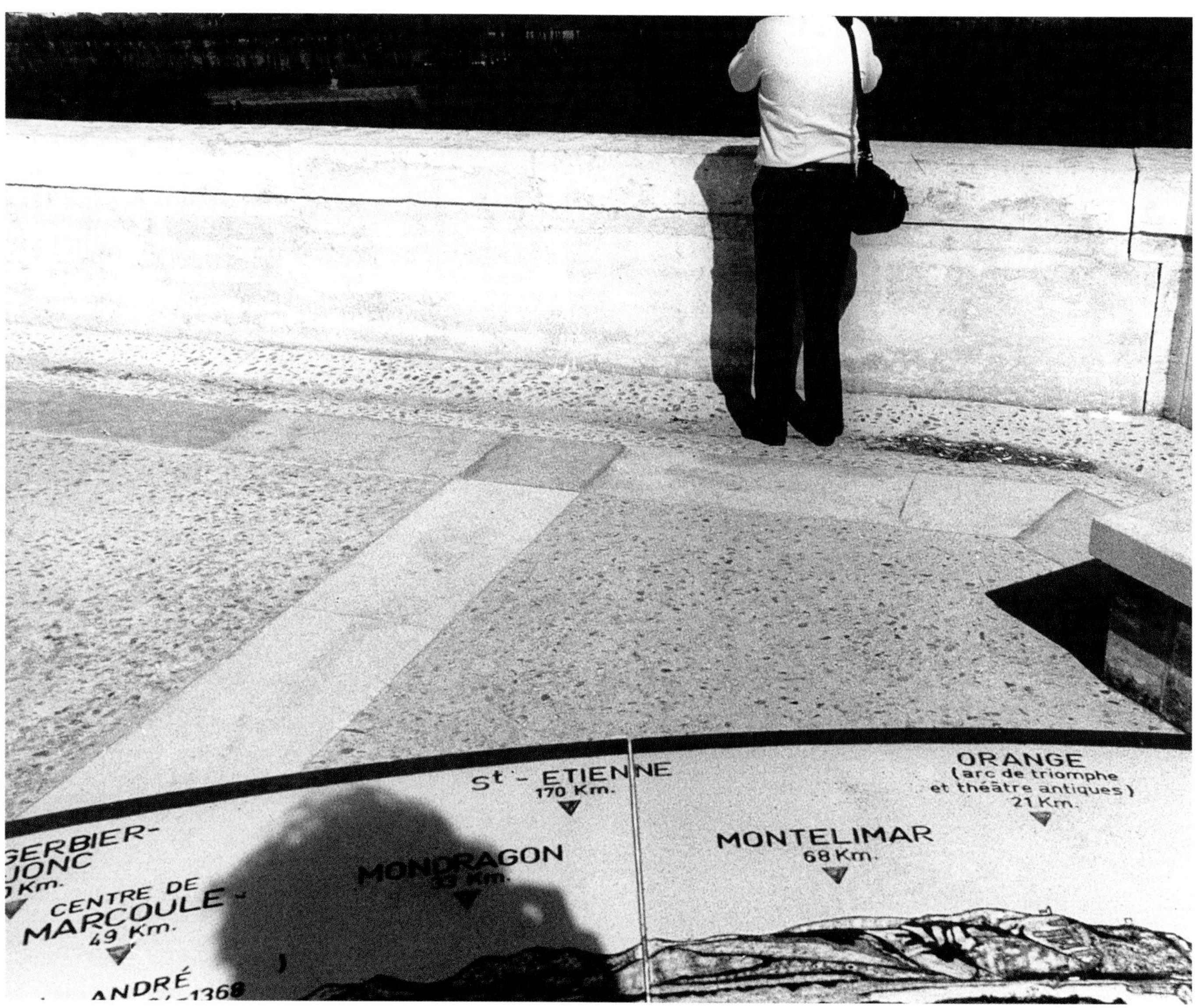

Provence 1980

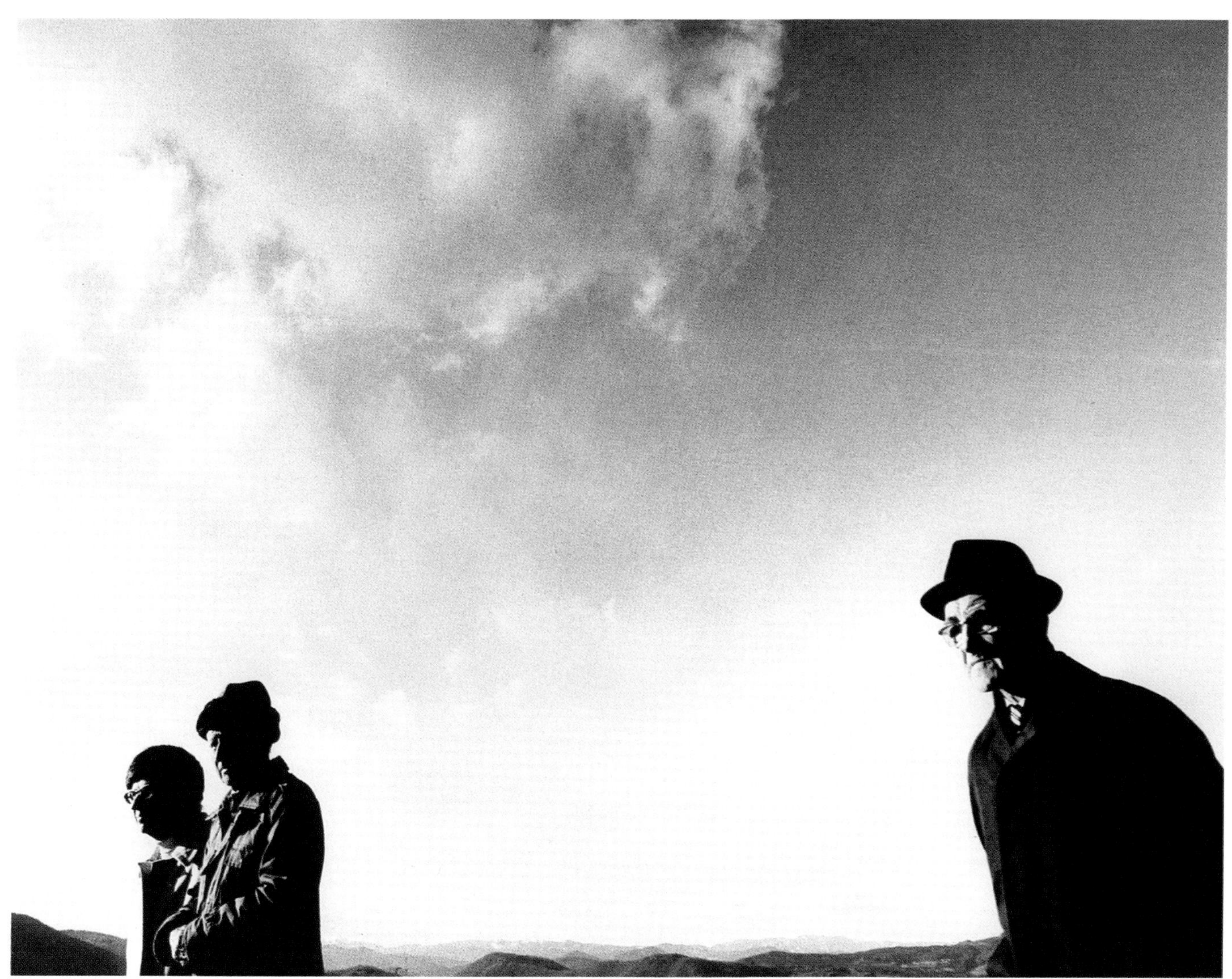

Štýrský Hradec/Graz 1990

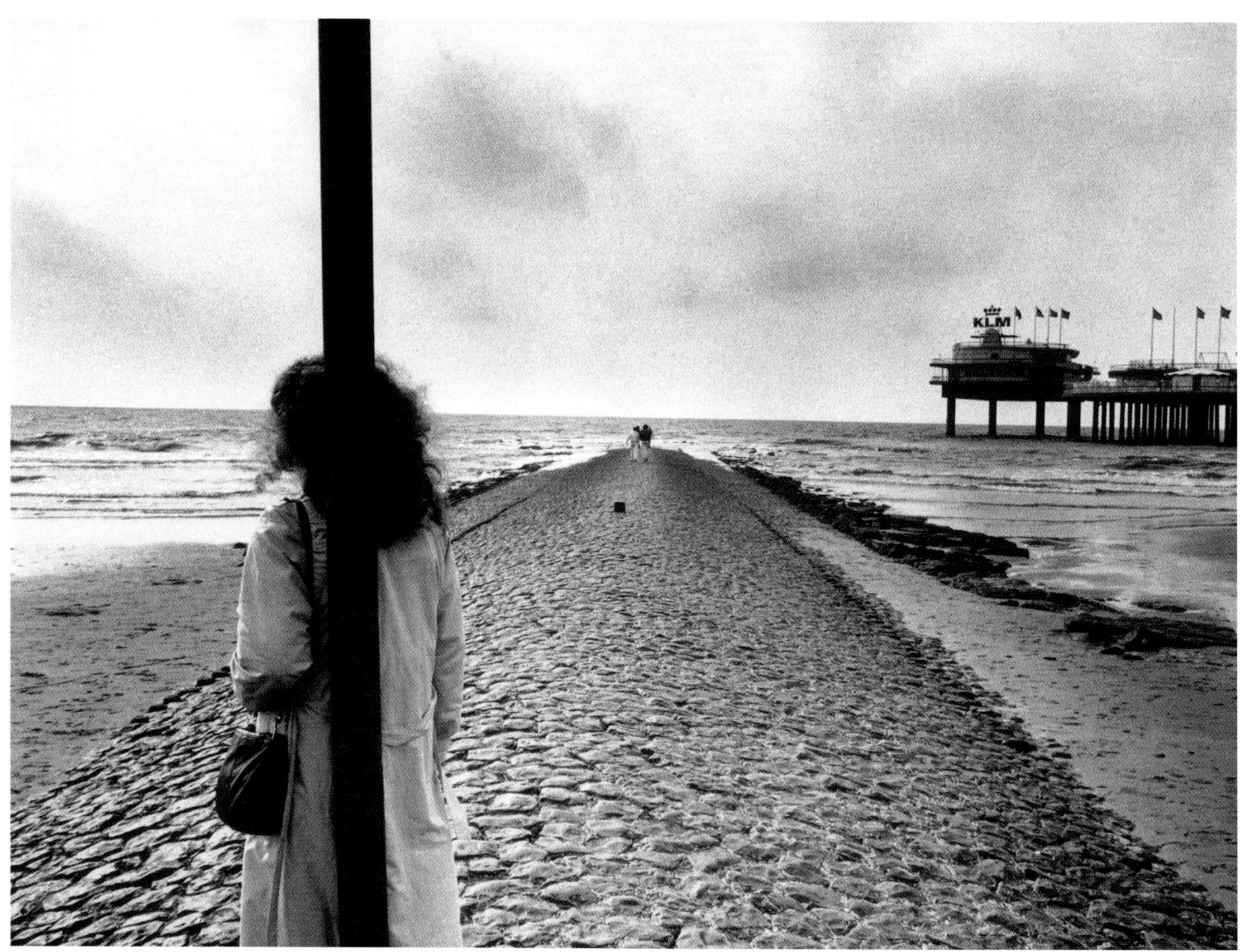

Scheveningen 1984

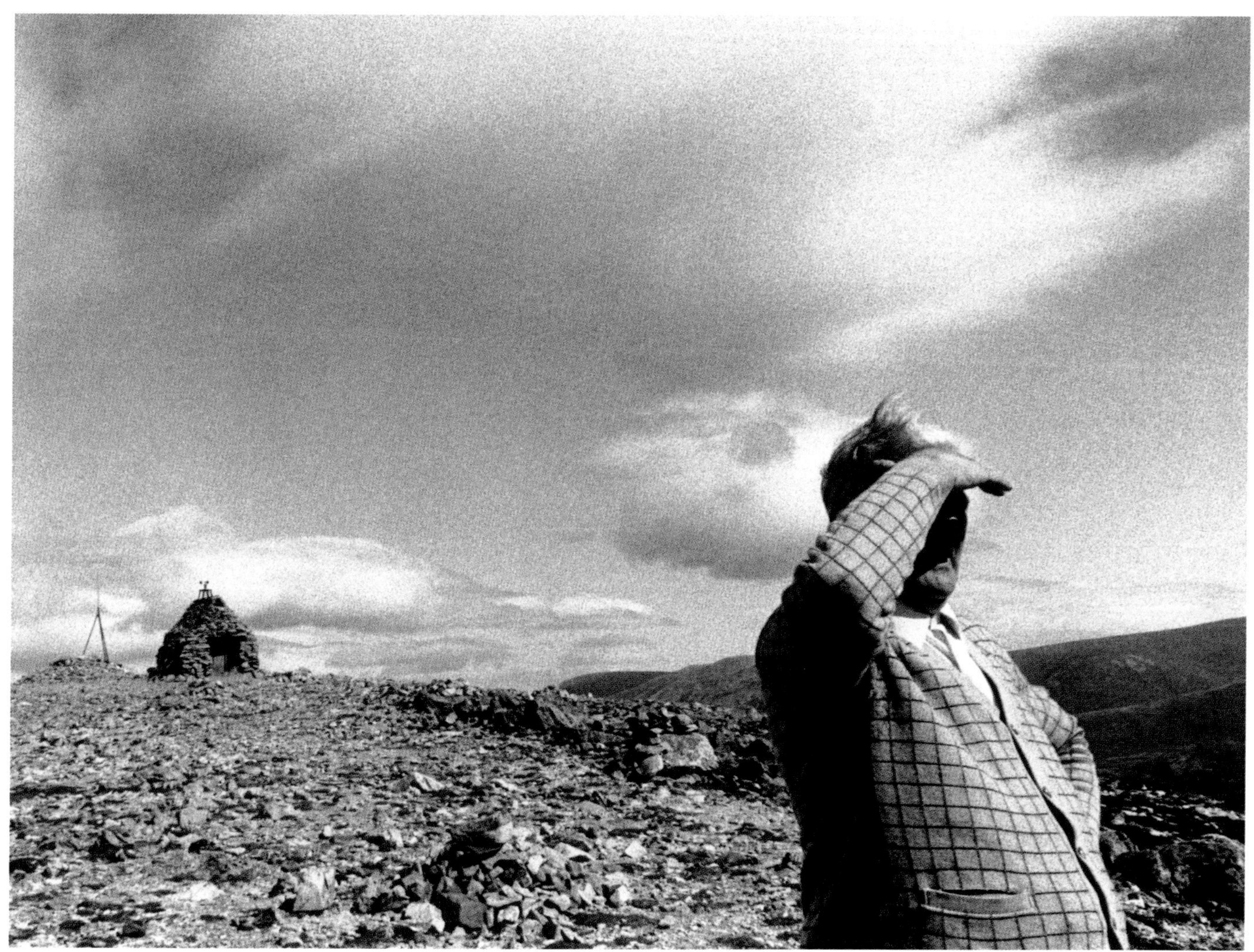

Skotsko / Scotland 1978

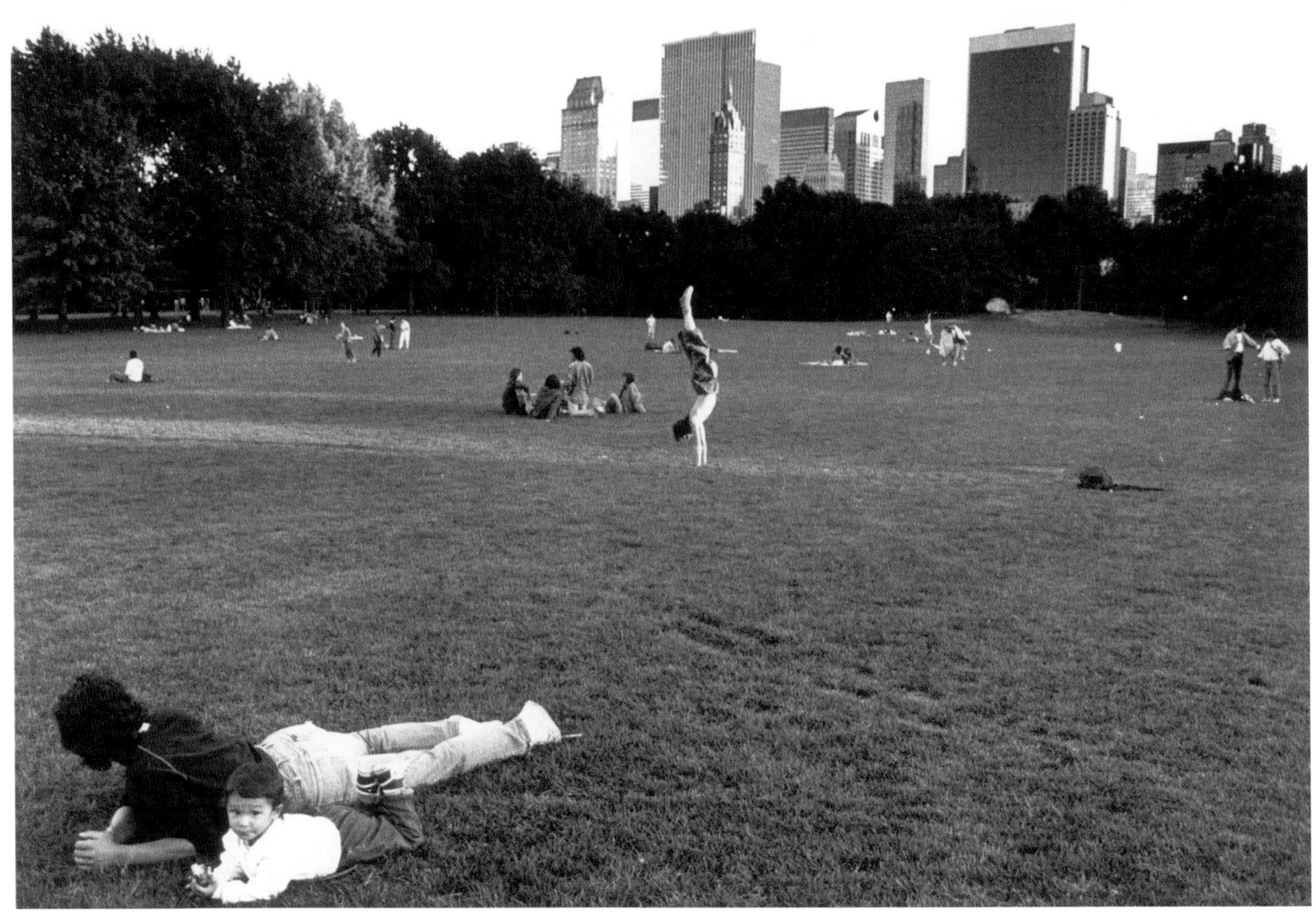

New York 1986

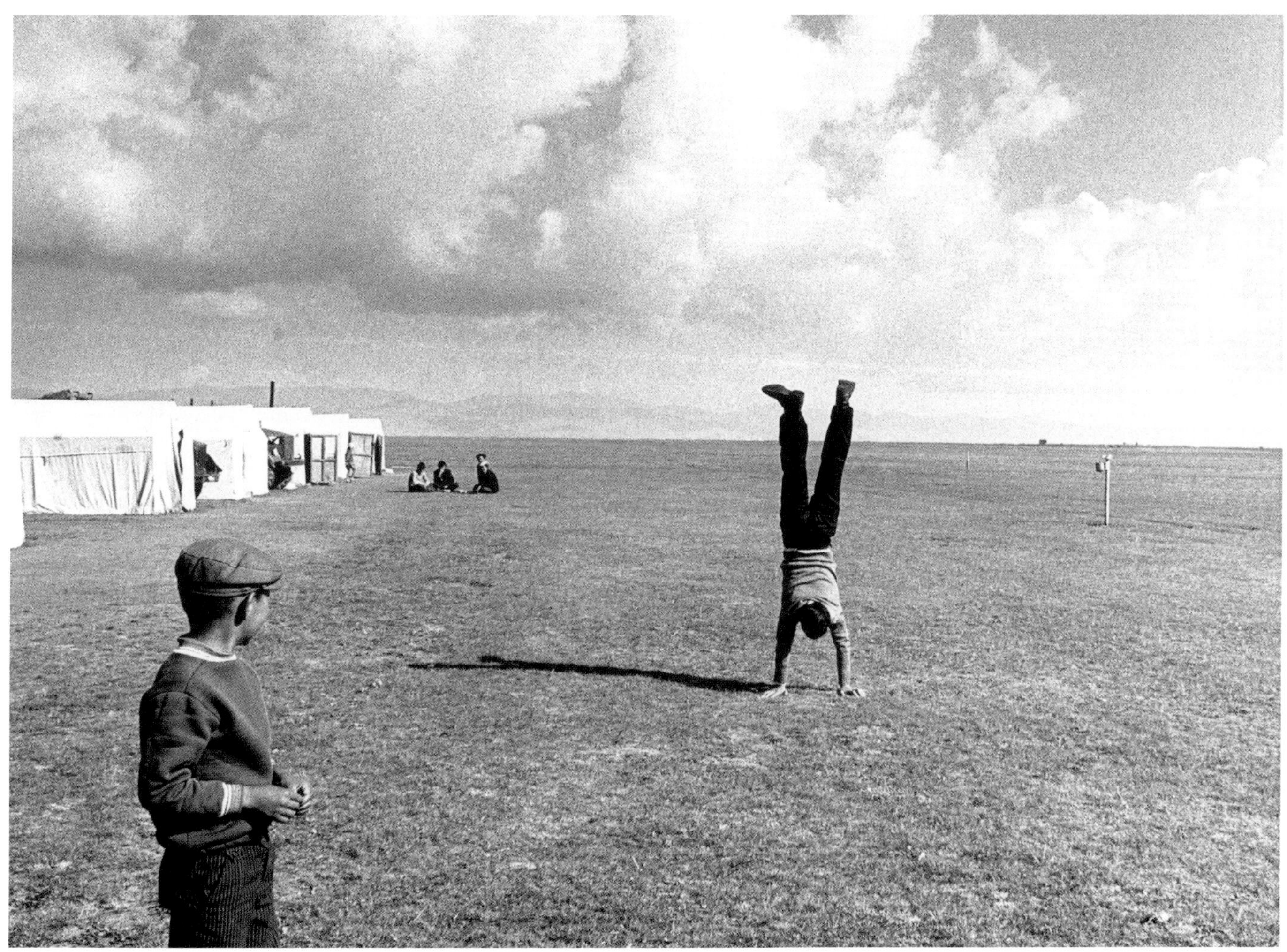

Kirgizie/Kirghizia 1981

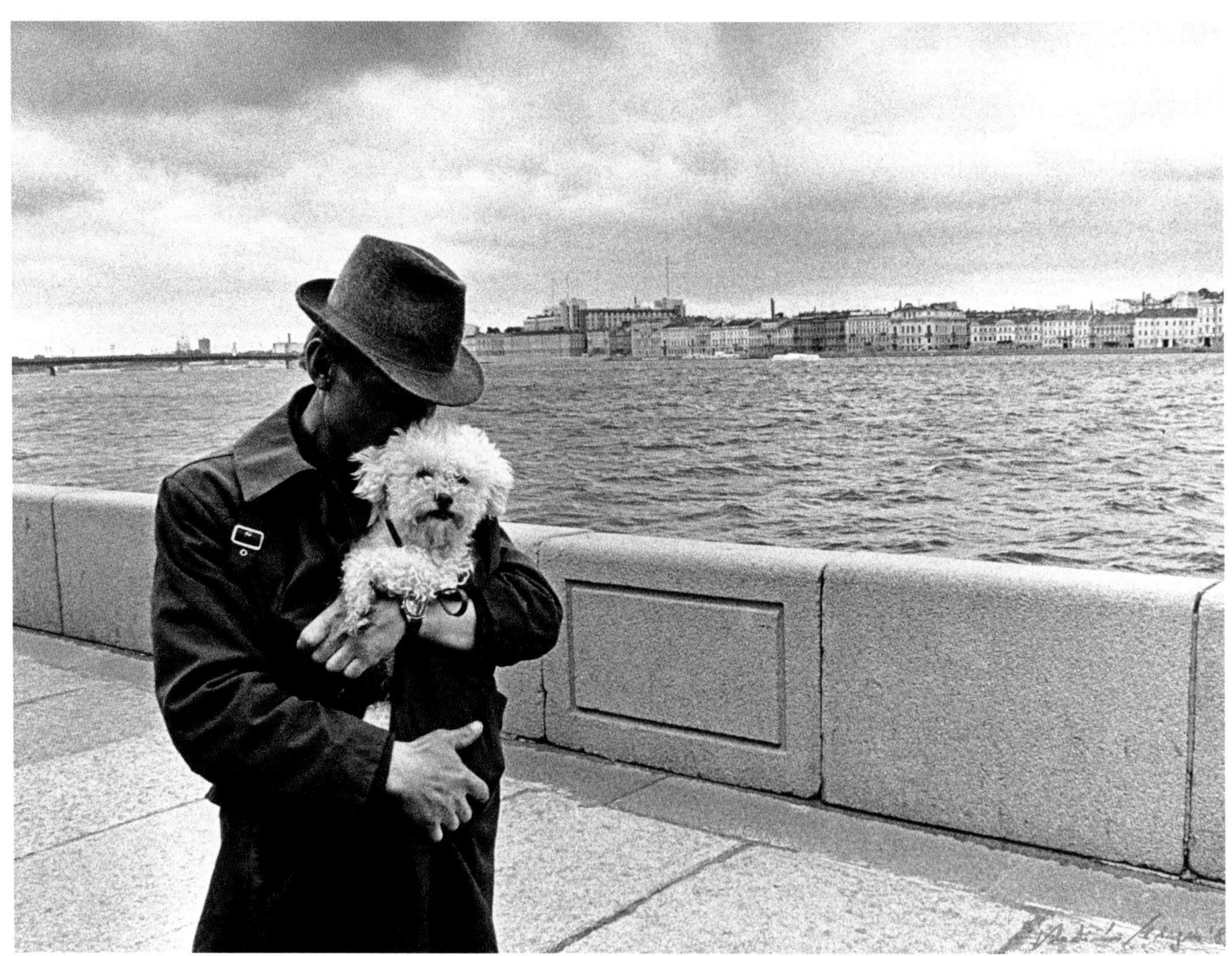

Leningrad 1981

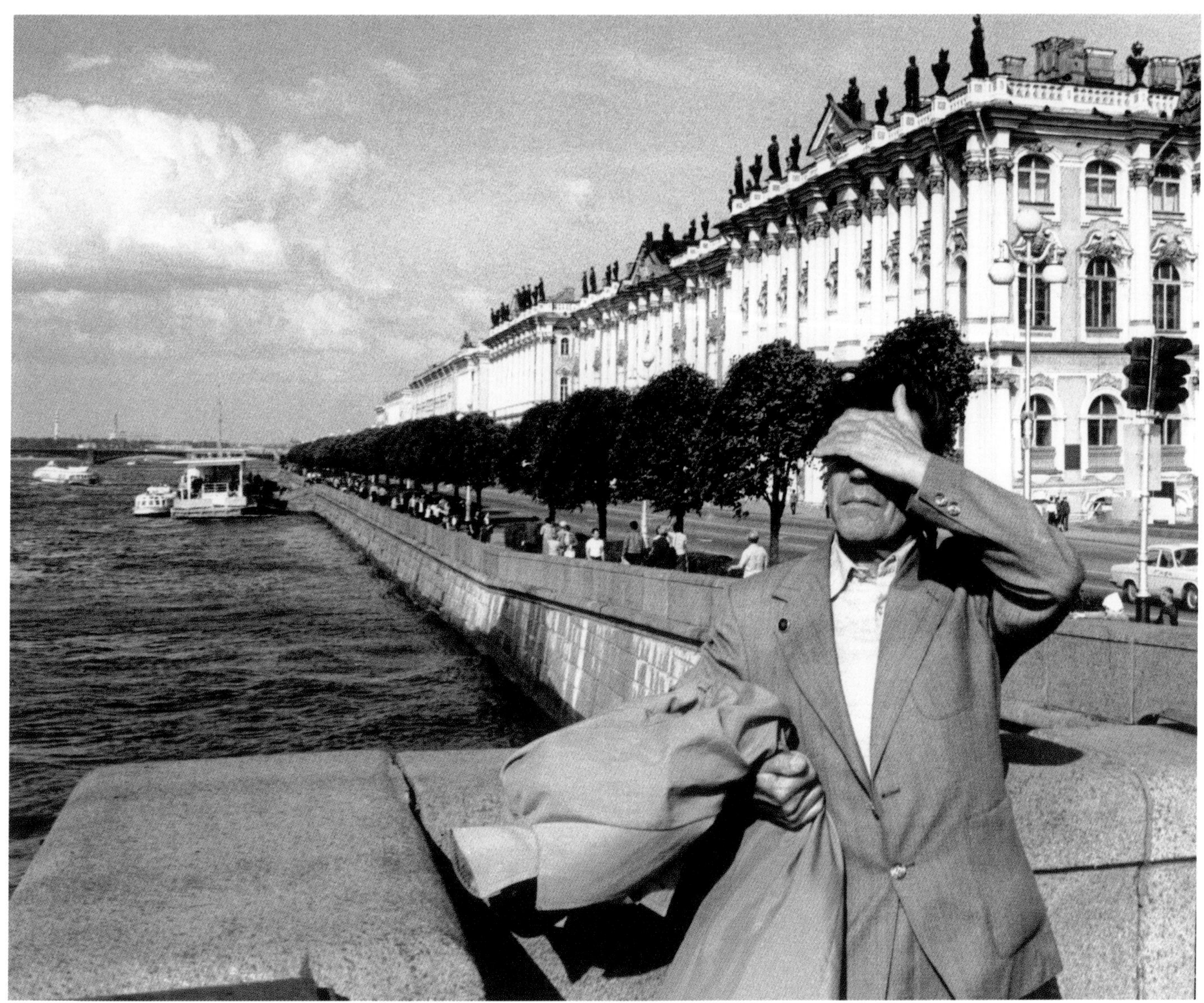

Leningrad 1981

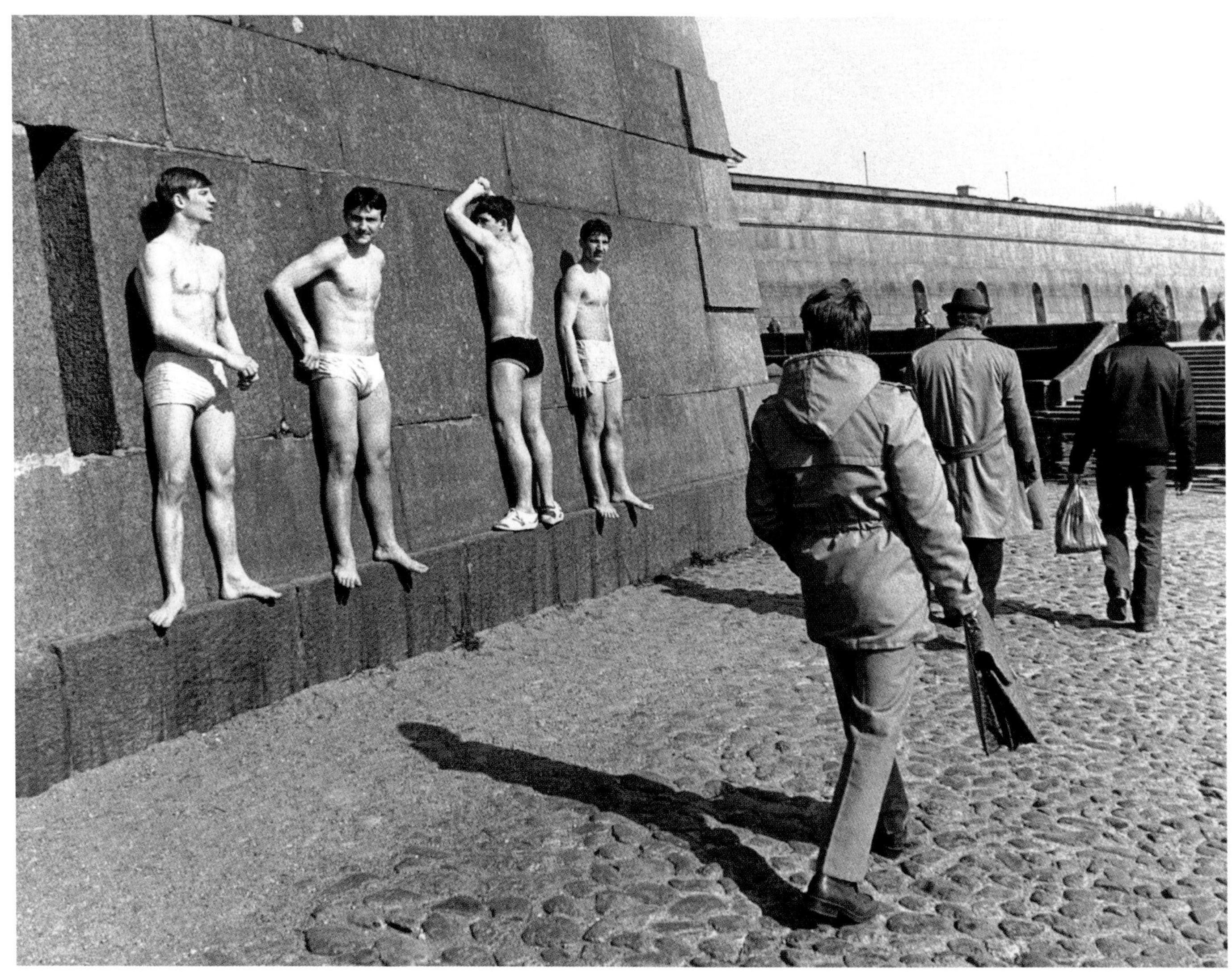

Leningrad 1982

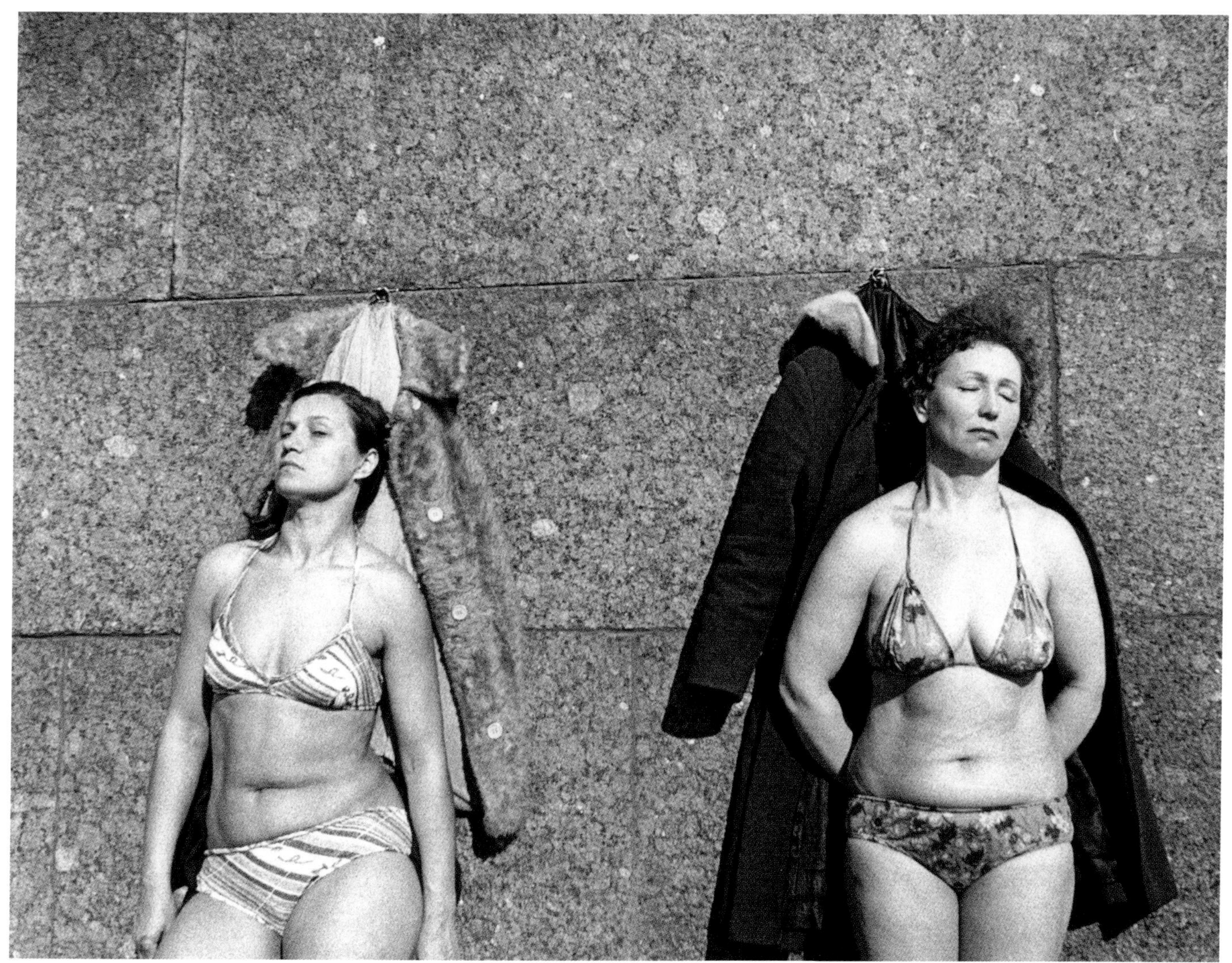

Leningrad 1982

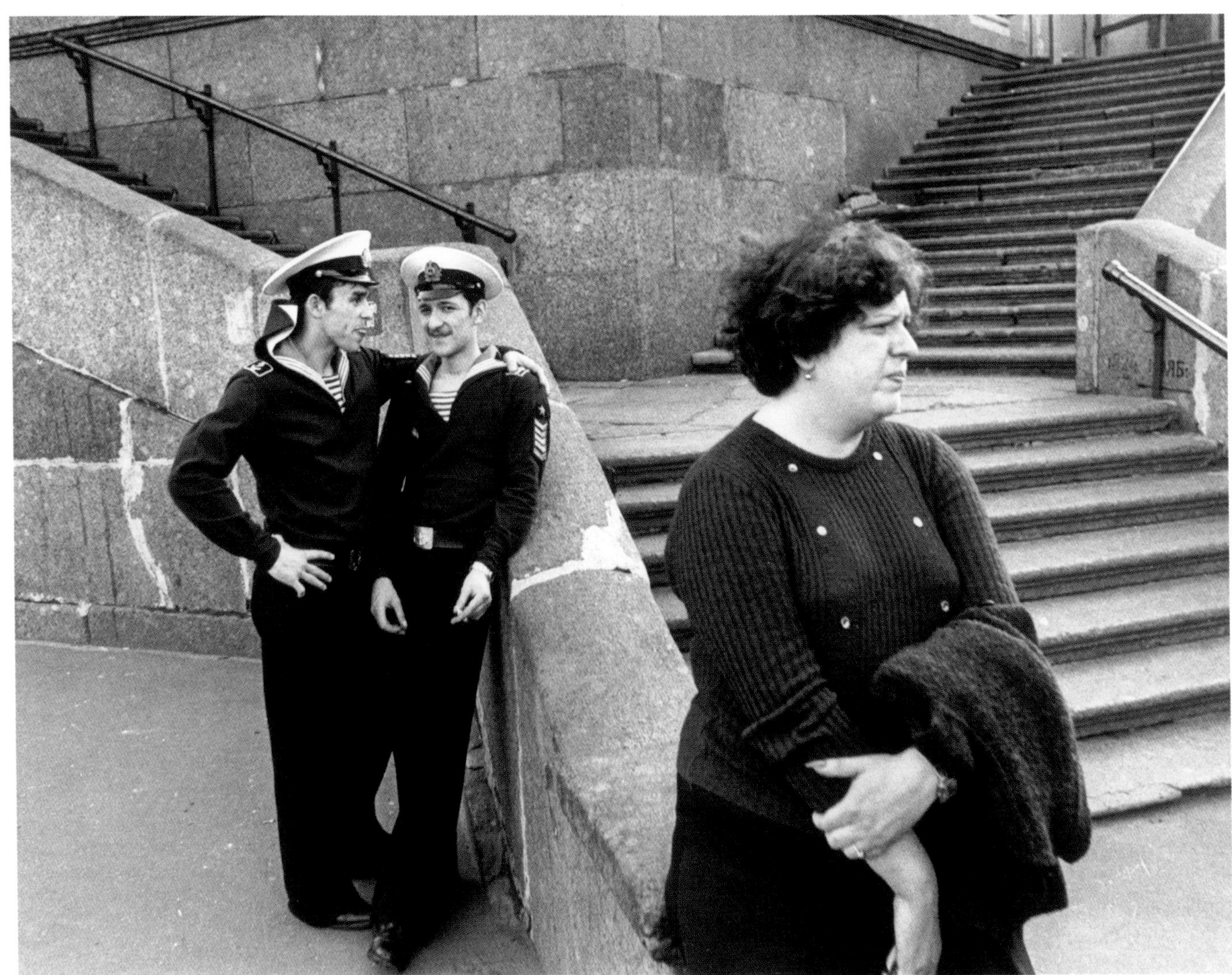

Leningrad 1981

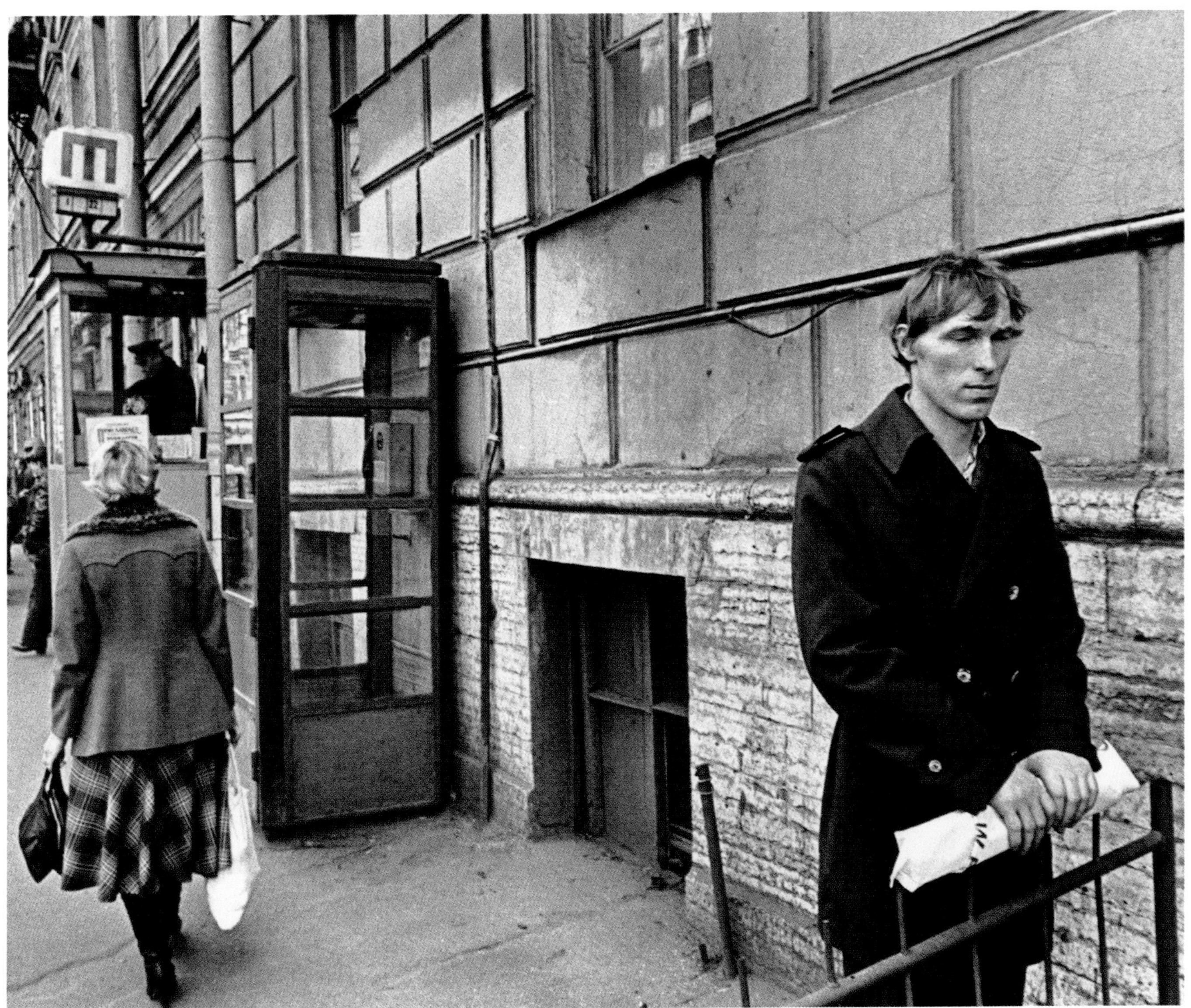

Moskva / Moscow 1982

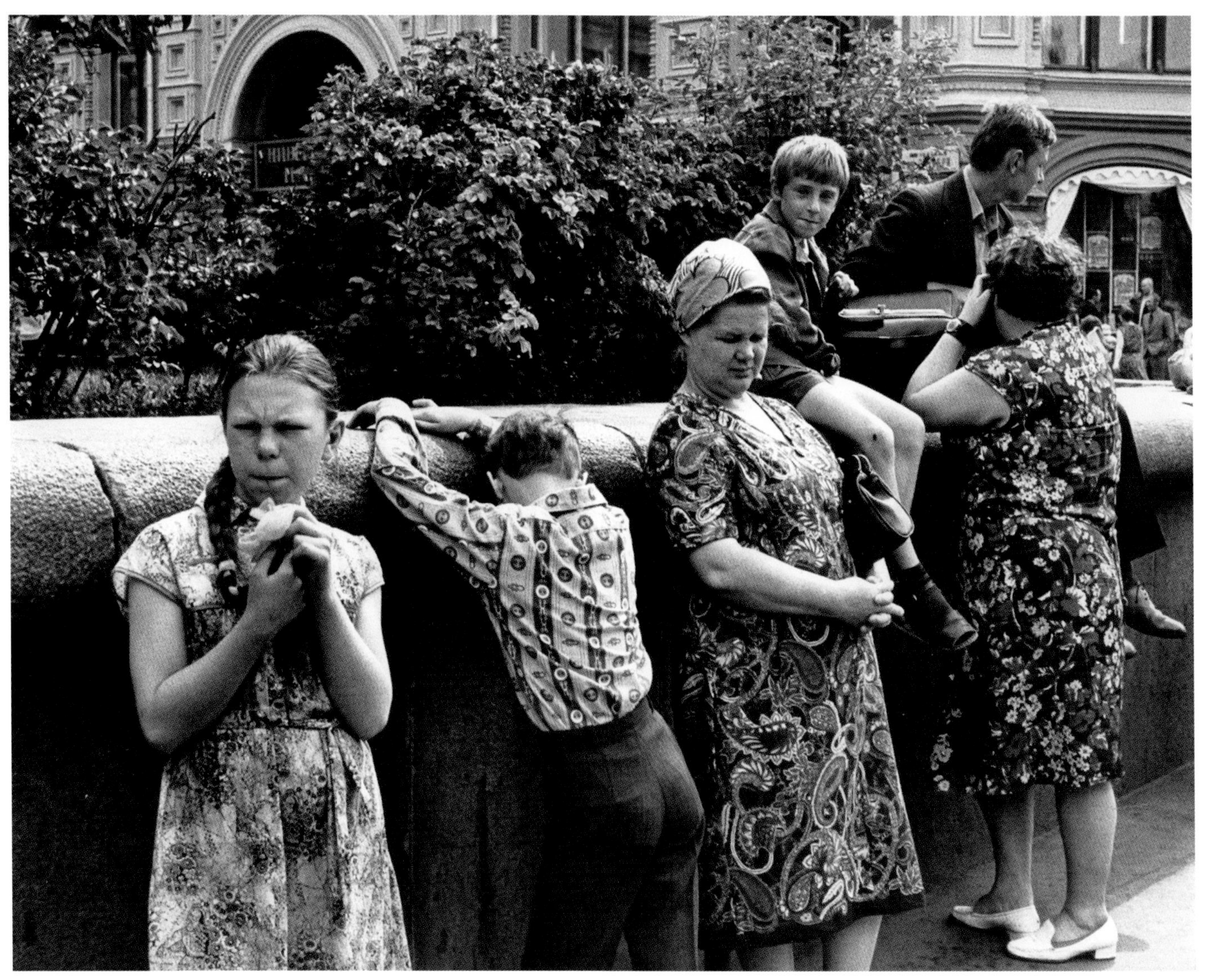

Moskva / Moscow 1981

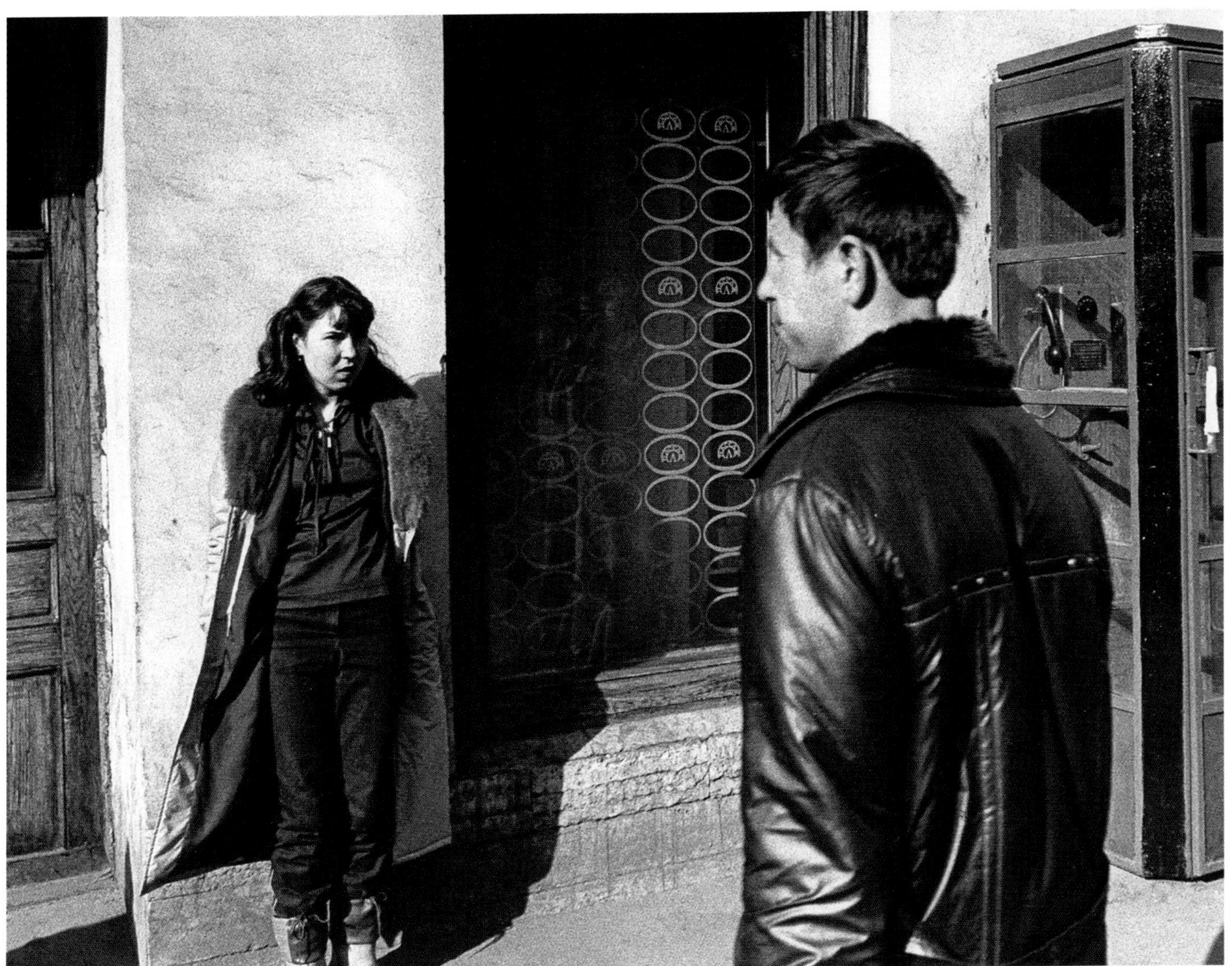

Moskva / Moscow 1985

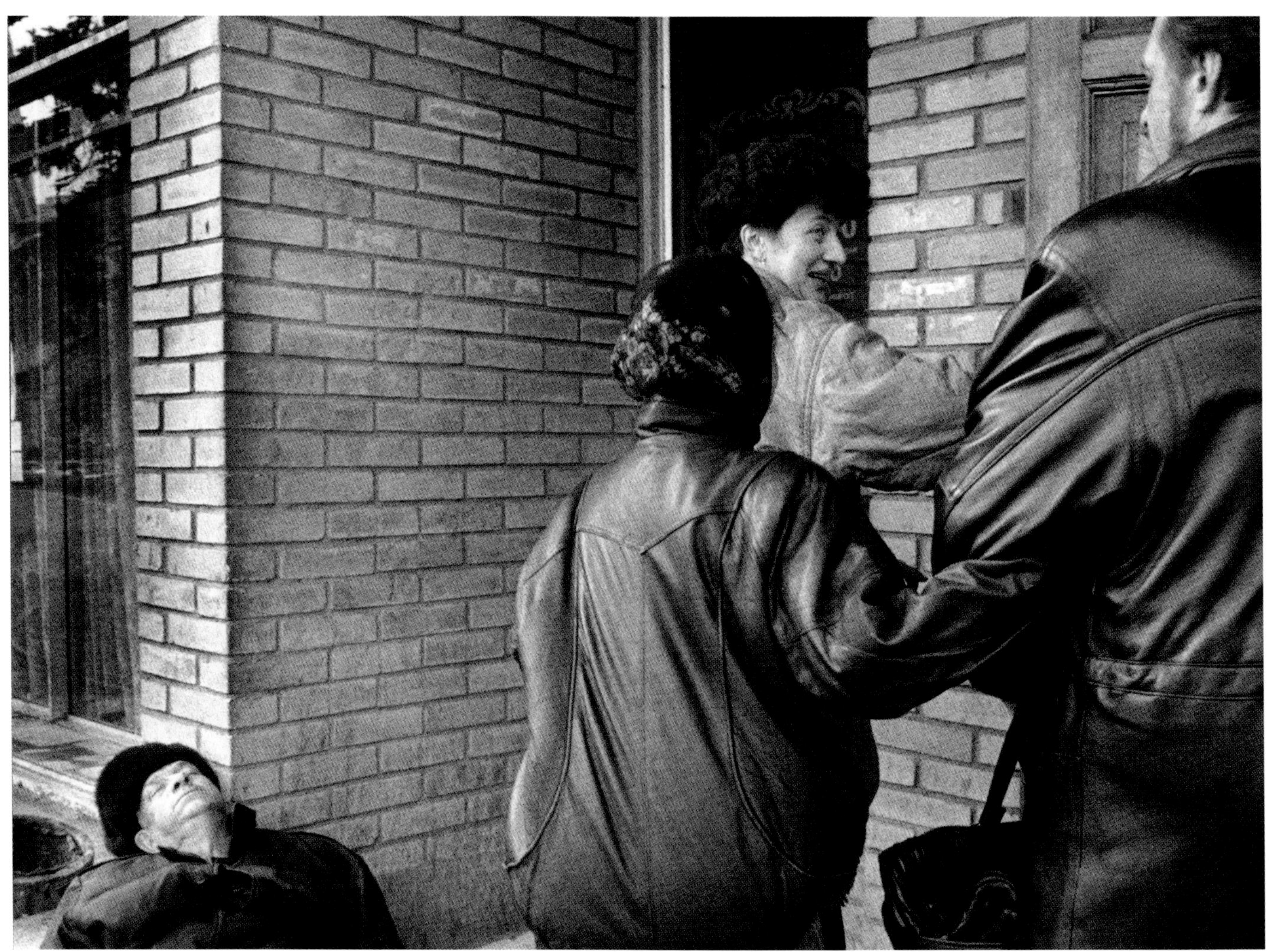

Moskva / Moscow 1992

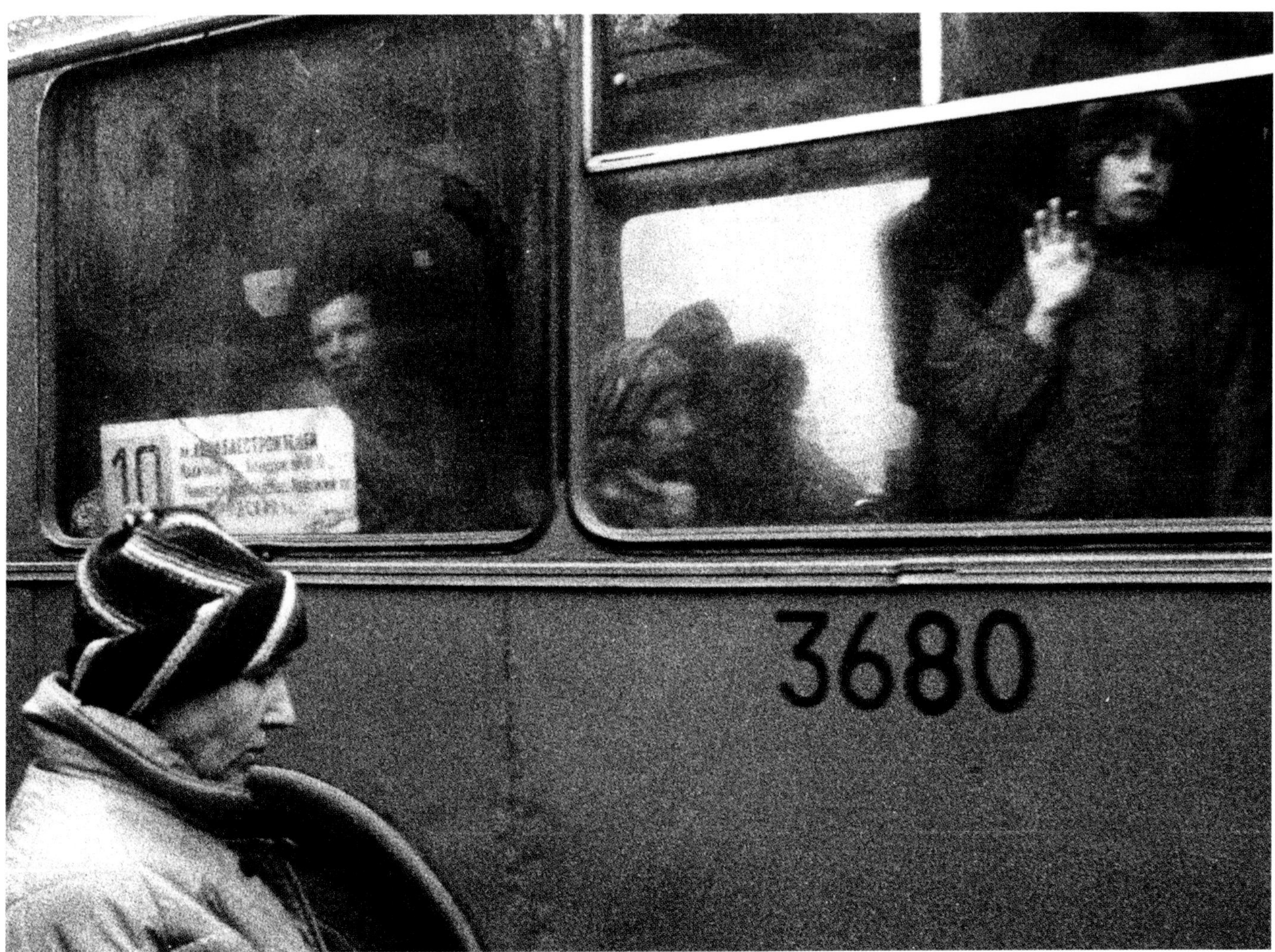

Petrohrad / St. Petersburg 1992

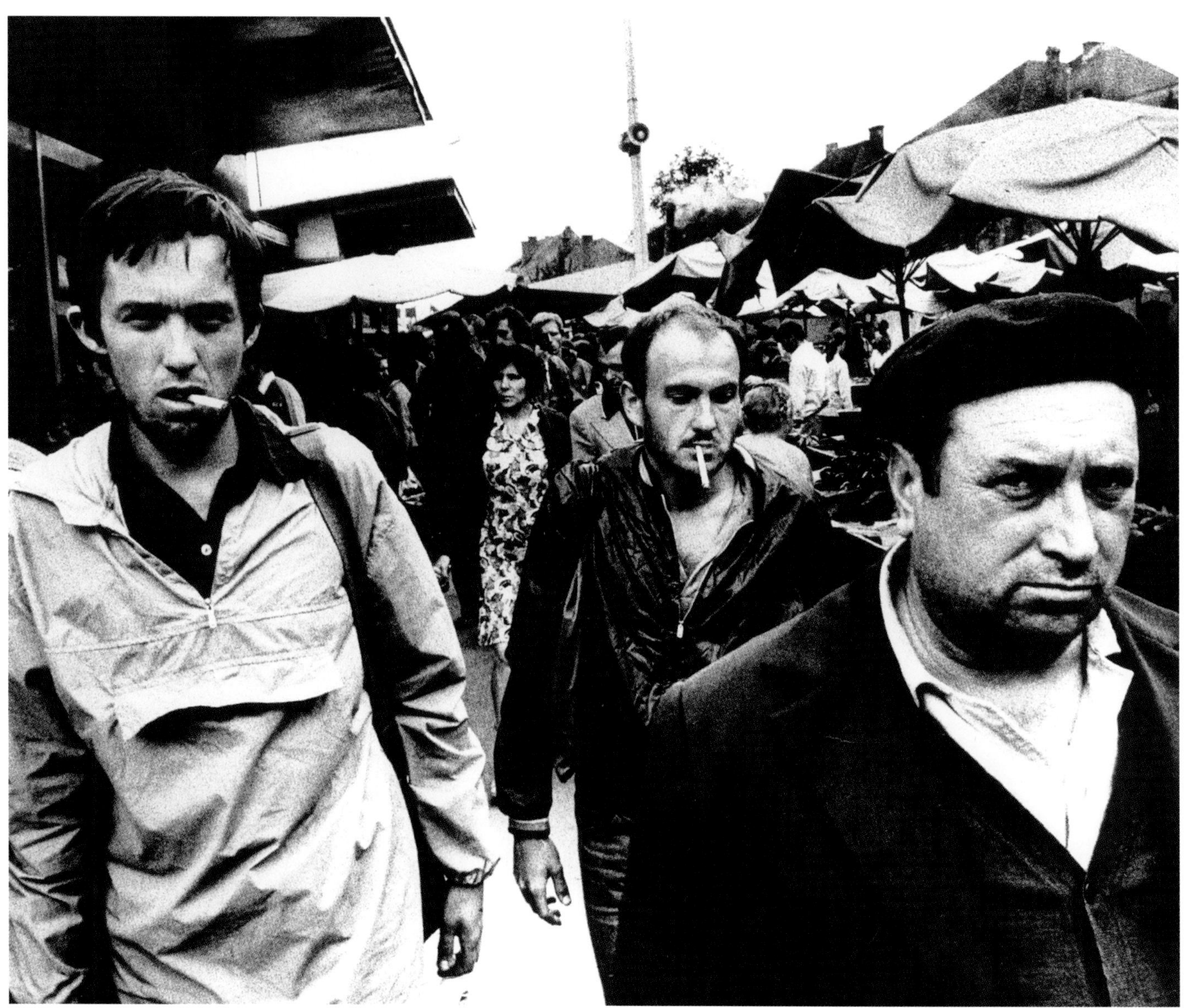

Sofie/Sofia 1976

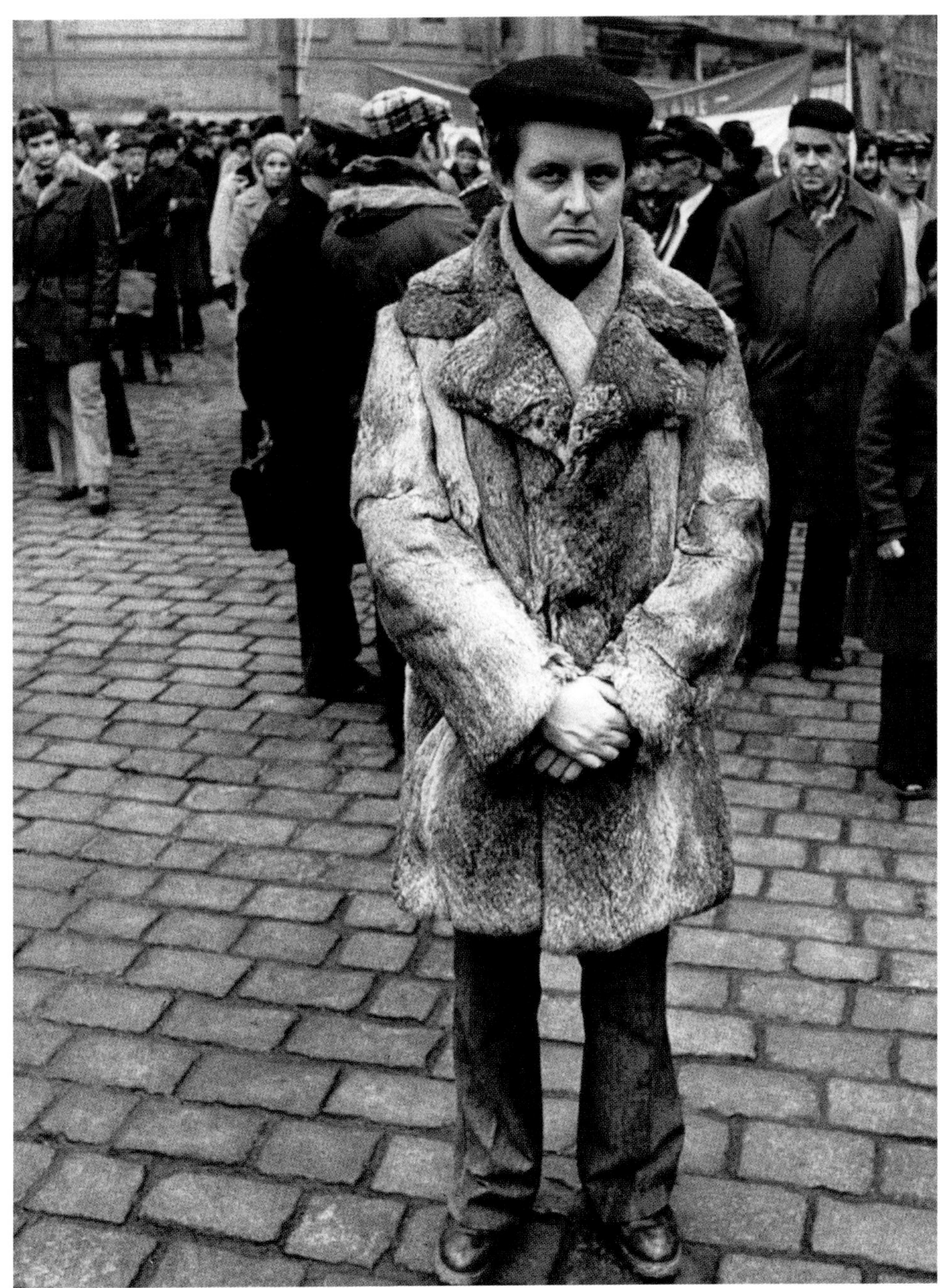

Praha/Prague 1978

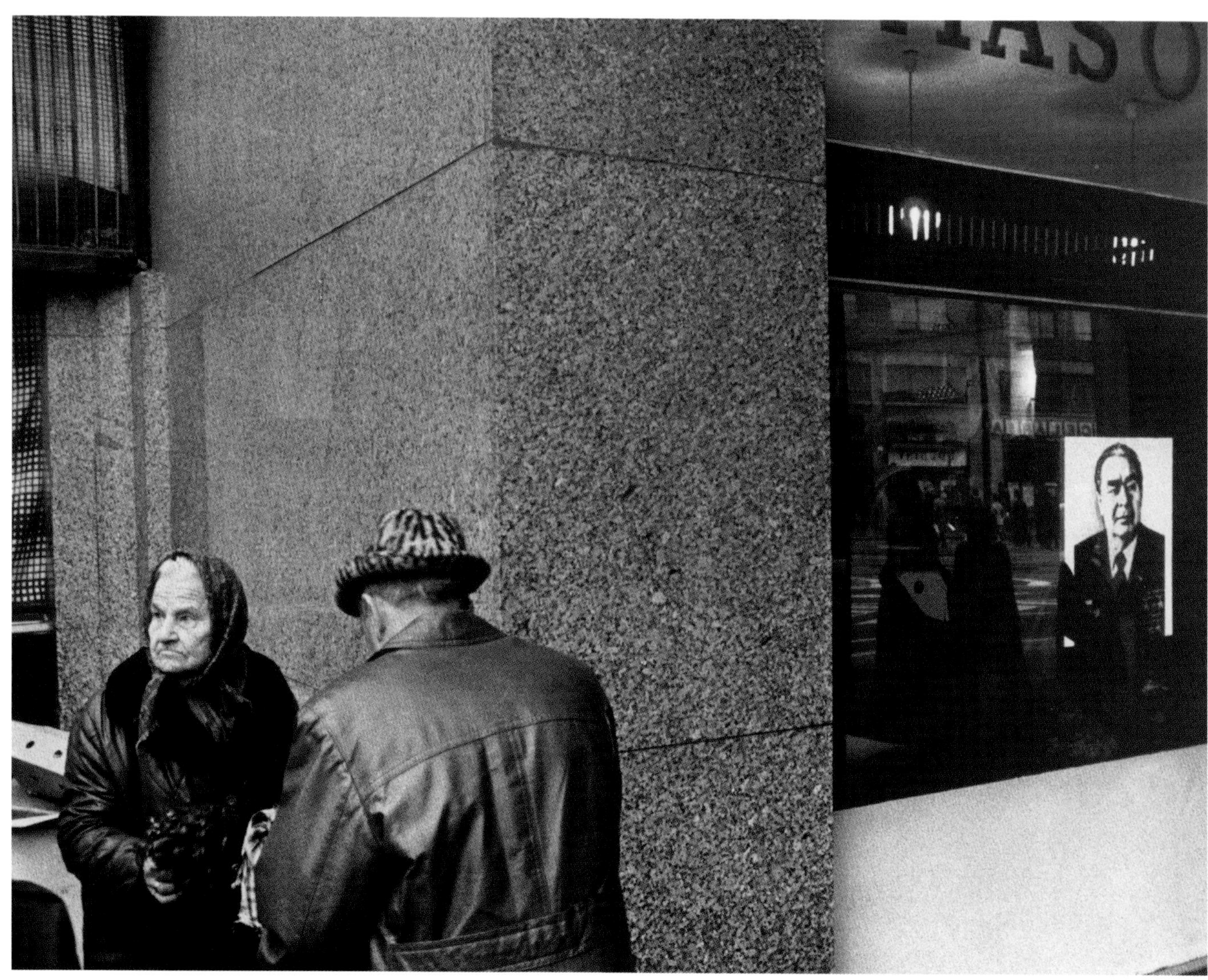

Bratislava 1982

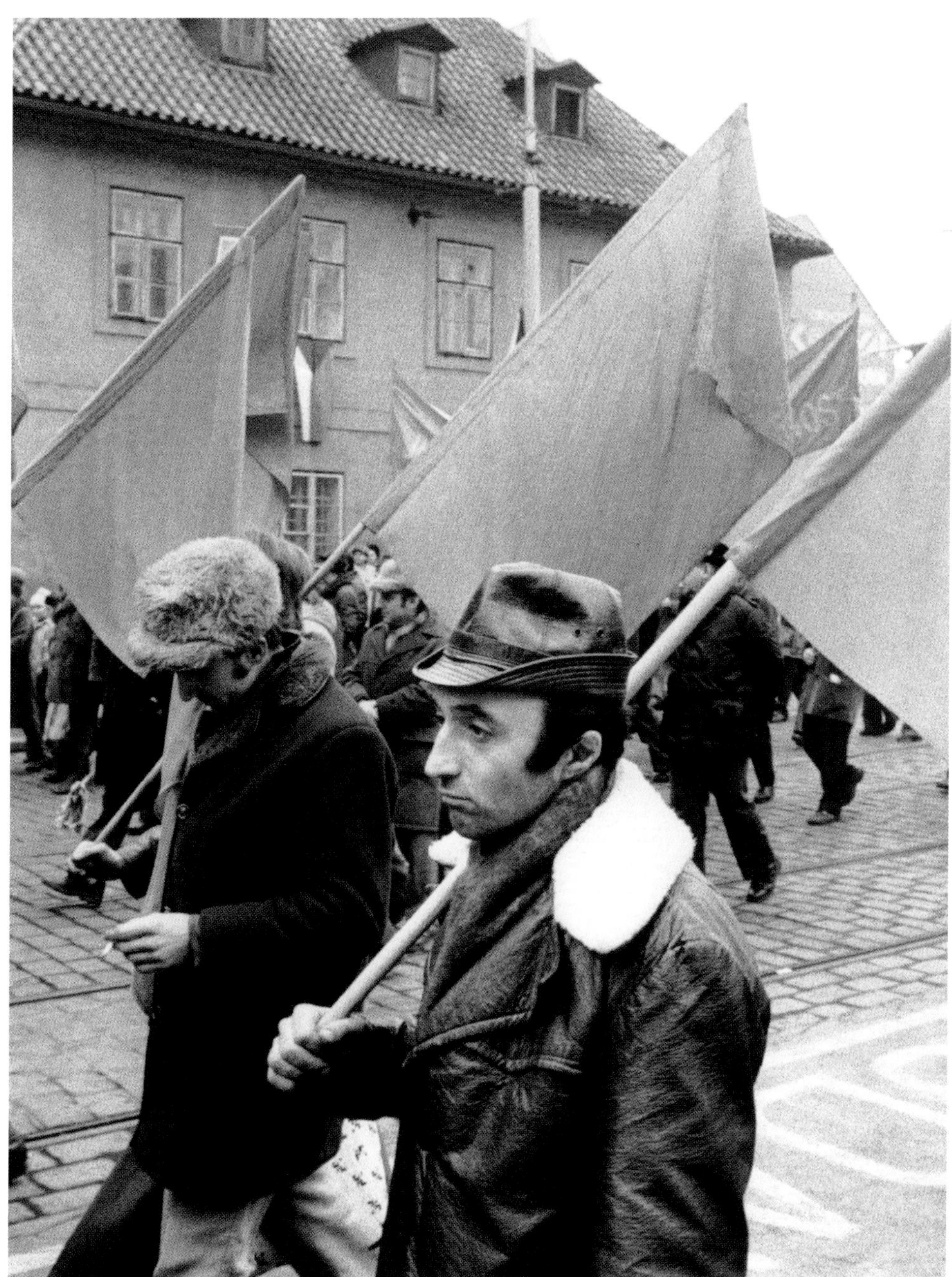

Praha/Prague 1978

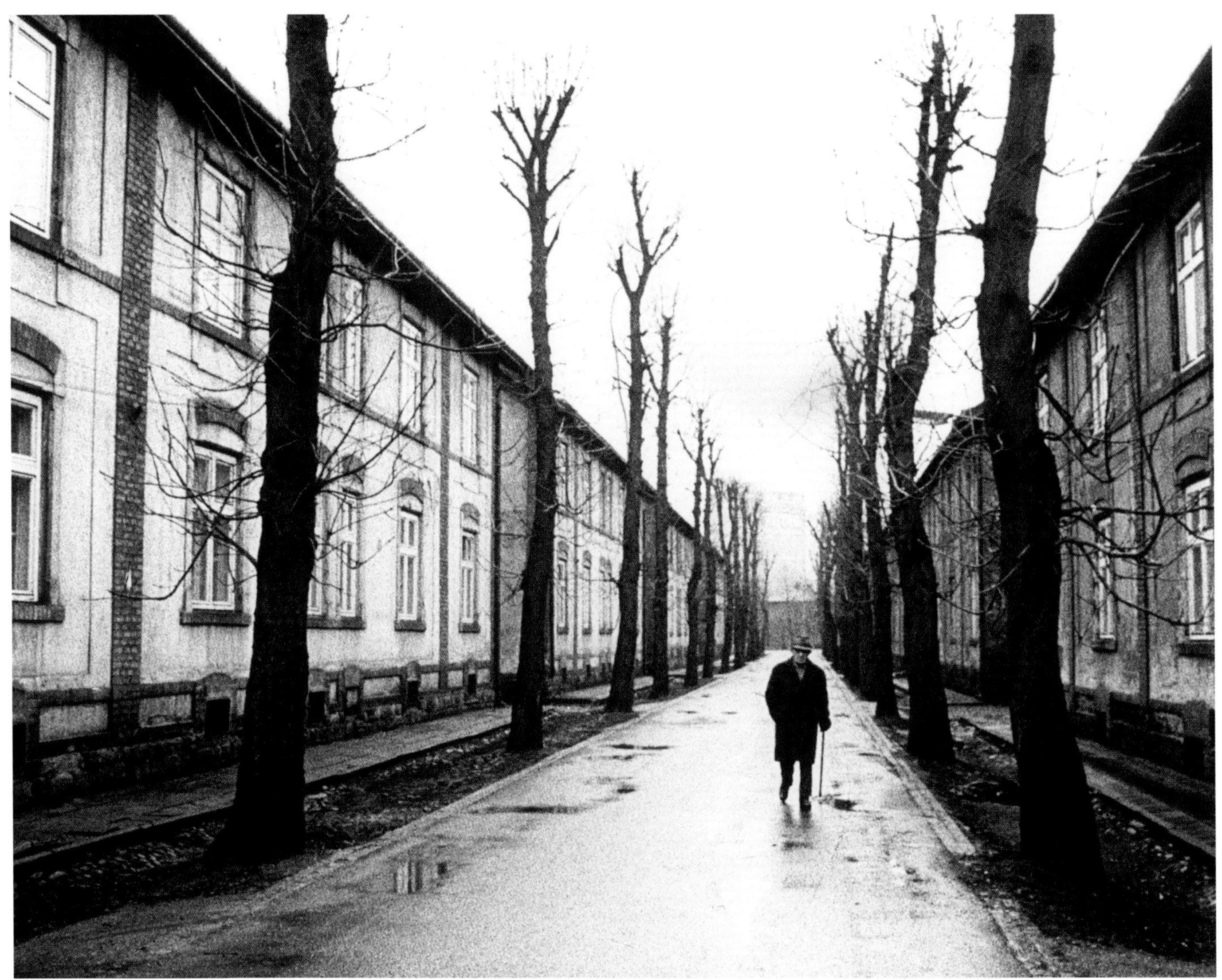

Ostrava 1980

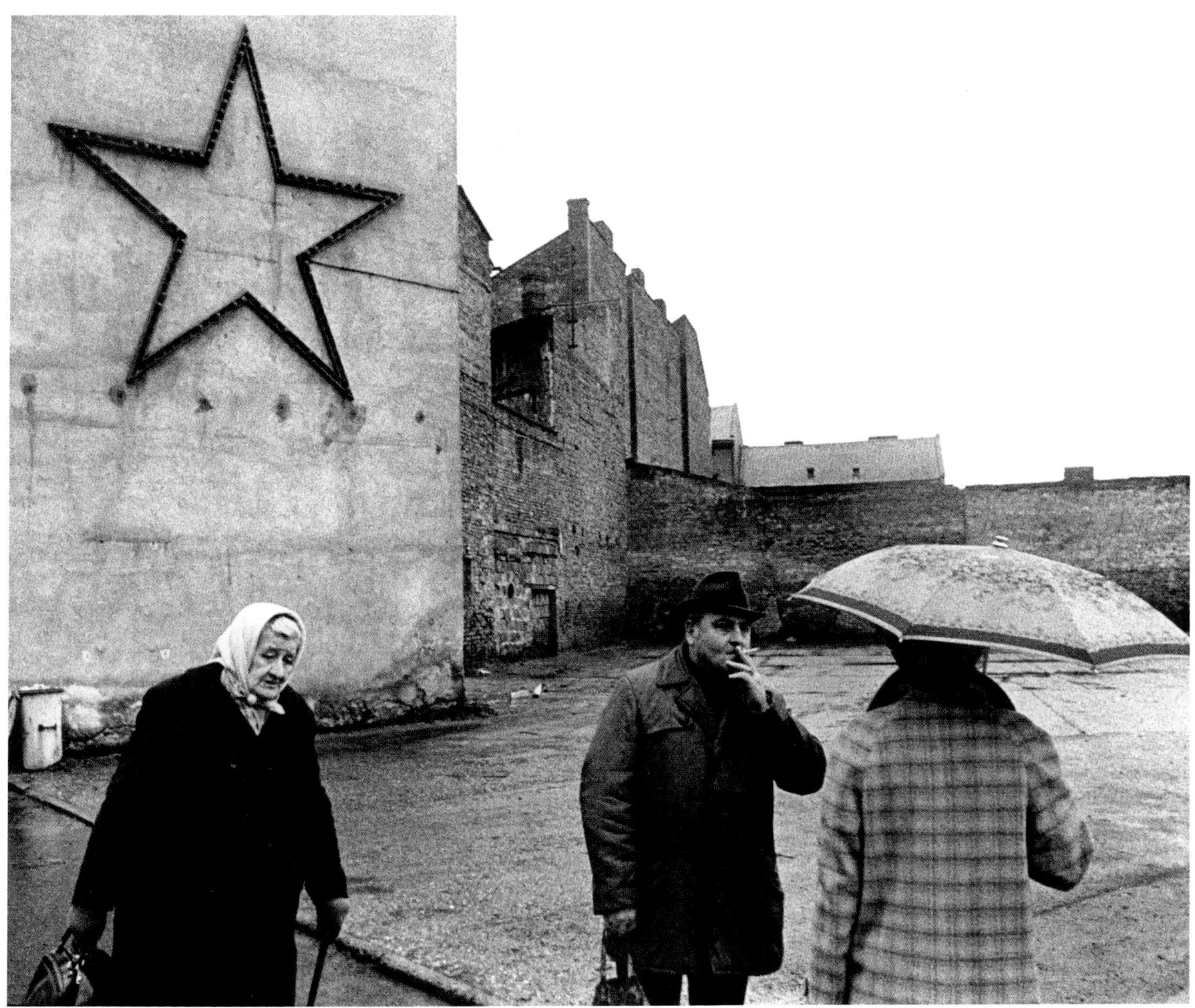

Ostrava 1980

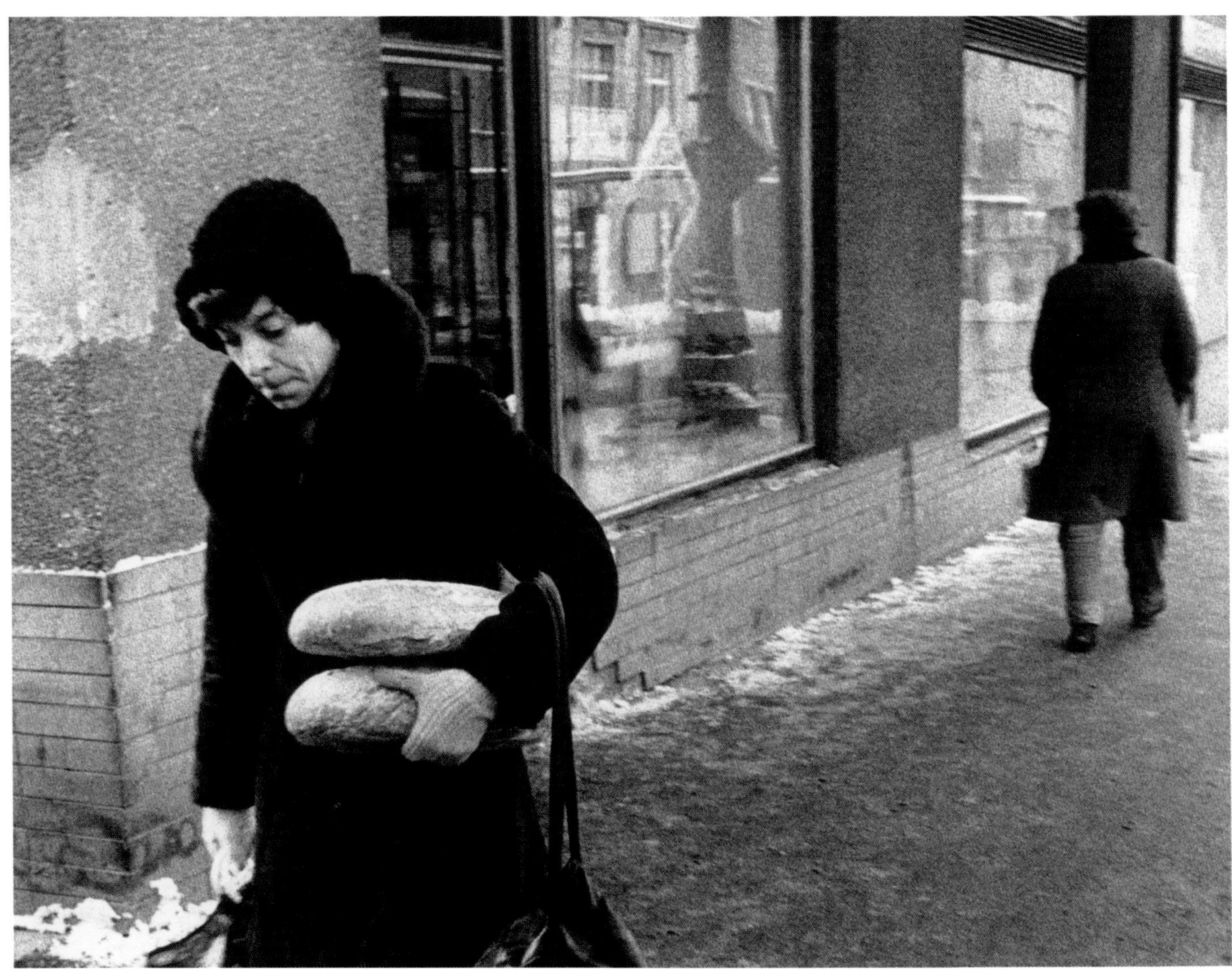

Praha/Prague 1978

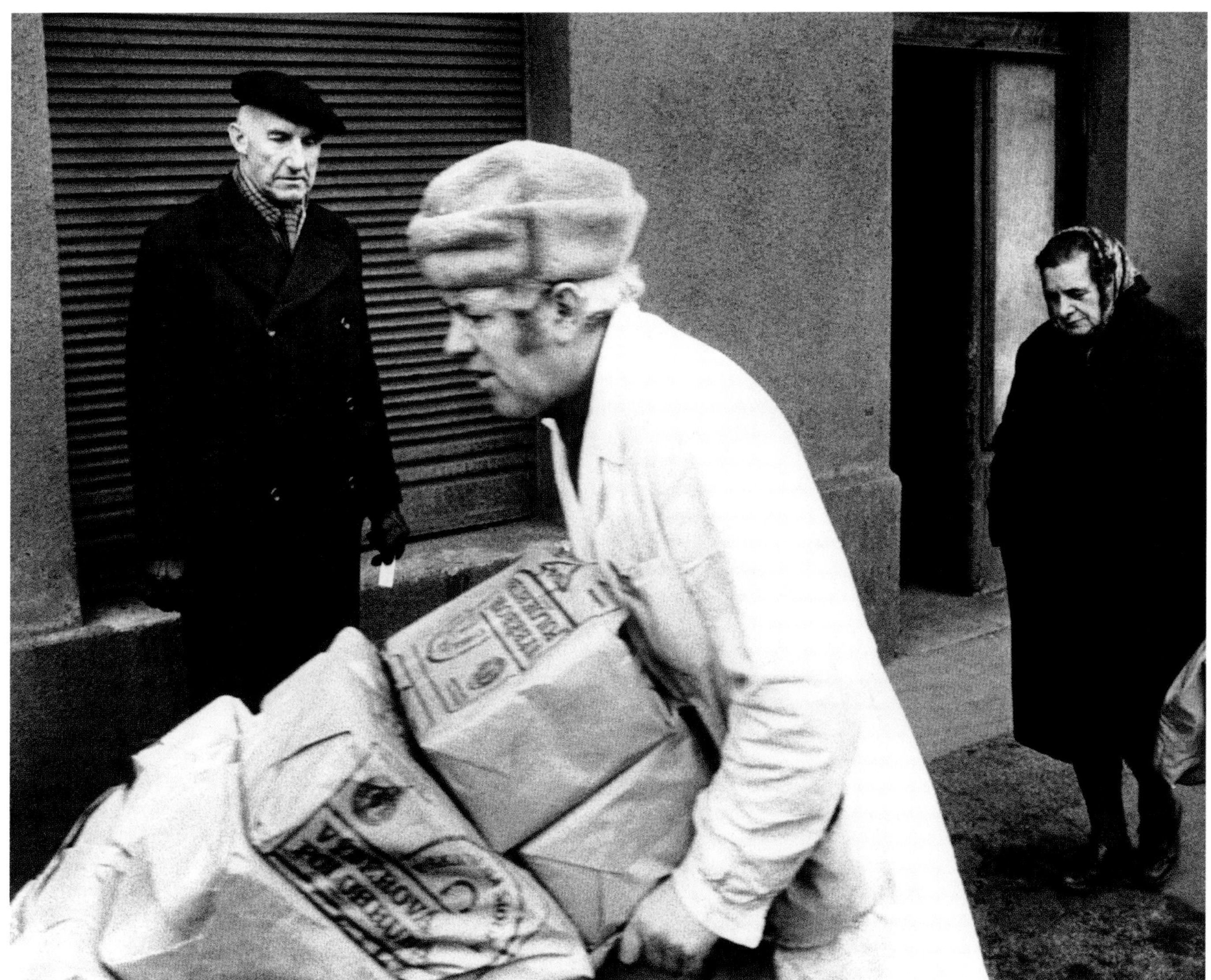

Praha/Prague 1978

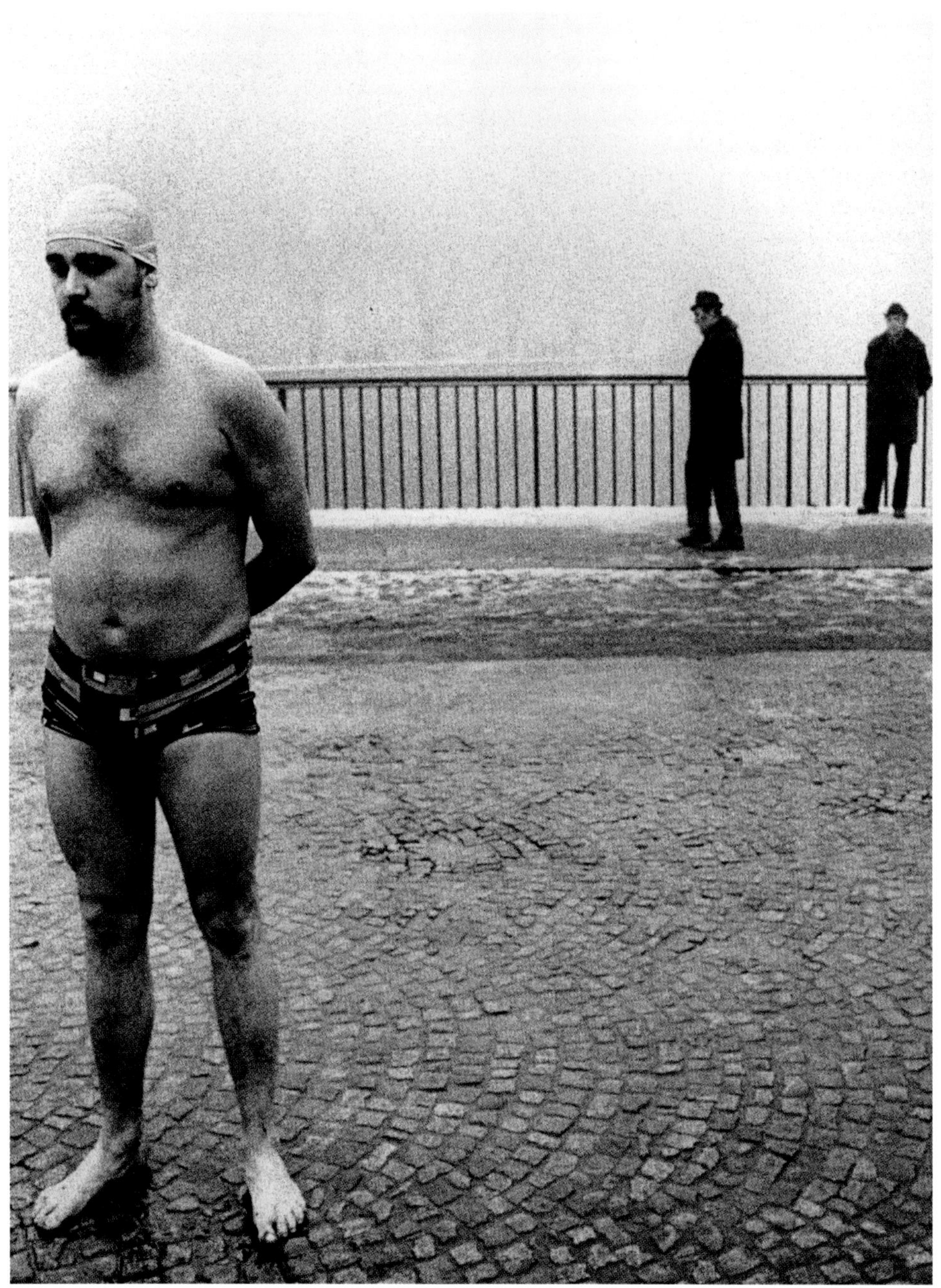

Olomouc 1973

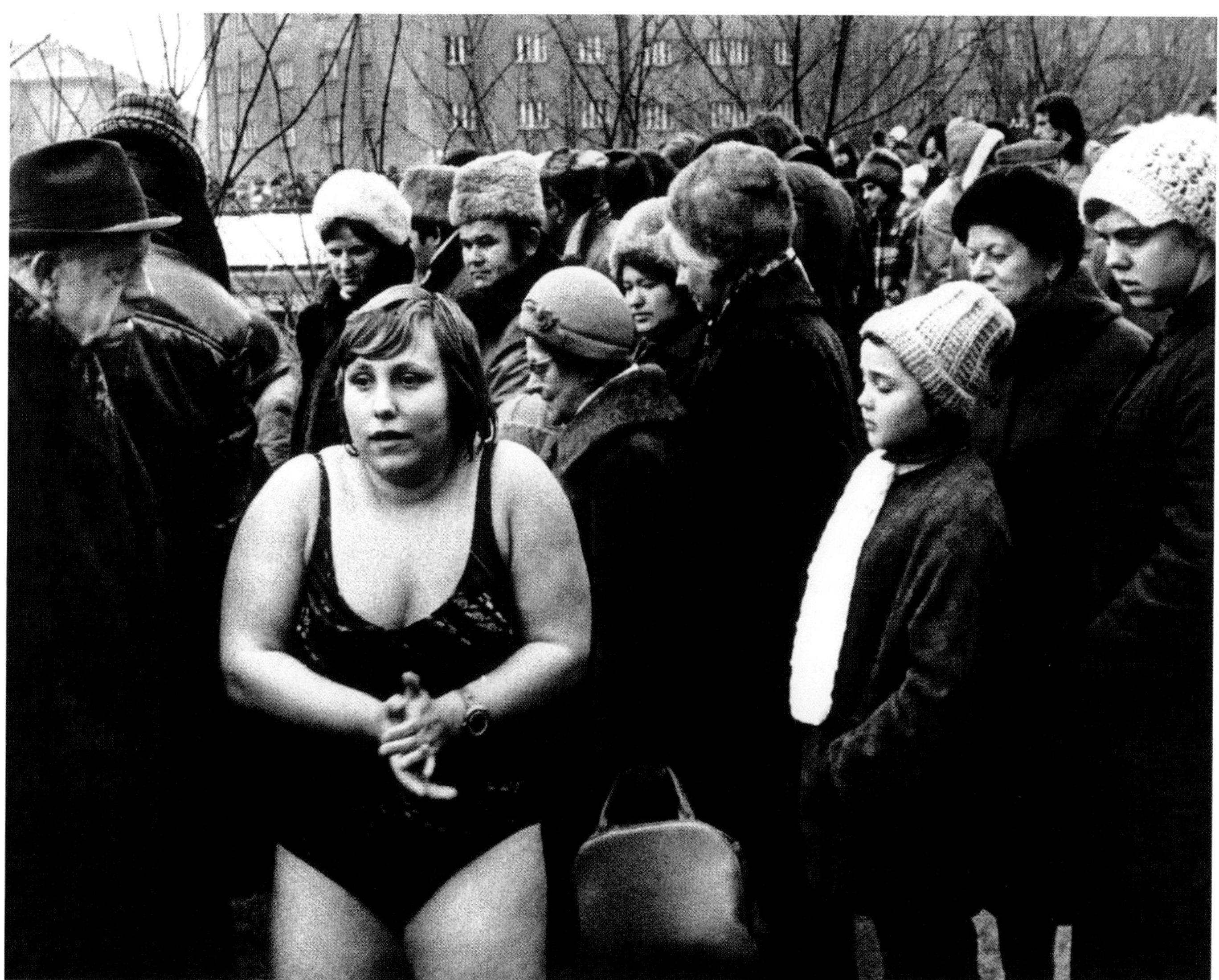

Olomouc 1973

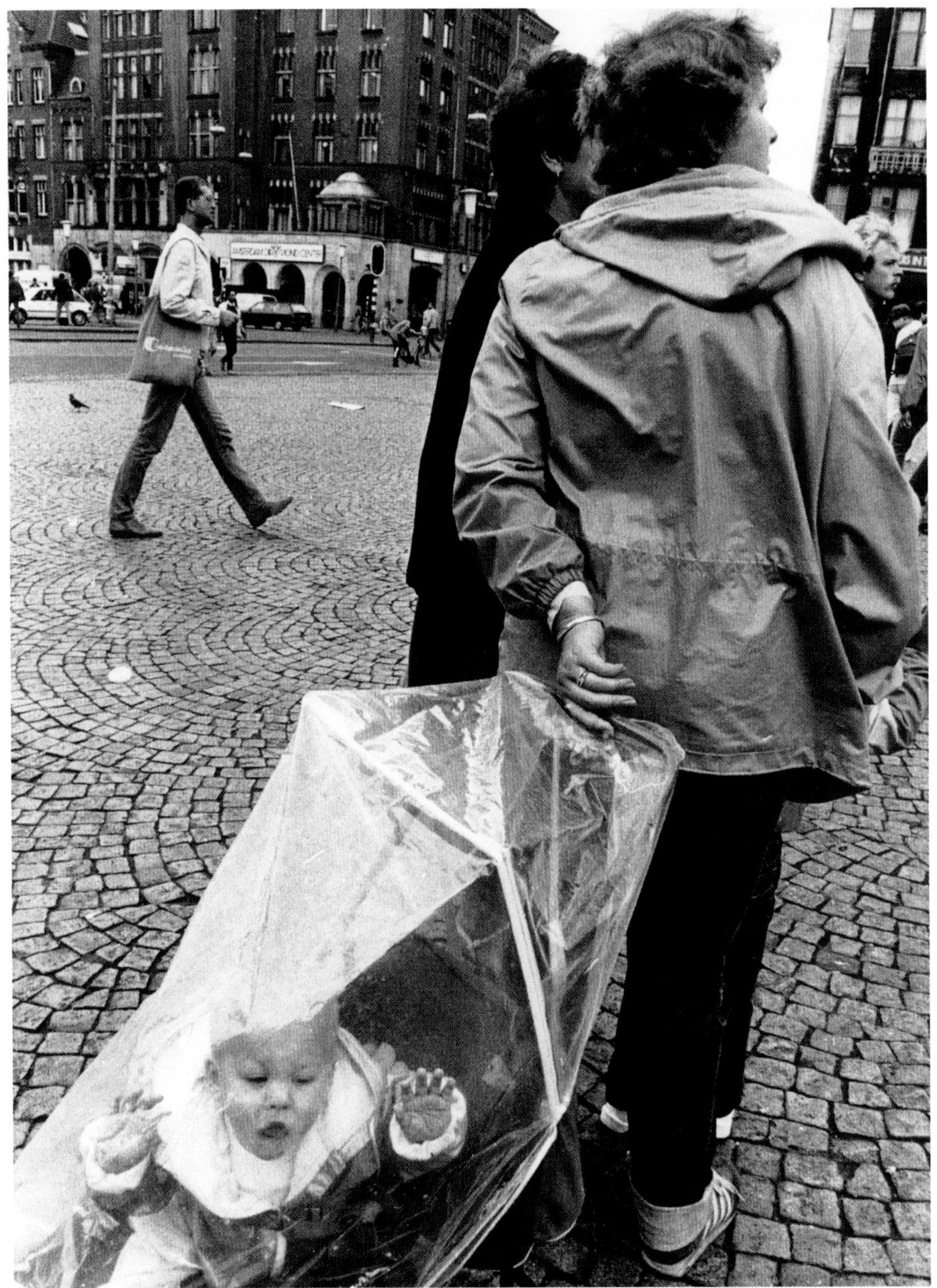

Amsterodam/Amsterdam 1986

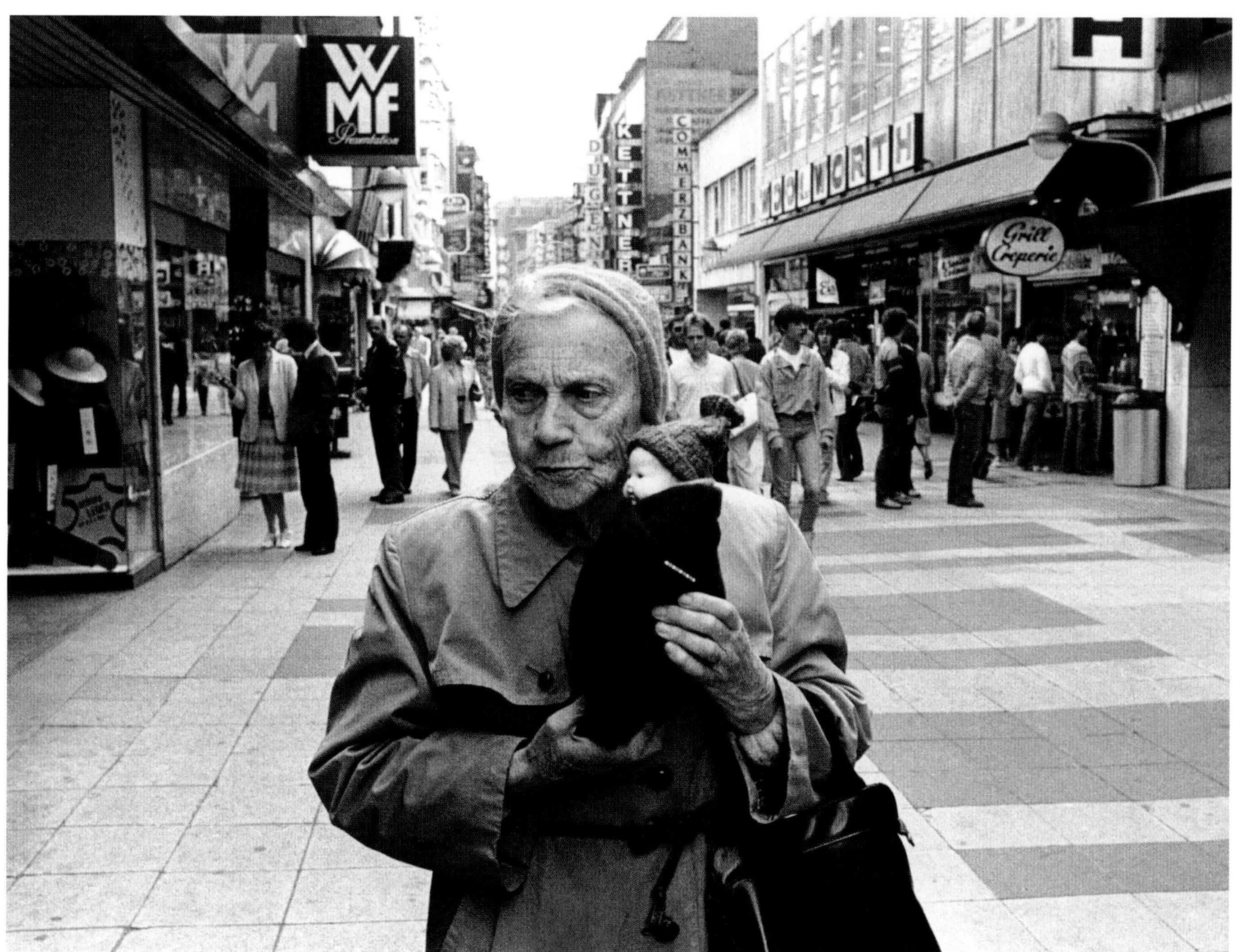

Kolín nad Rýnem/Cologne 1984

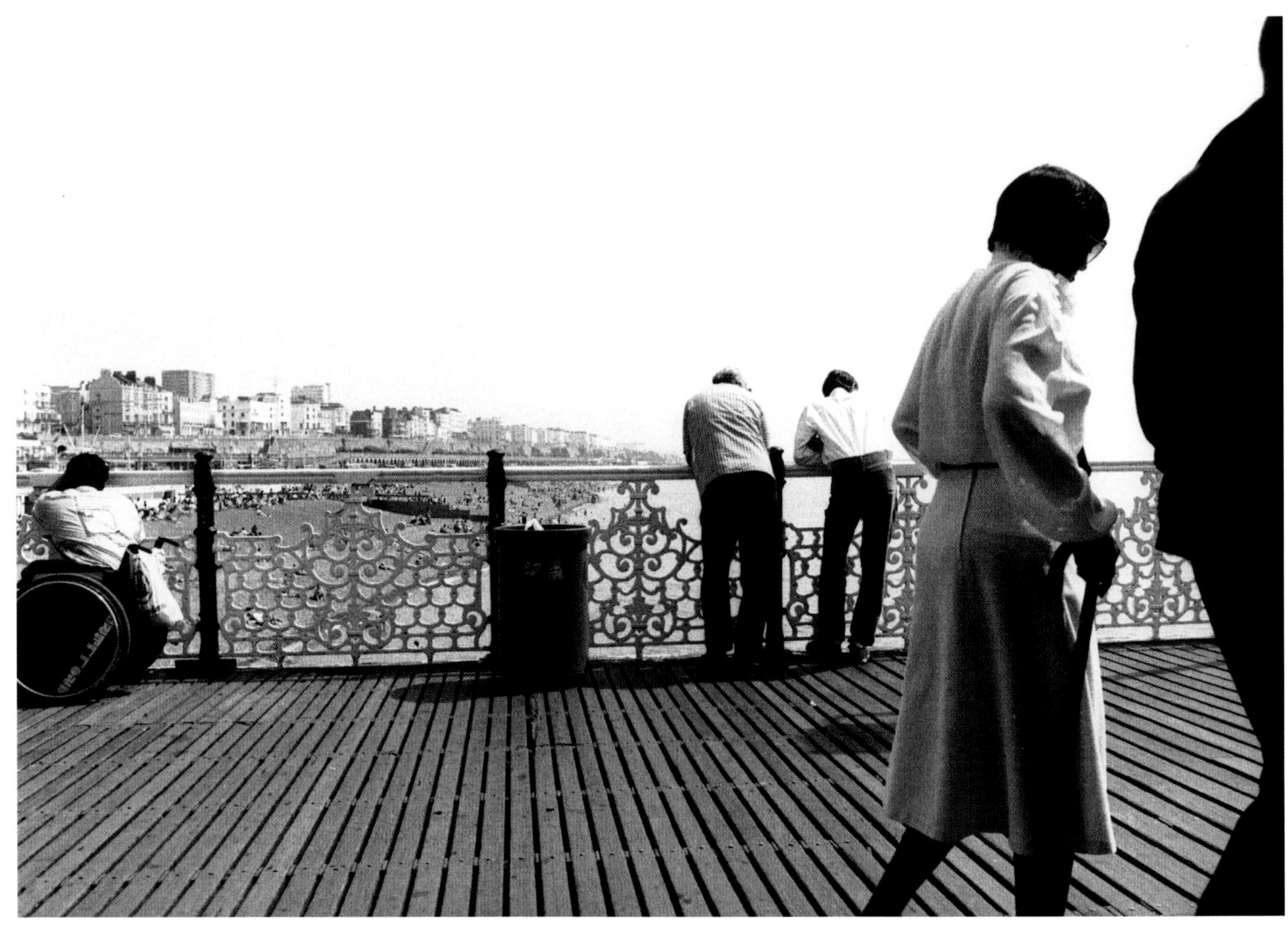

Brighton 1987

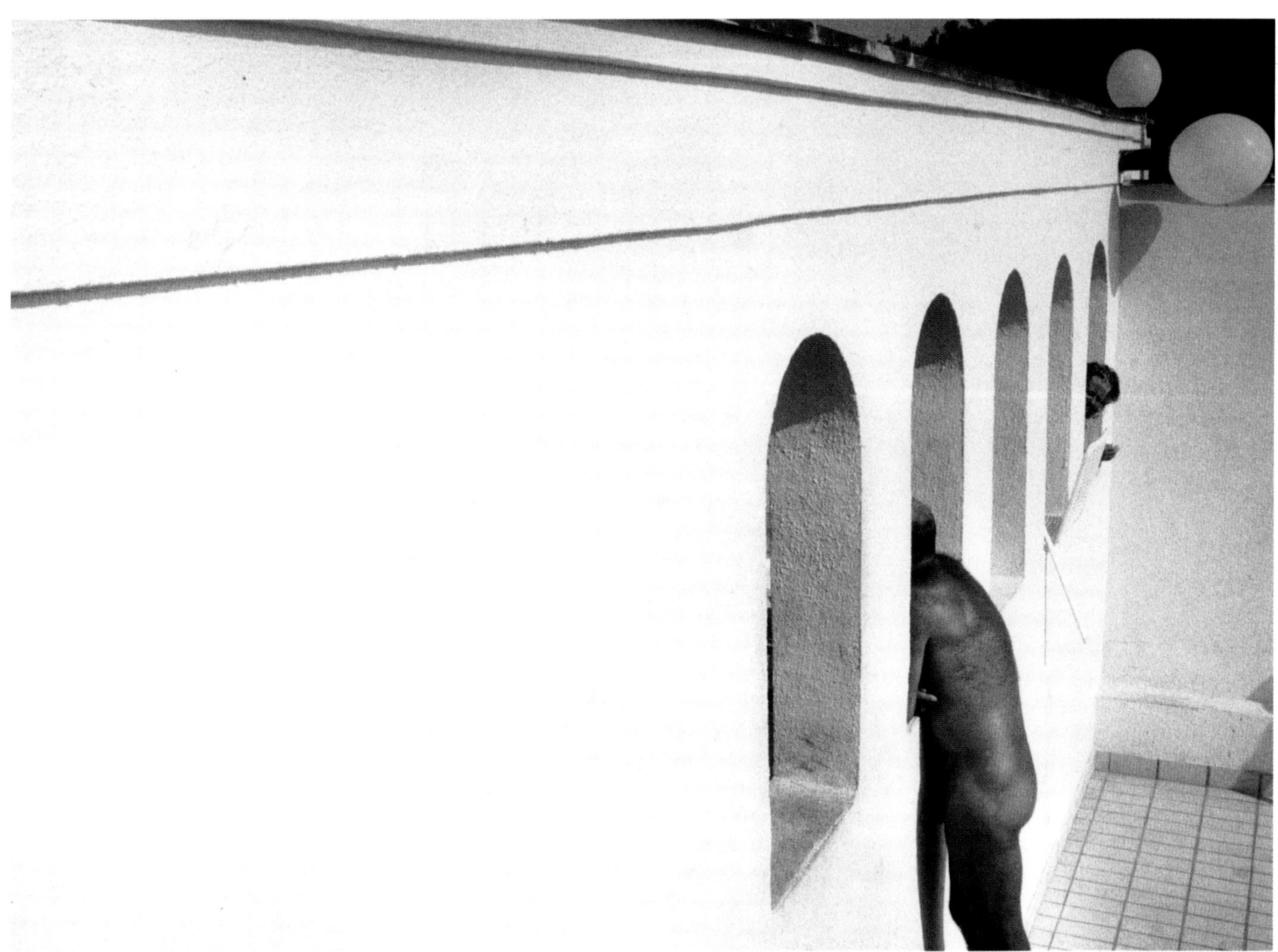

Vrsar 1992

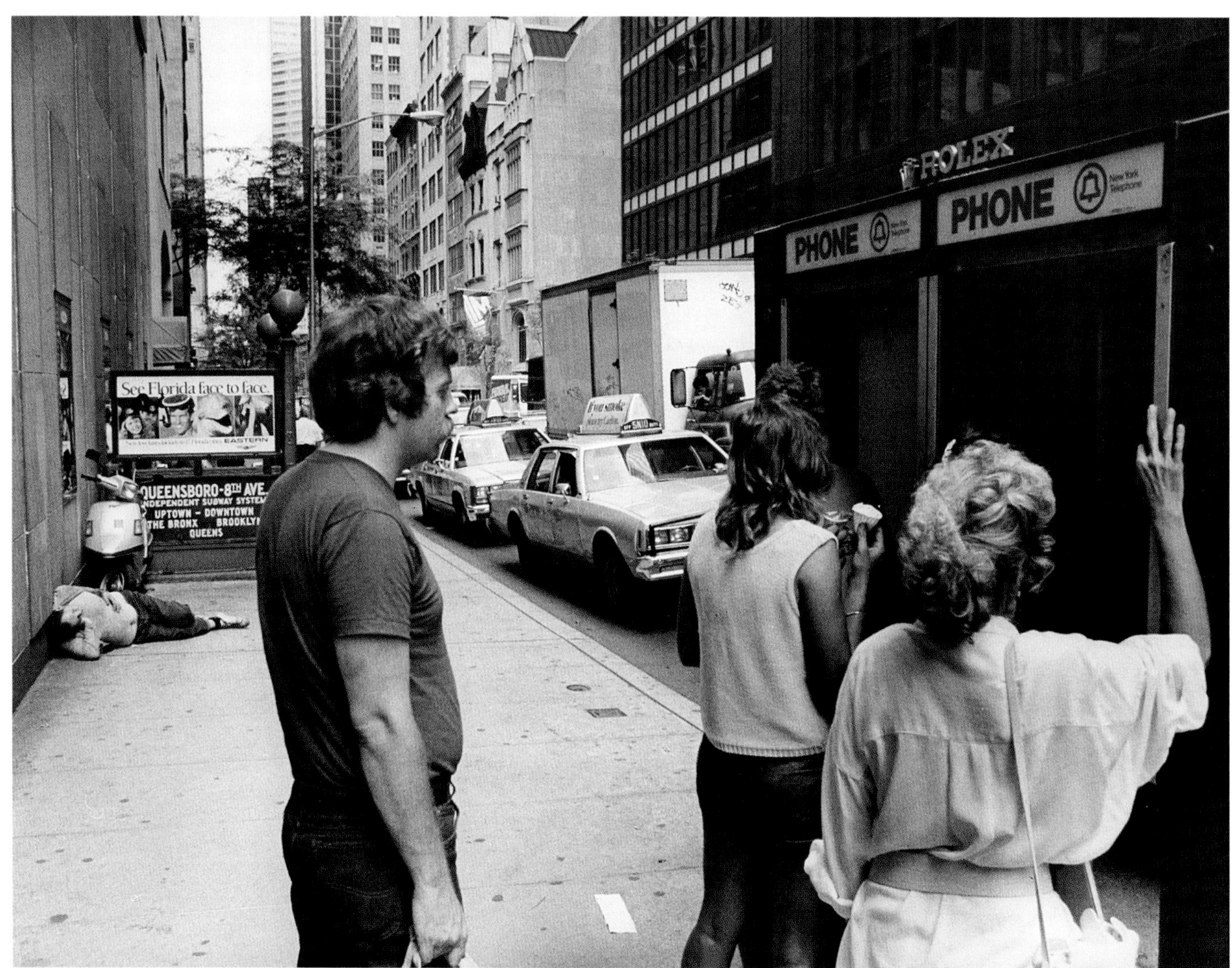

New York 1992

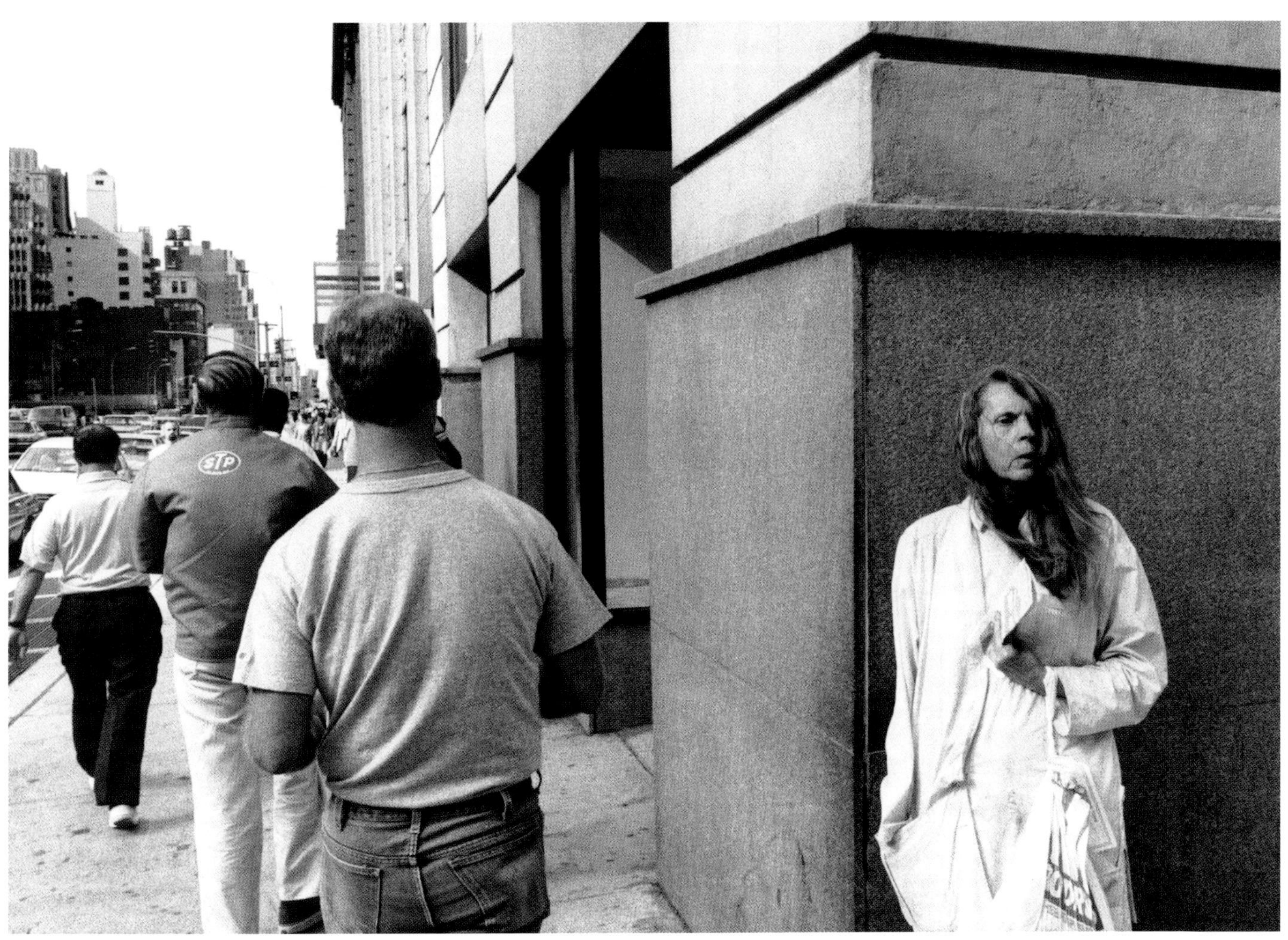

New York 1992

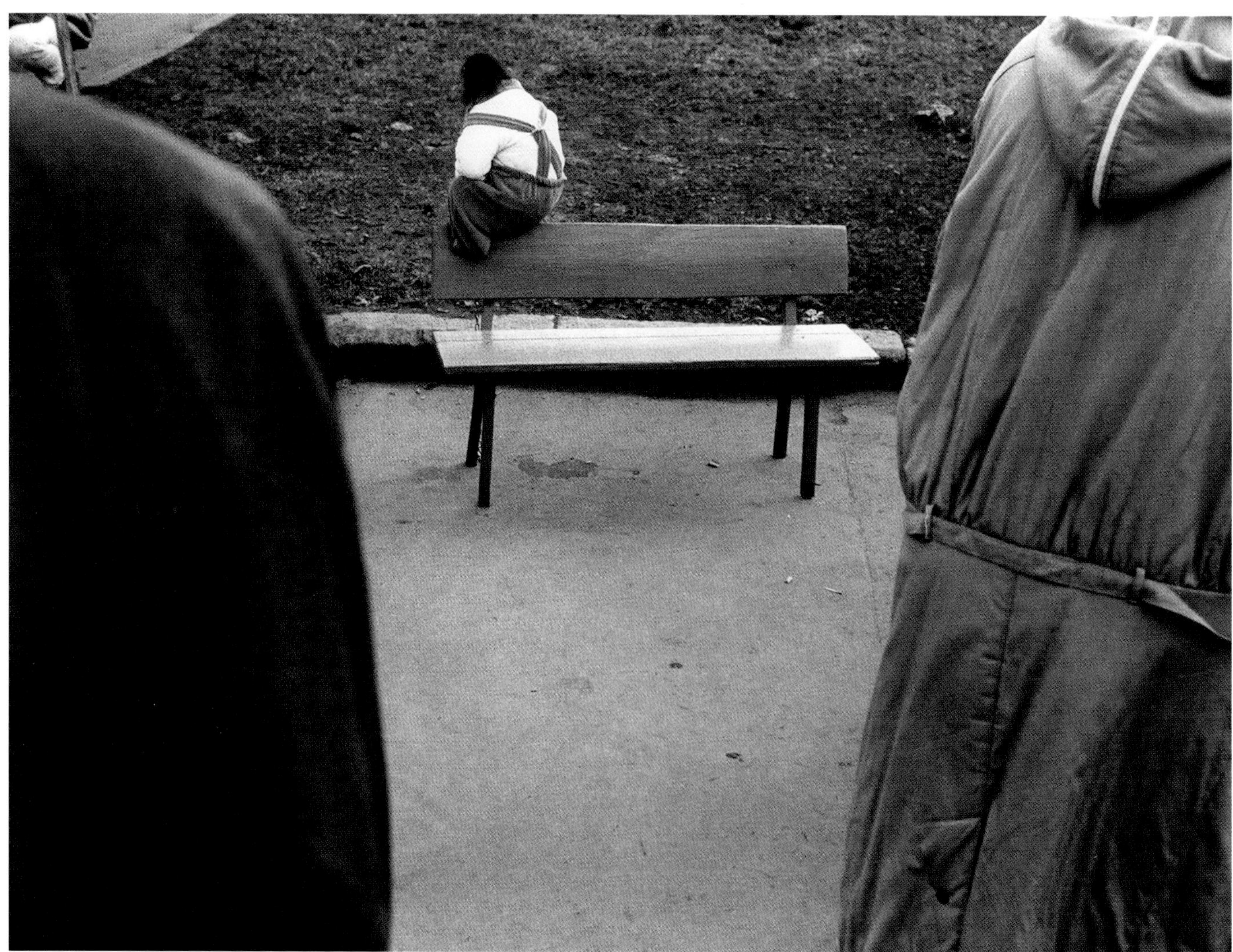

Moskva/Moscow 1995

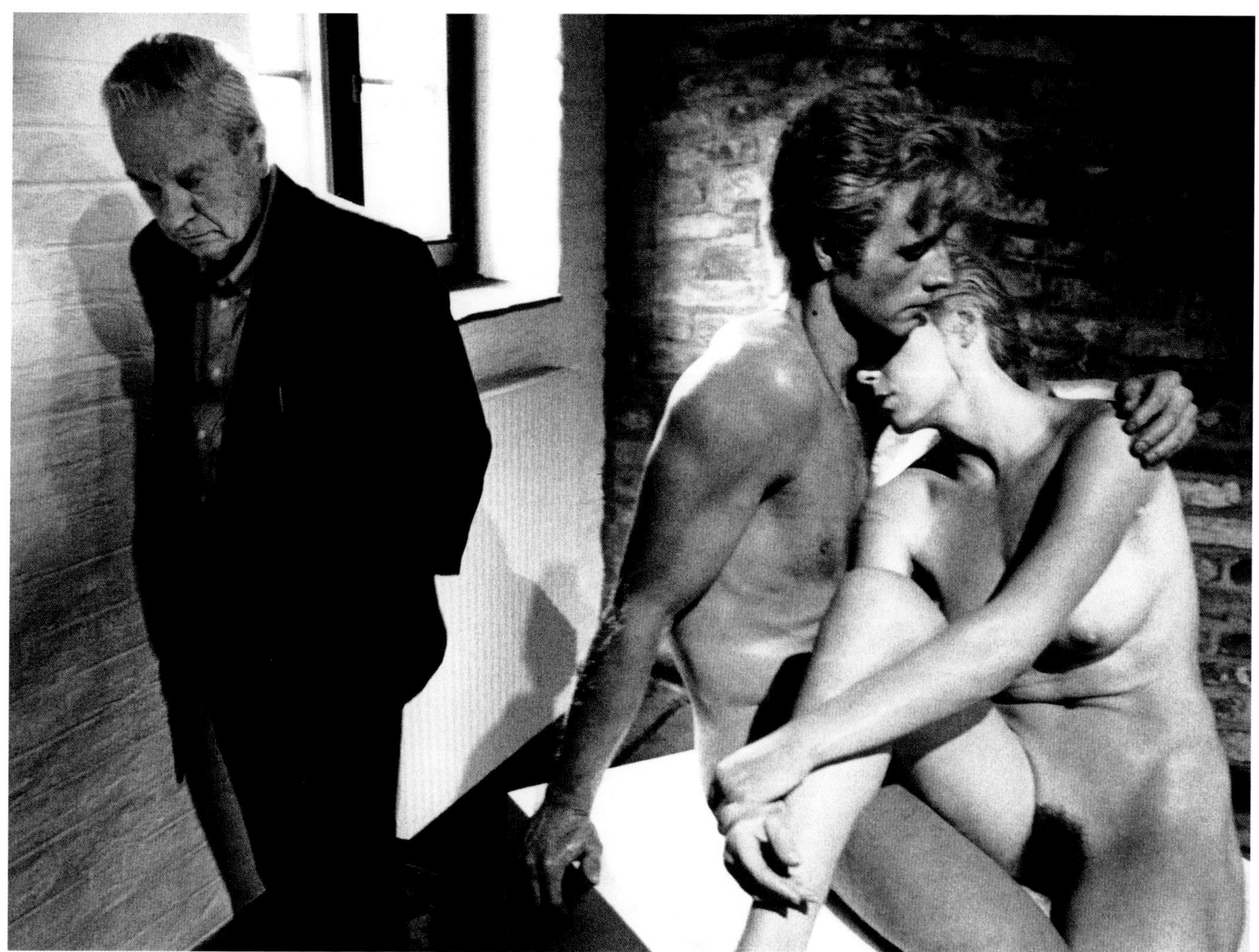

Vídeň / Vienna 1995

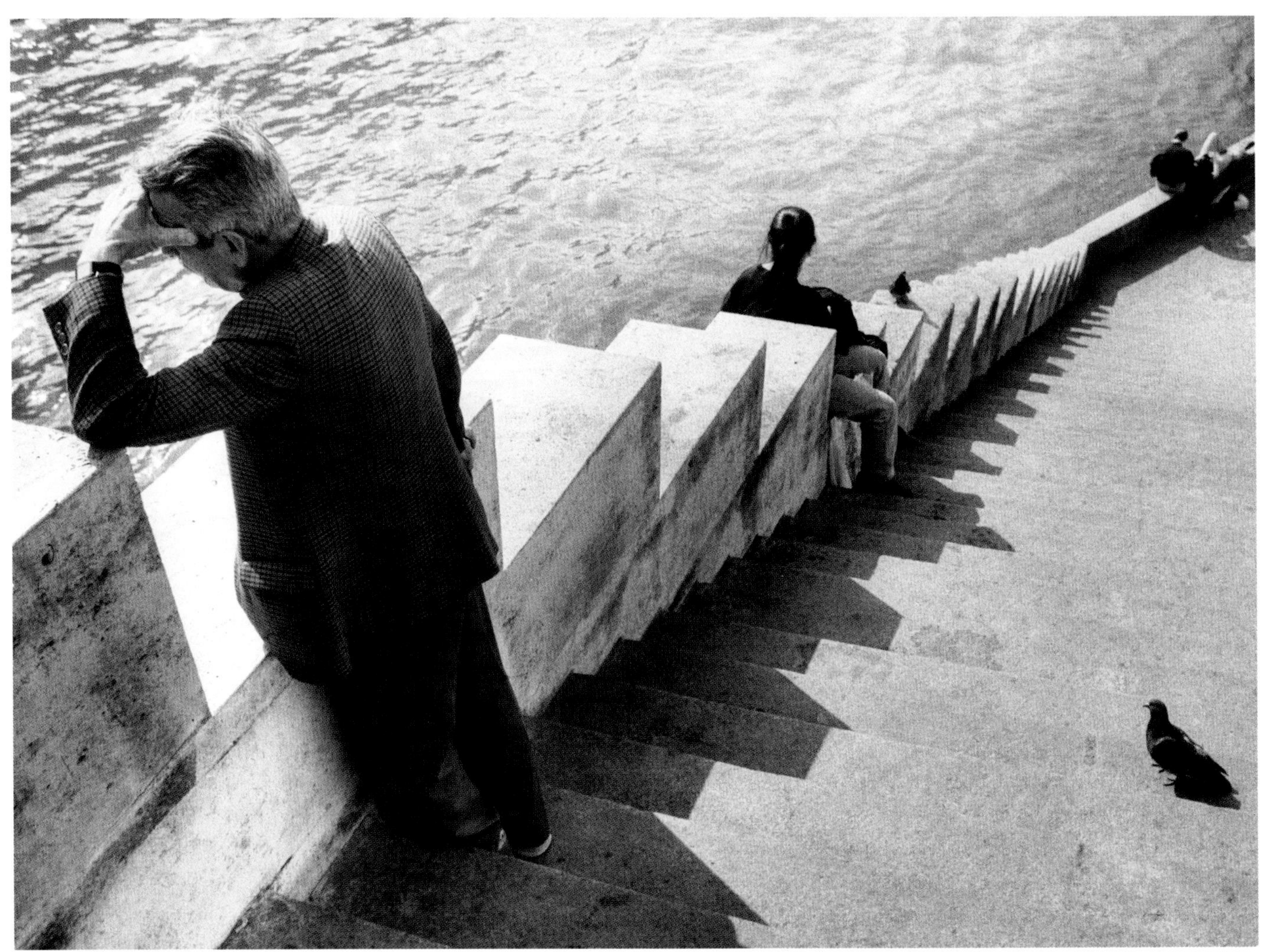

Paříž/Paris 1993

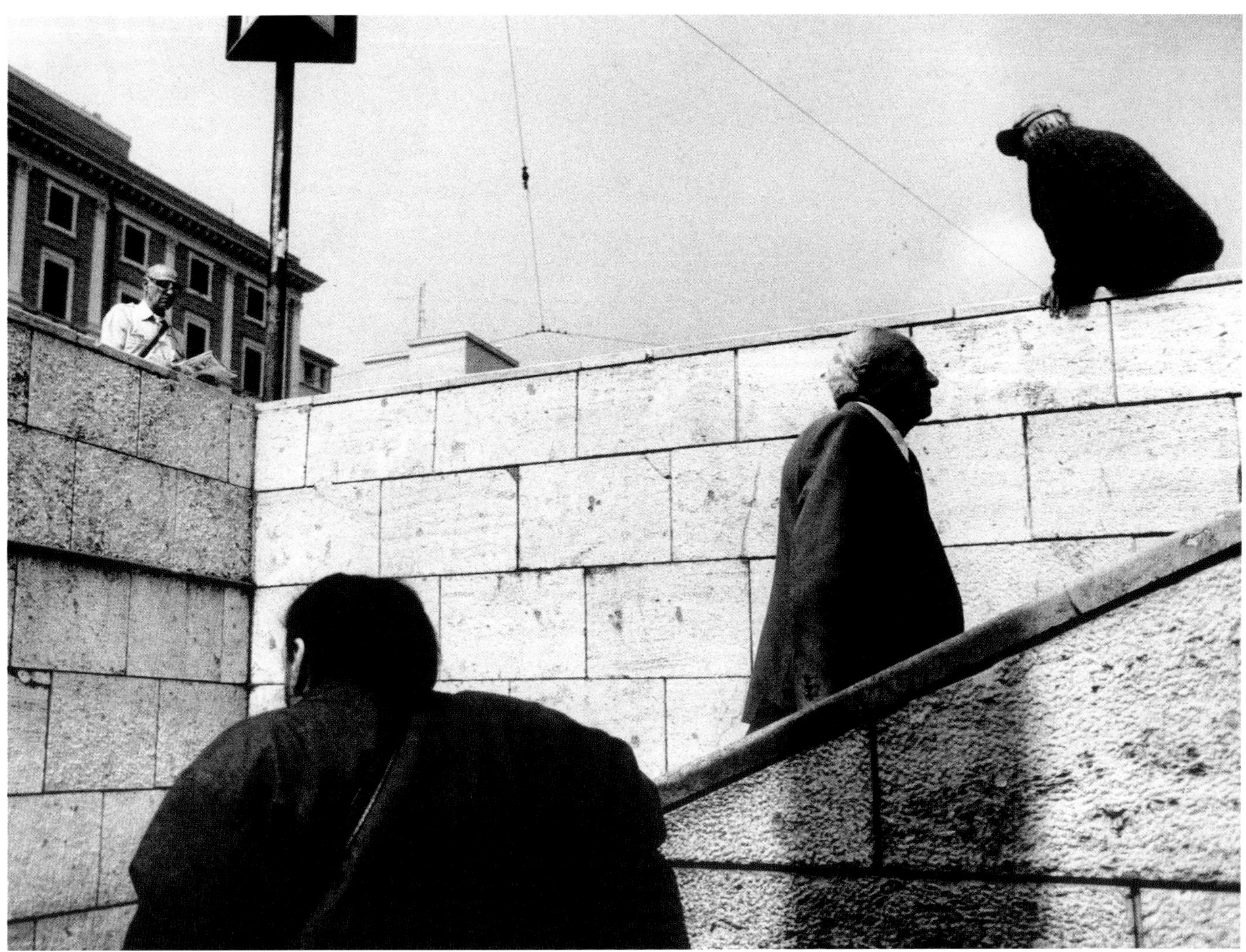

Řím/Rome 1994

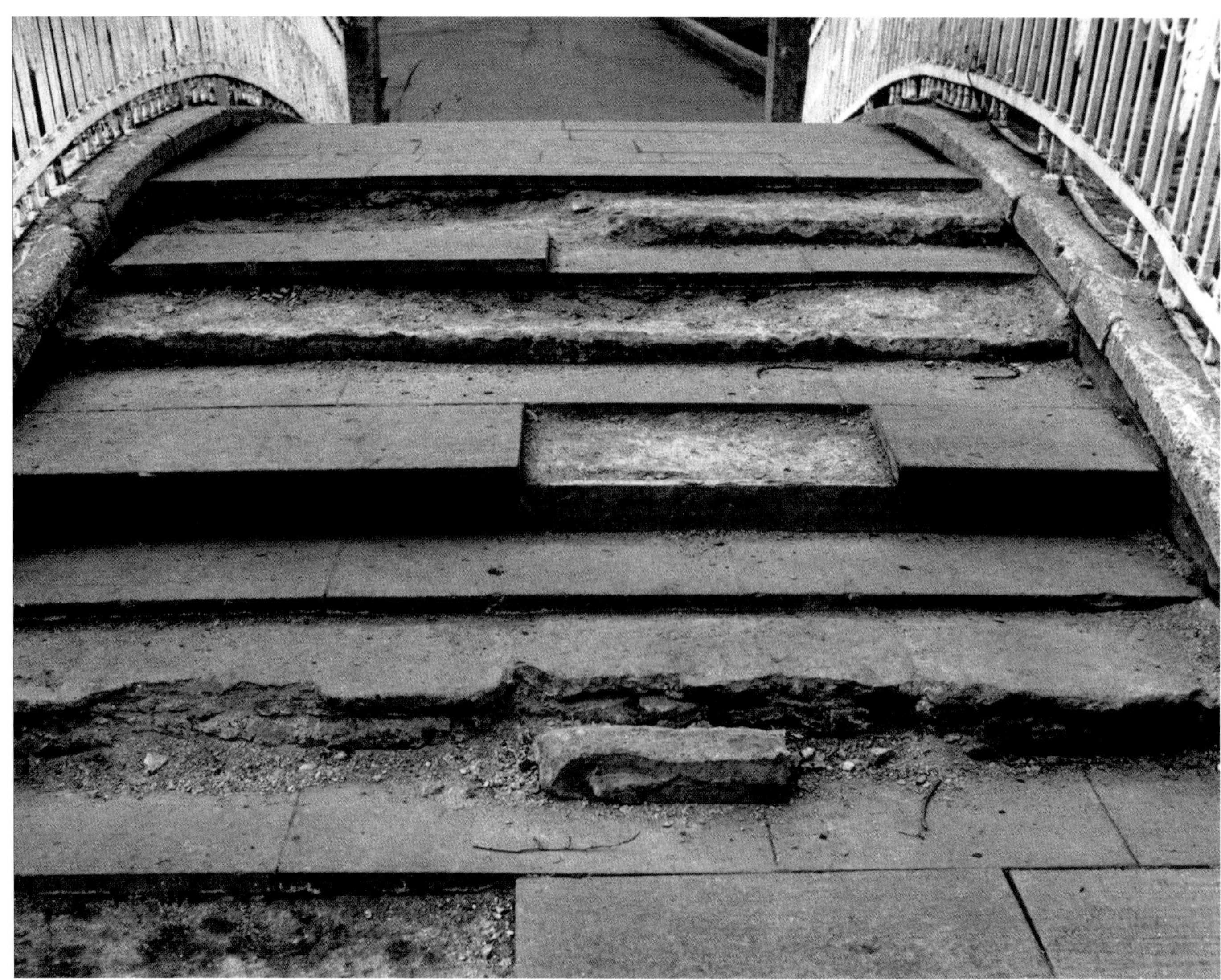

Moskva / Moscow 1993

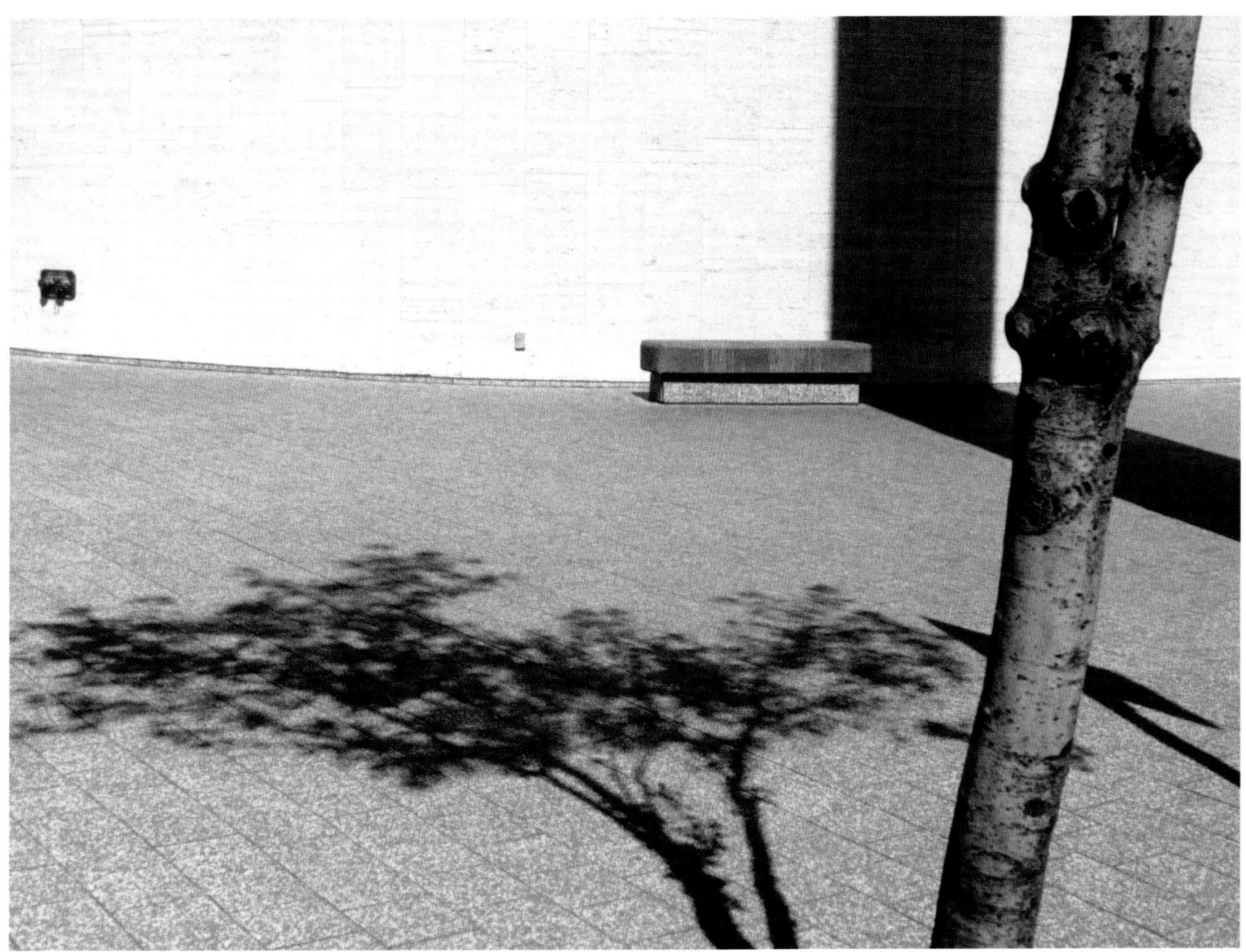

Houston 1996

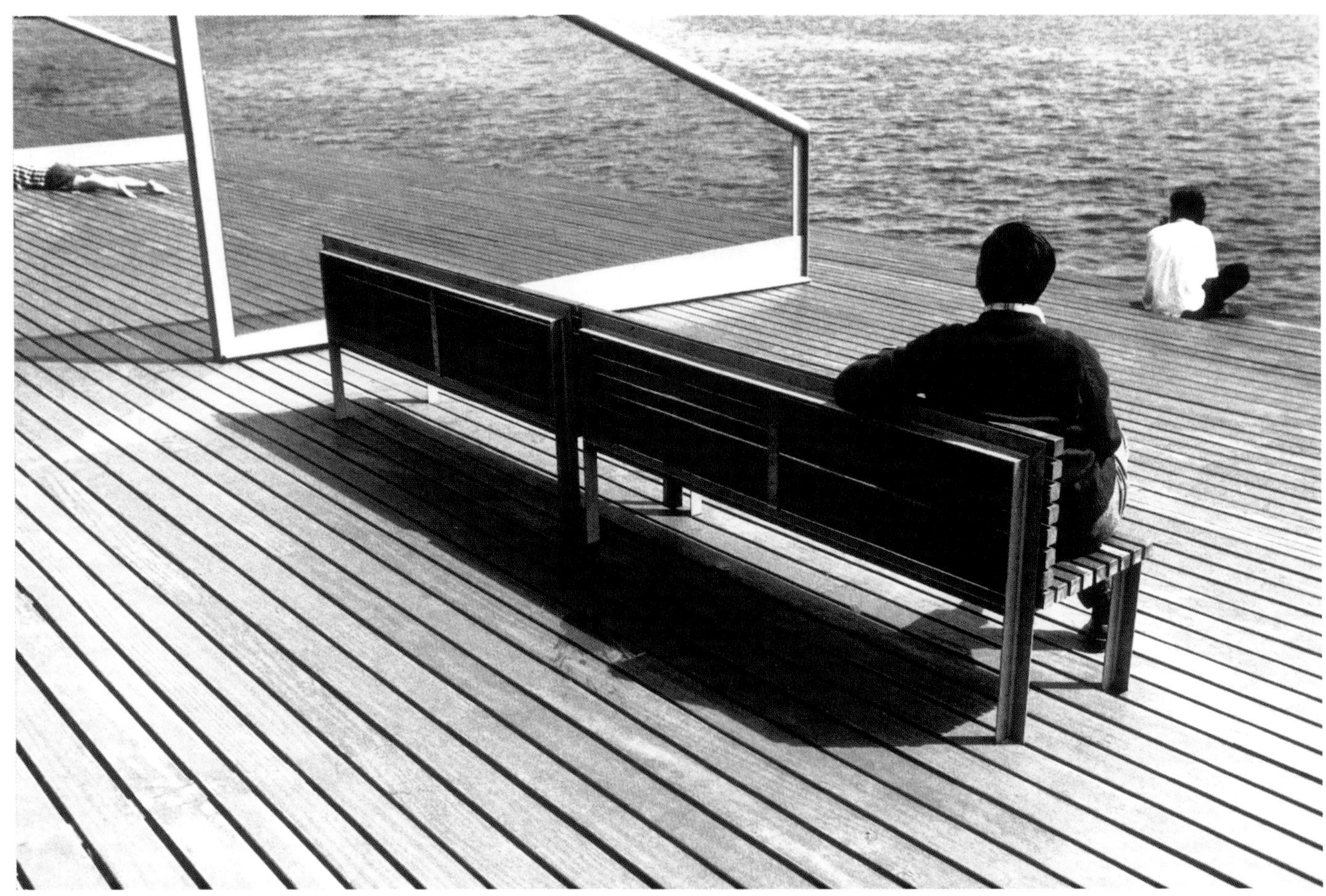

Barcelona 1996

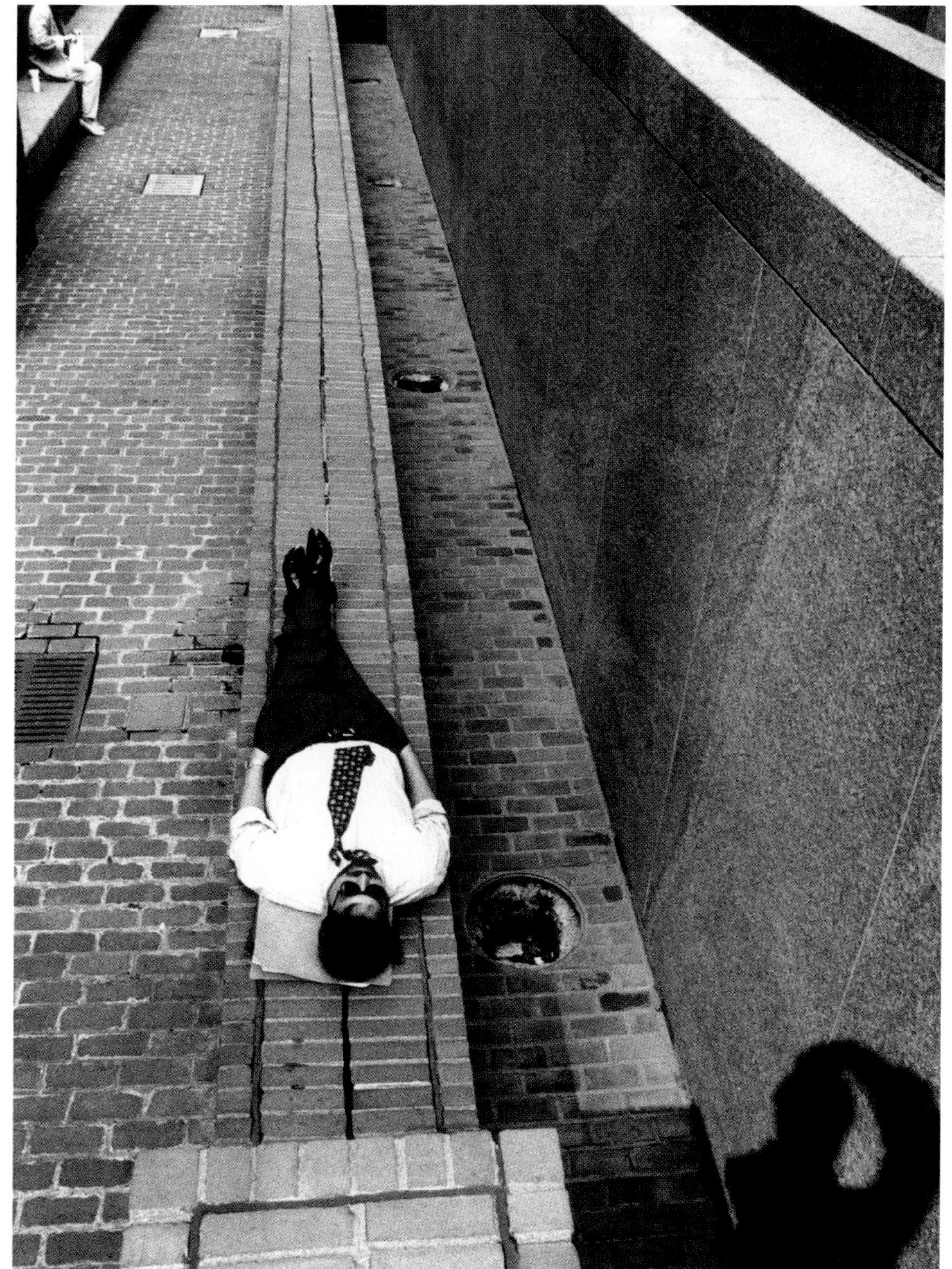

Boston 1993

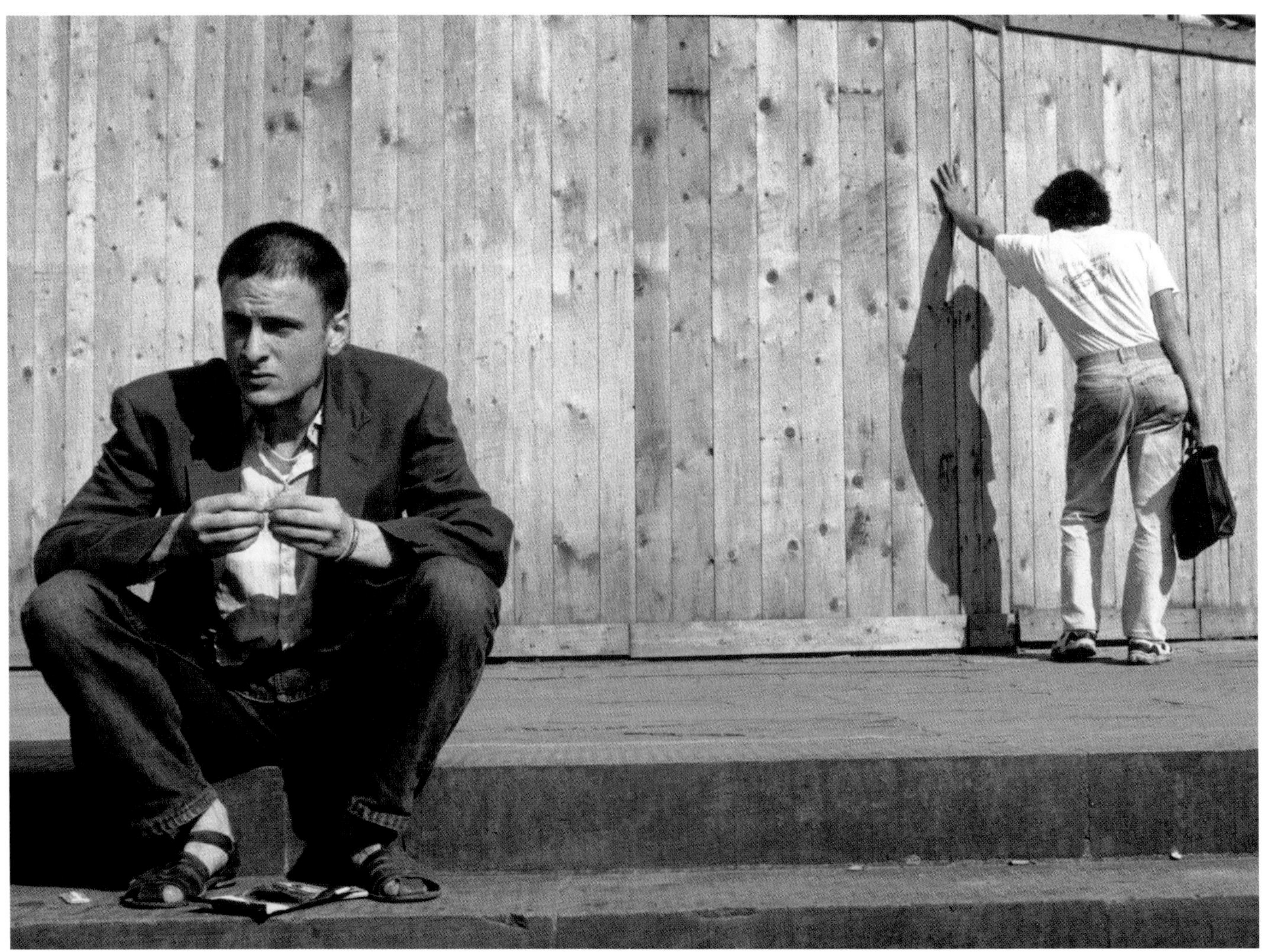

Praha/Prague 1996

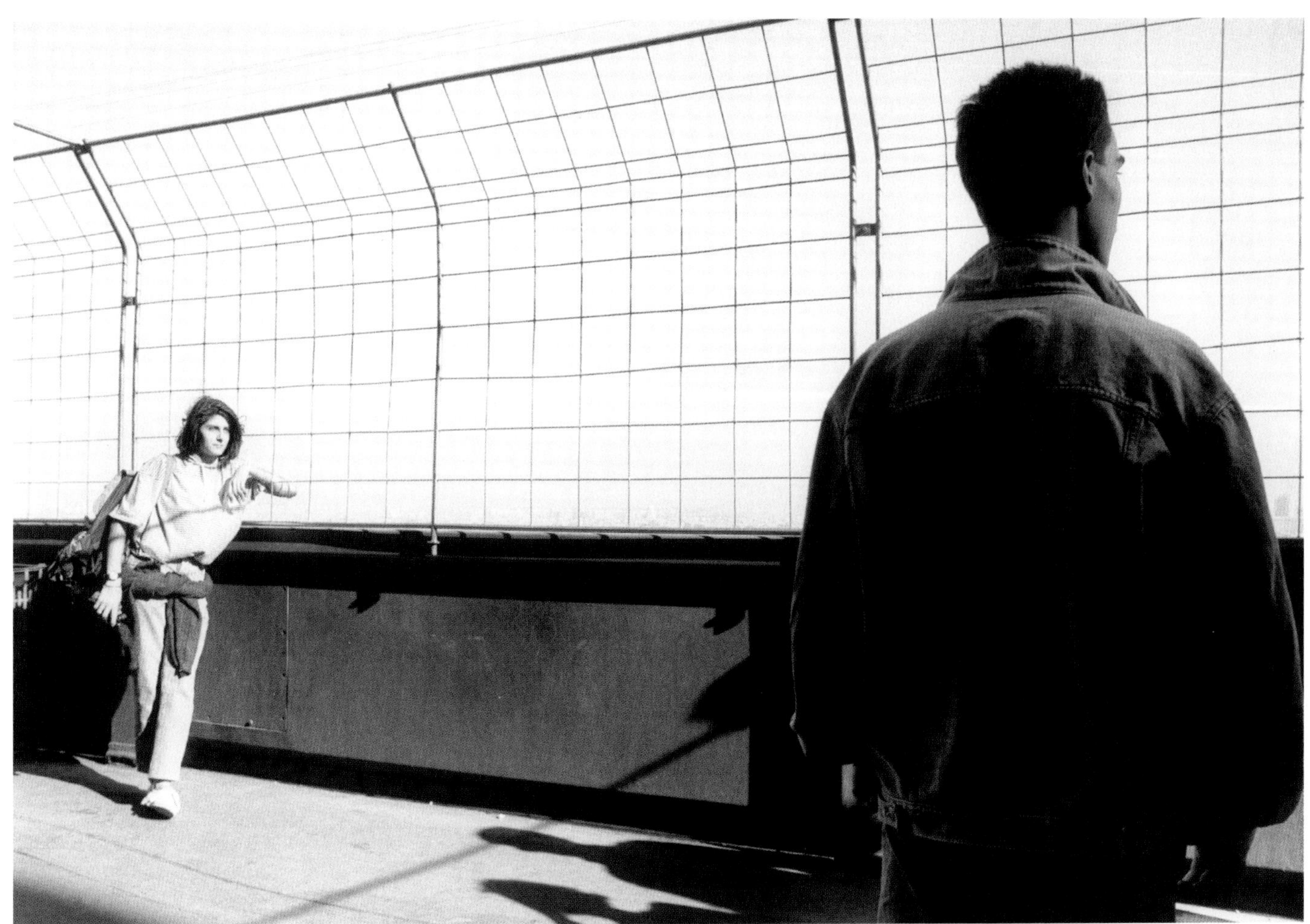

Paříž / Paris 1990

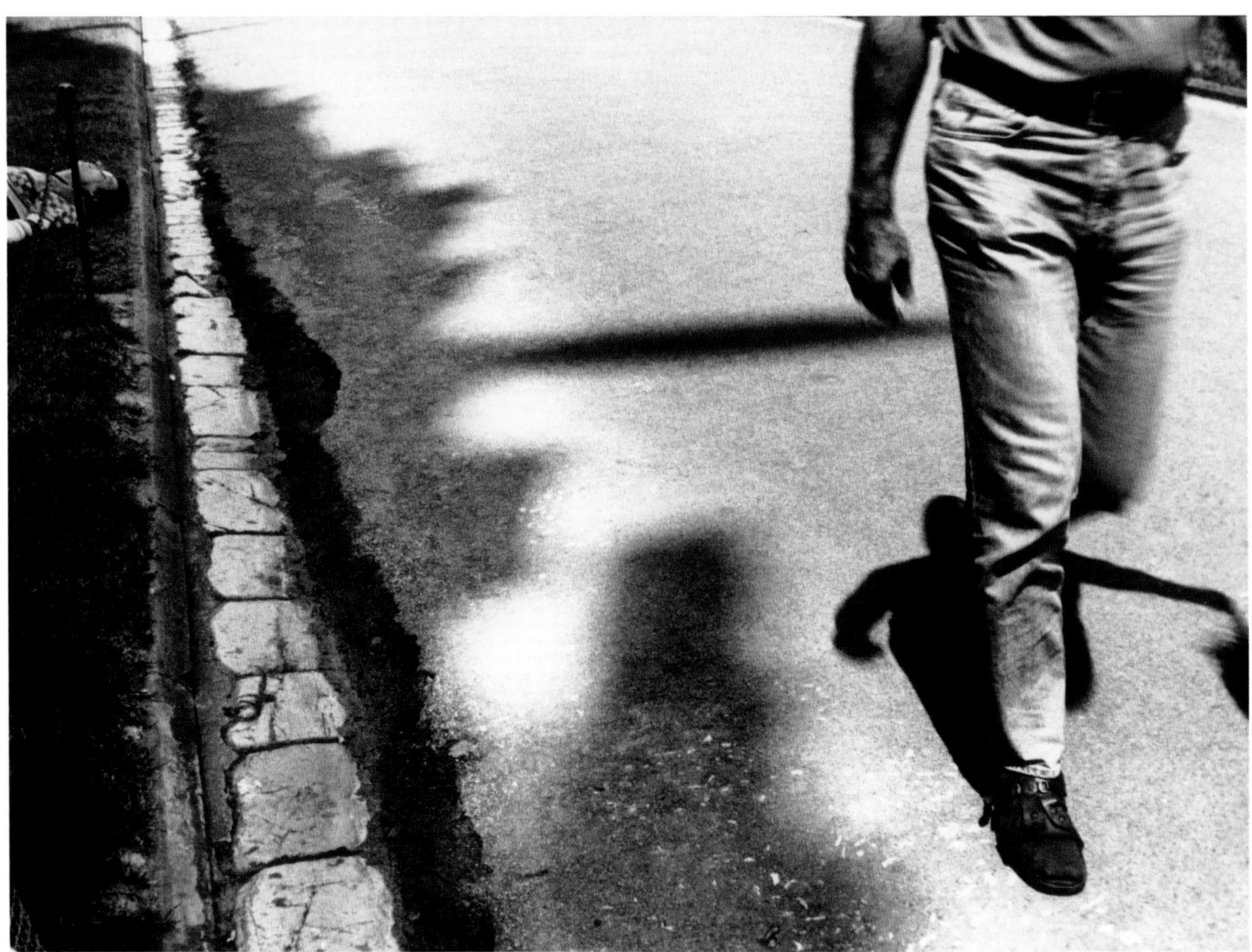

Pisa 1996

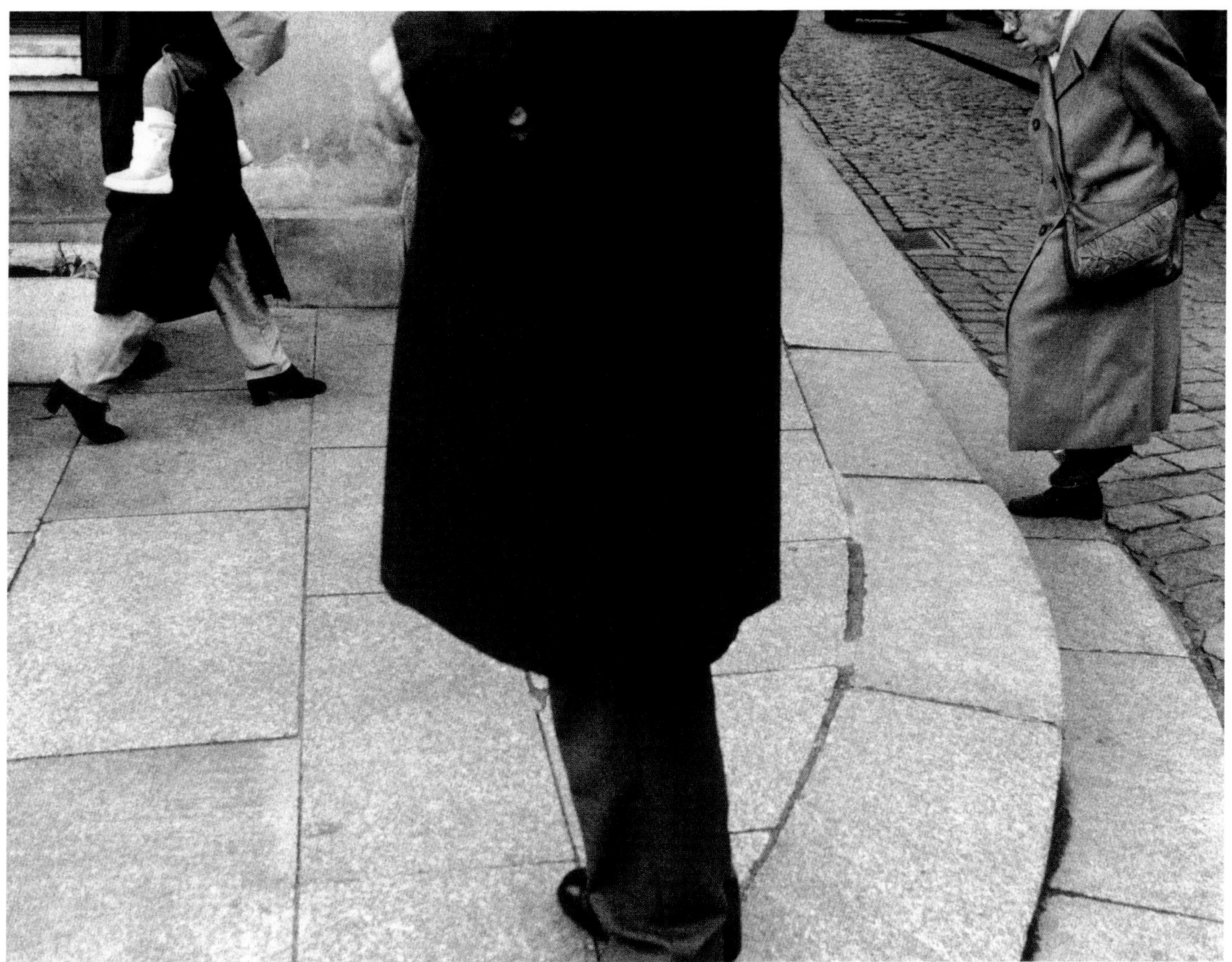

Varšava / Warsaw 1995

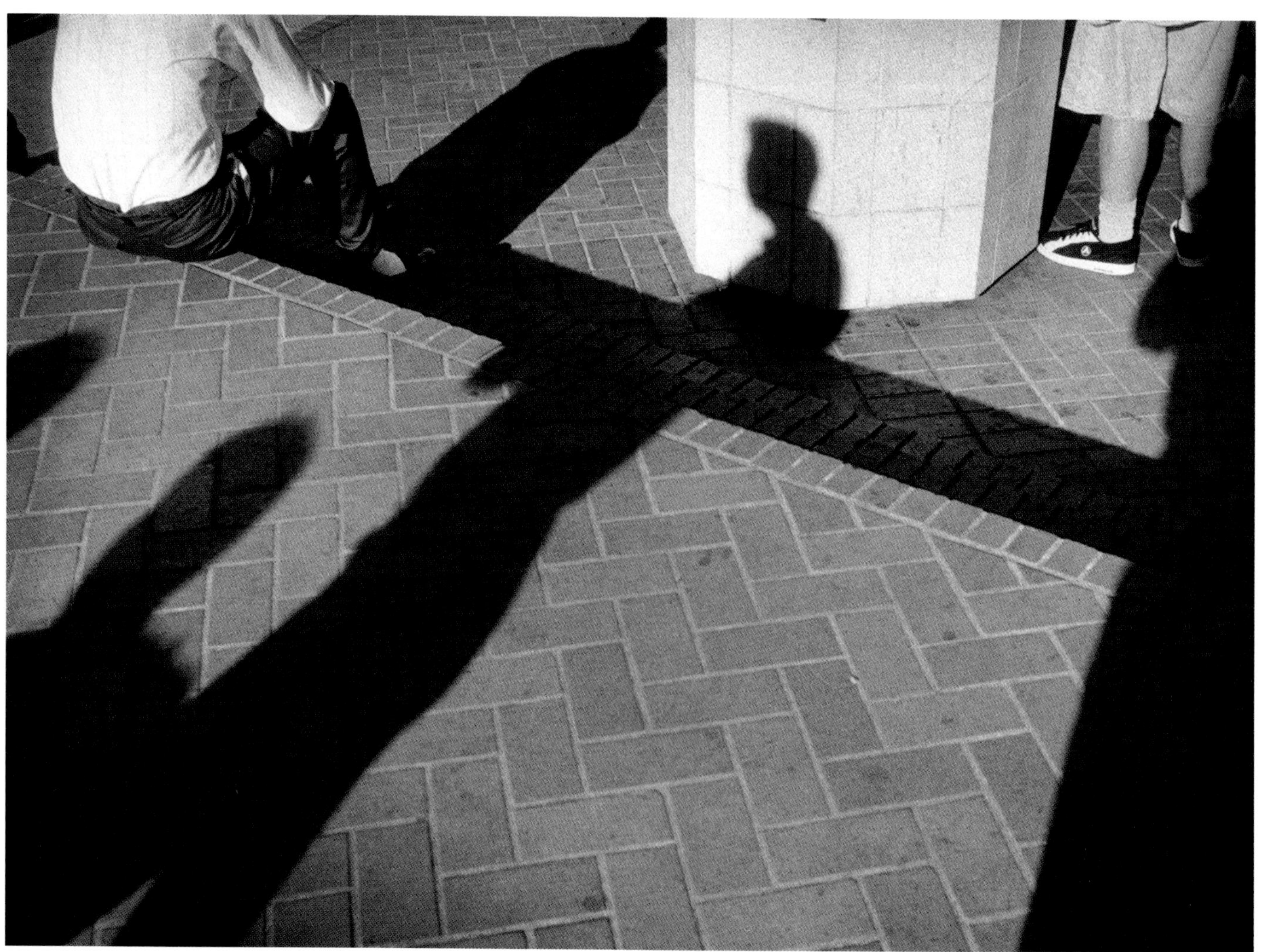

Portland (Oregon) 1995

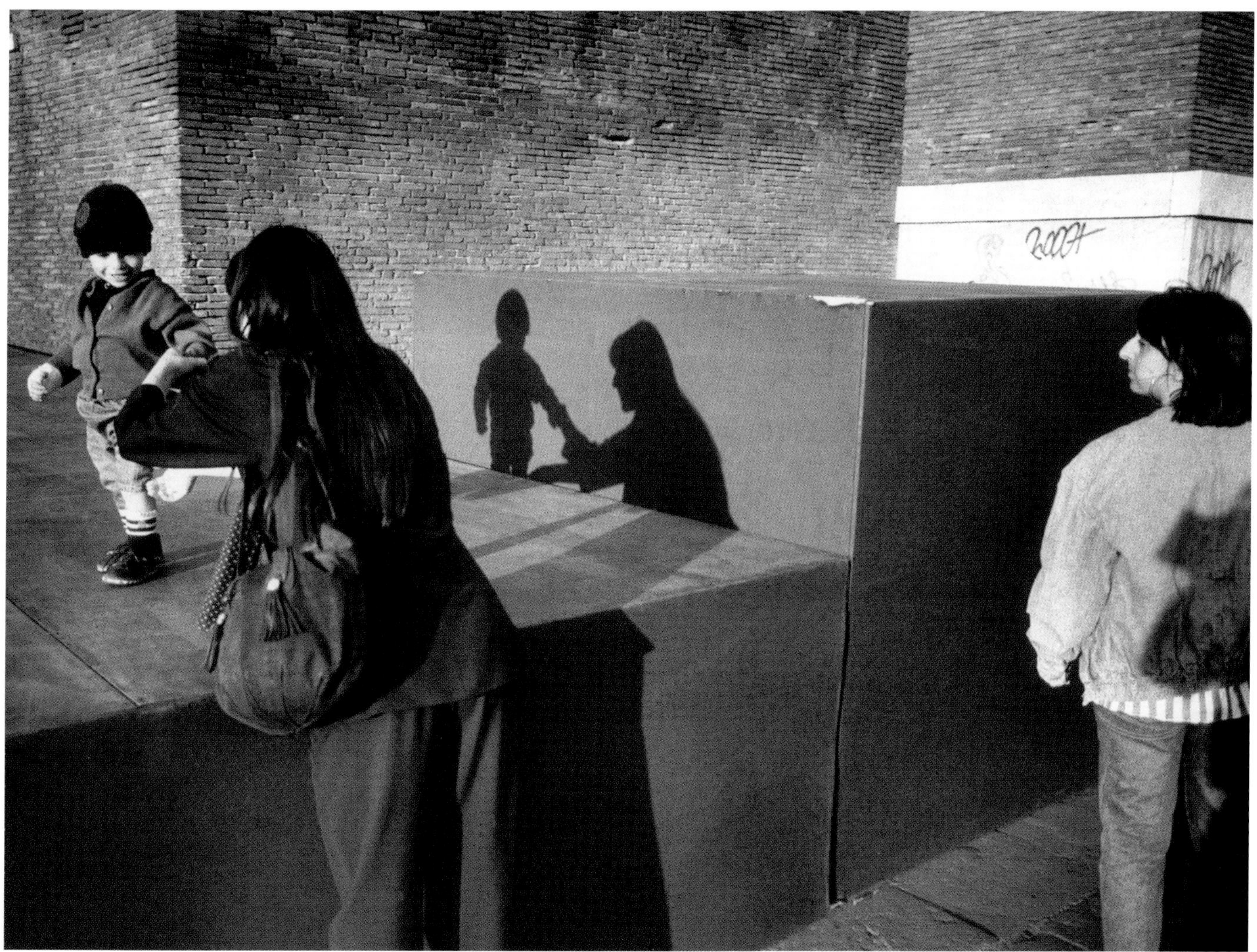

Řím/Rome 1994

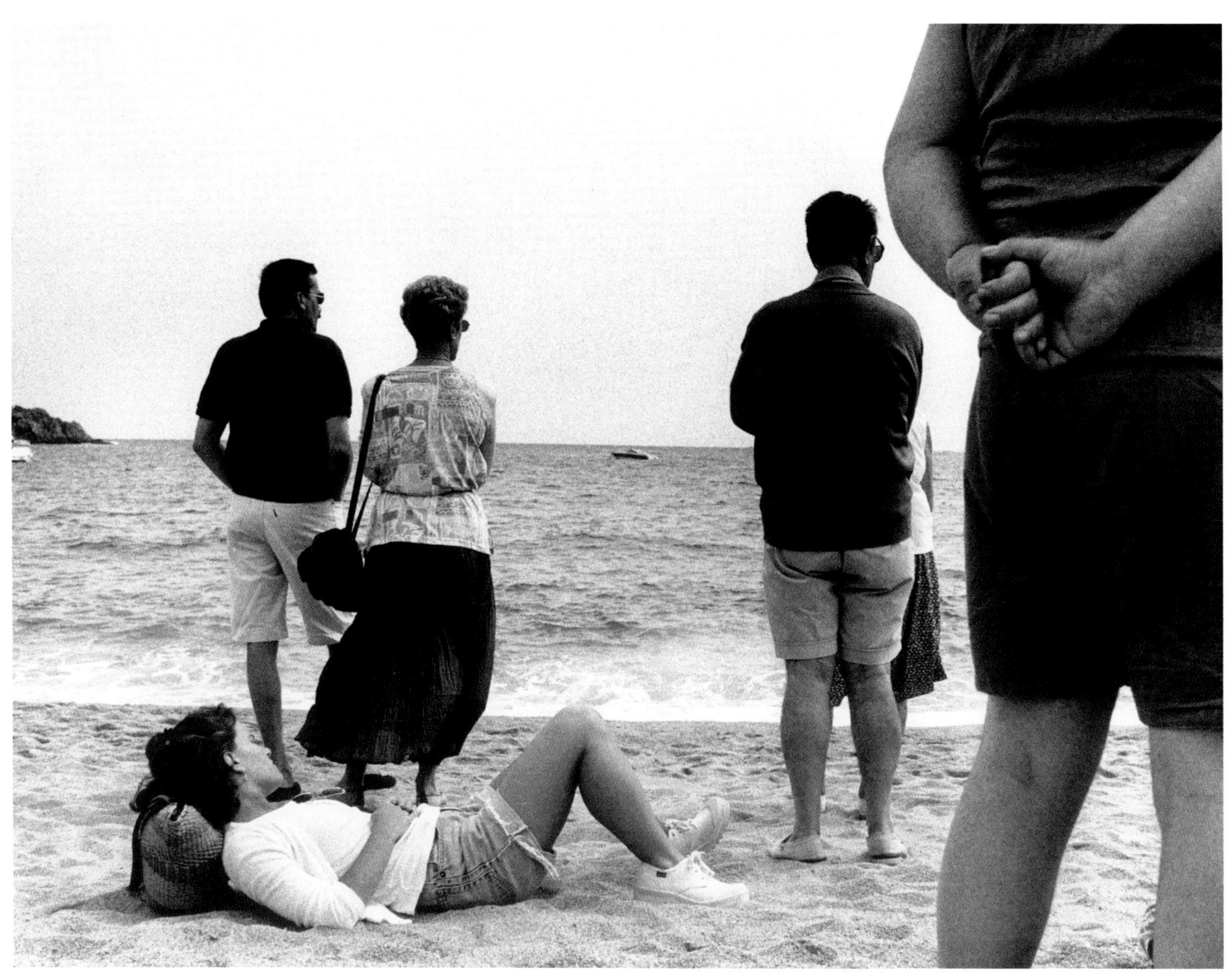

Tossa de Mar 1996

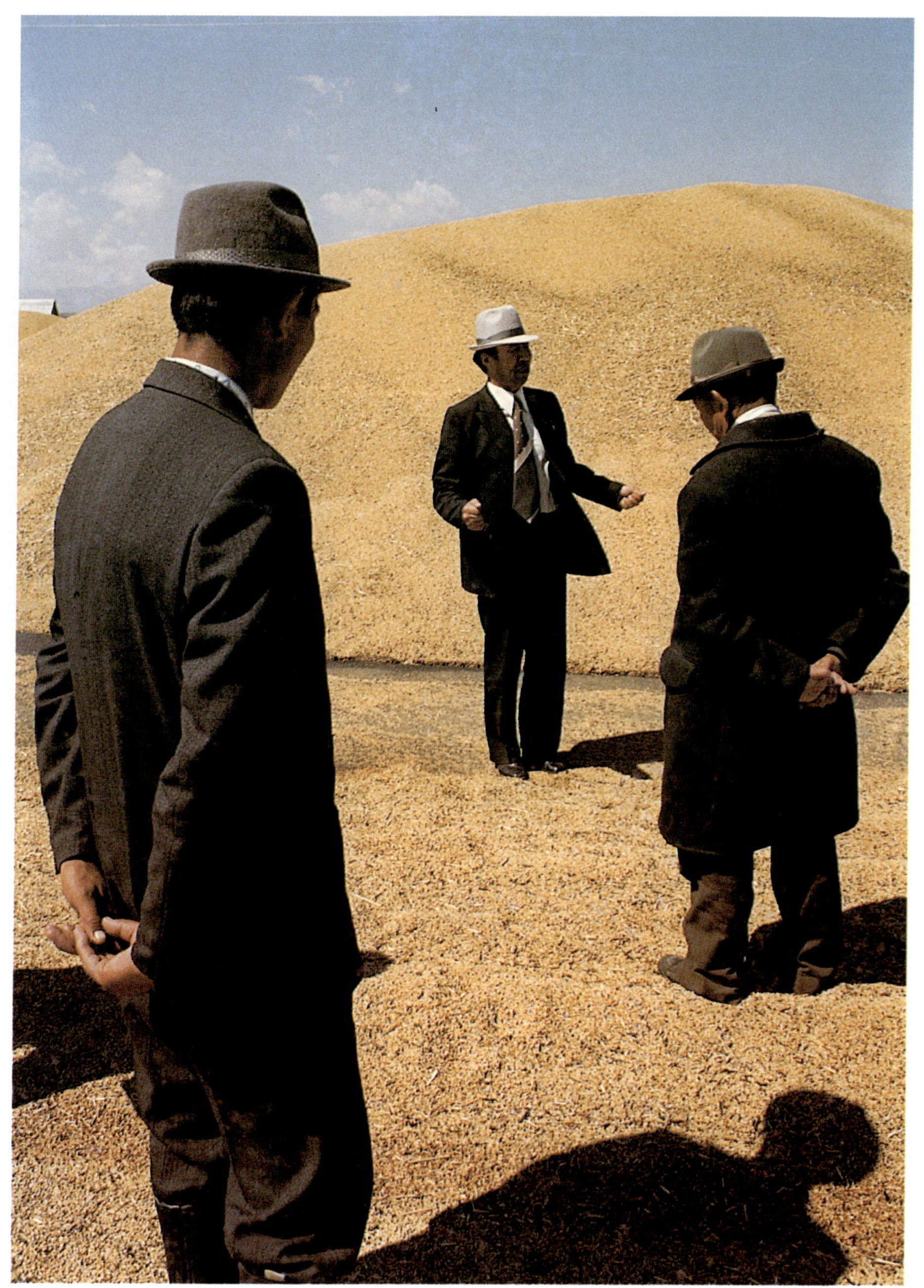

Kirgizie/Kirghizia 1981

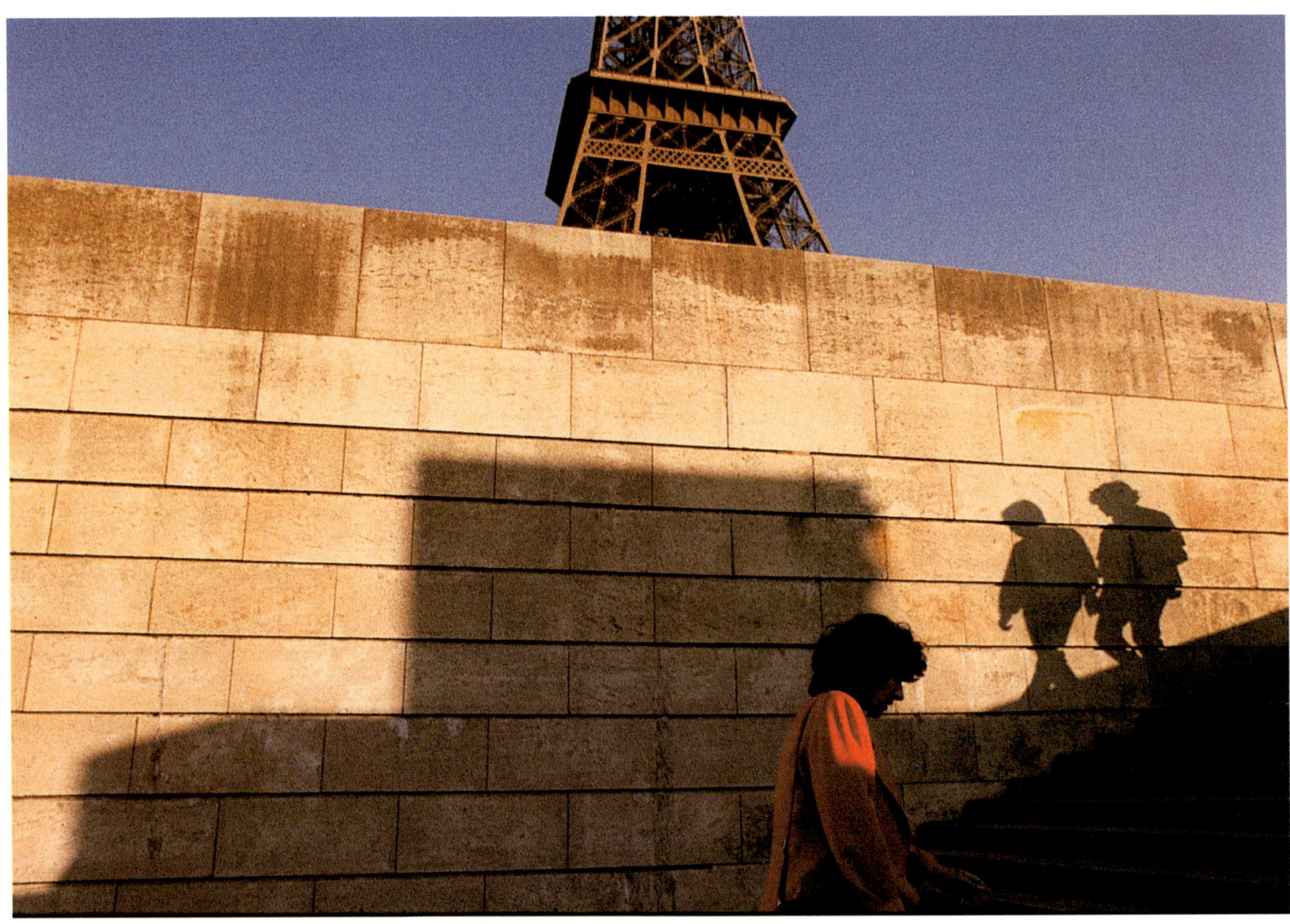

Paříž / Paris 1990

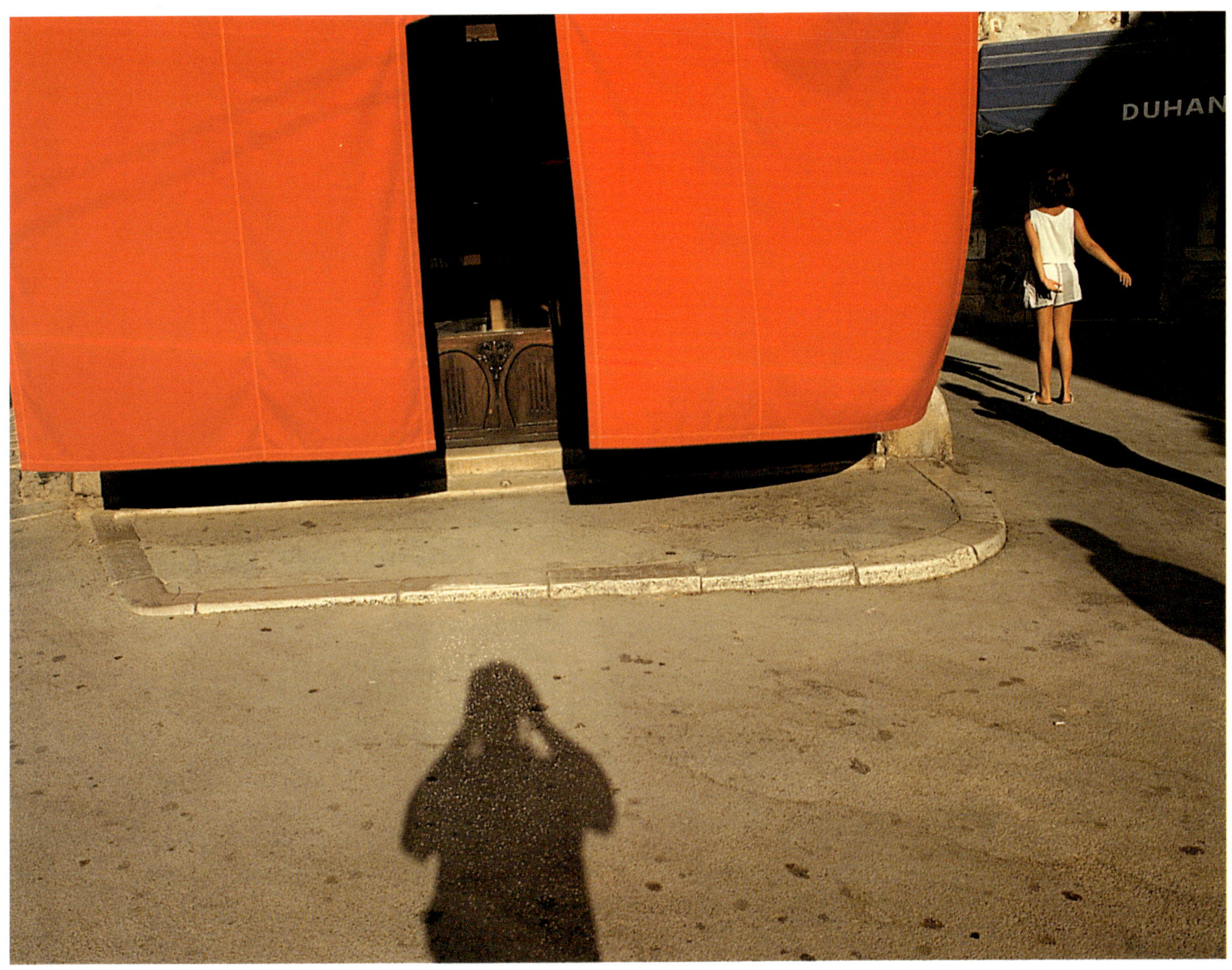

Rovina 1992

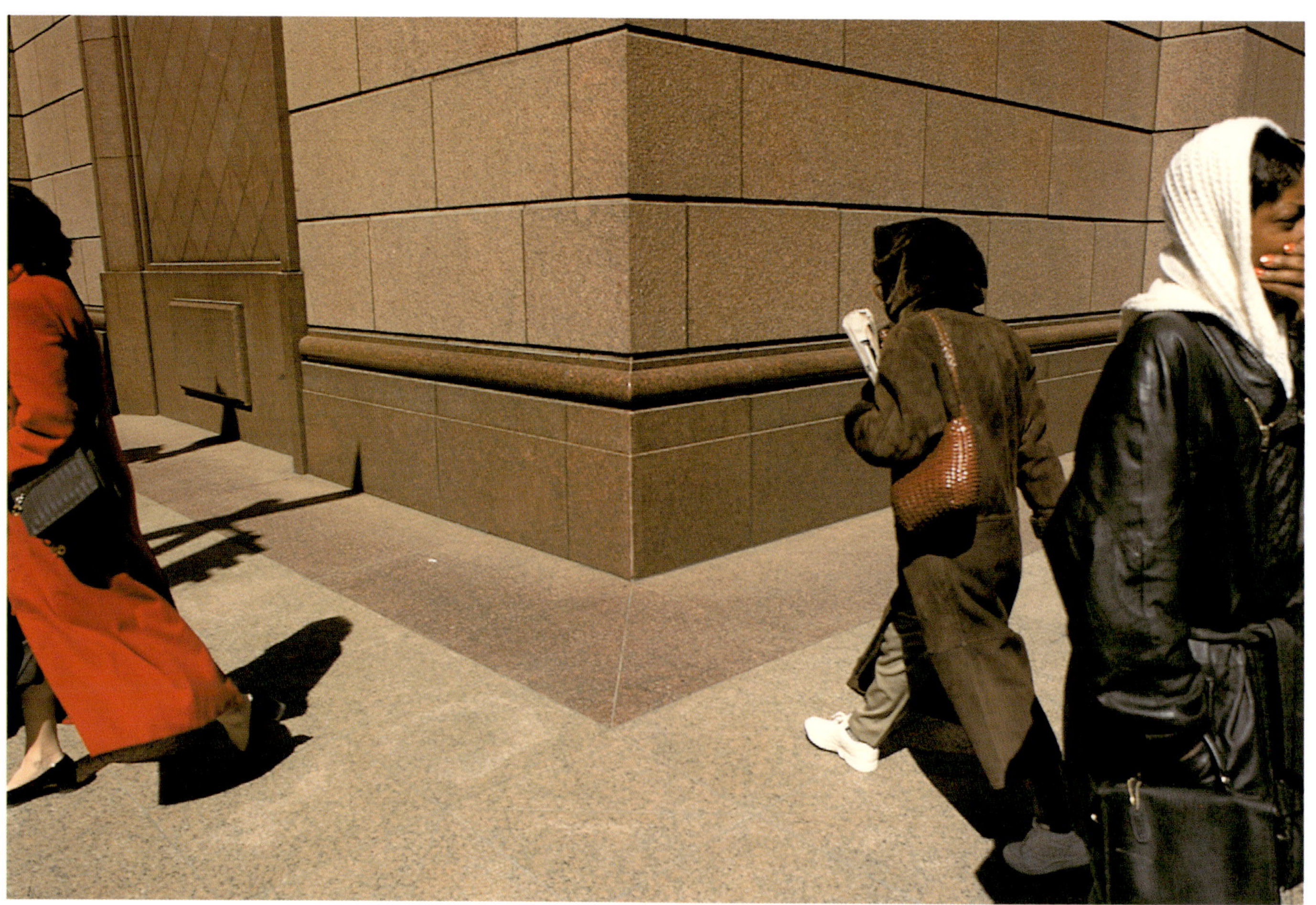

Chicago 1998

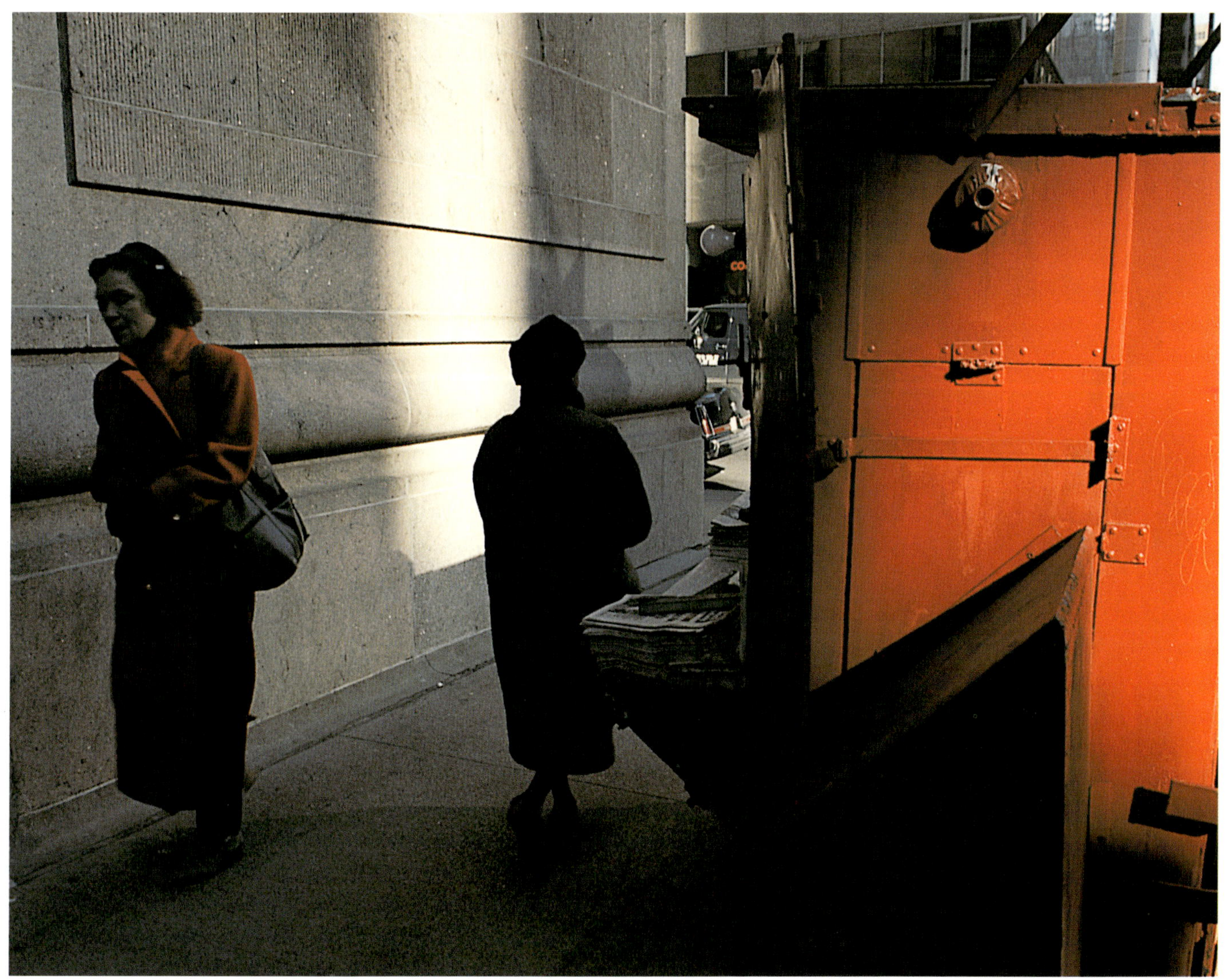

New York 1995

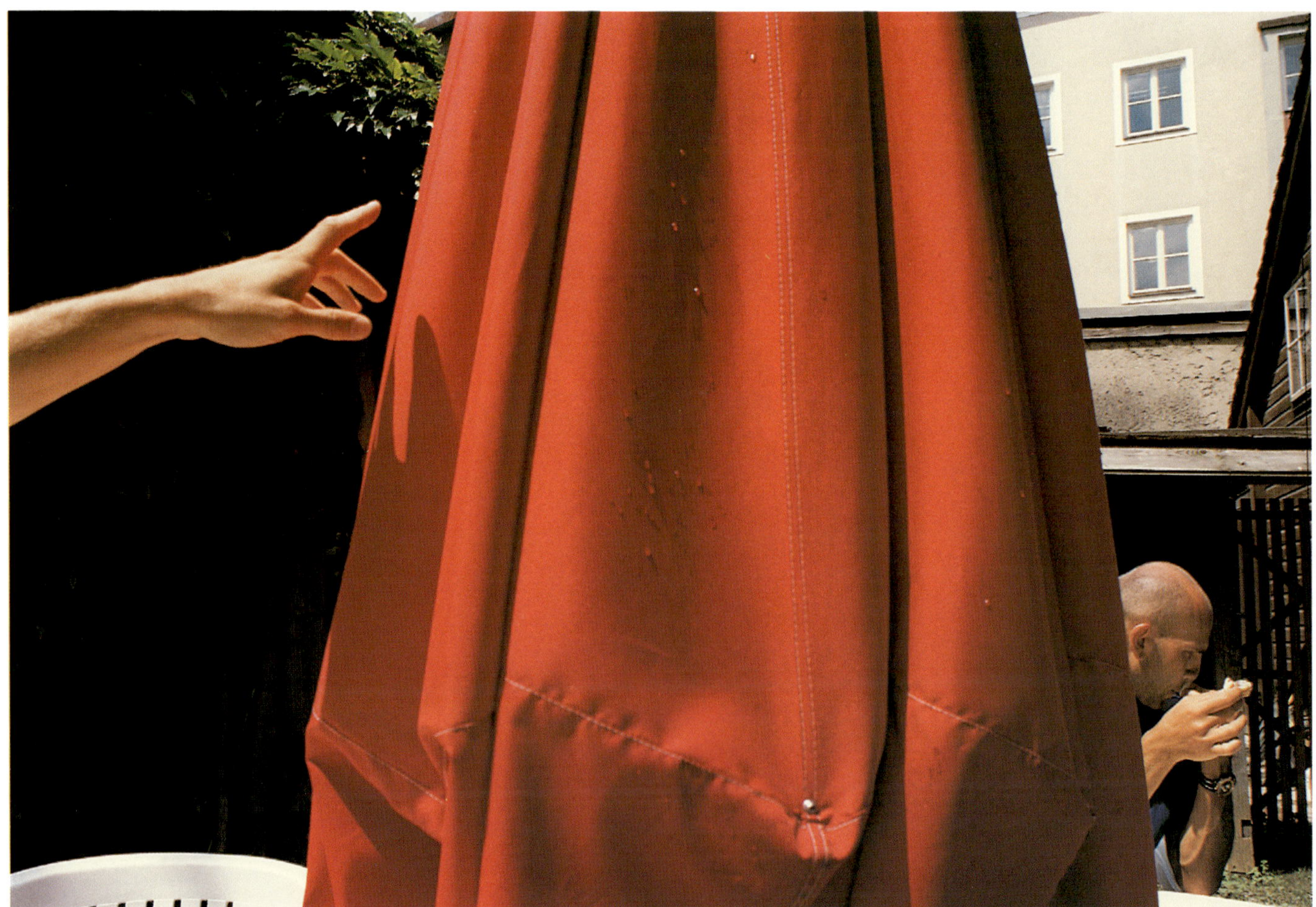

Hallein 1998

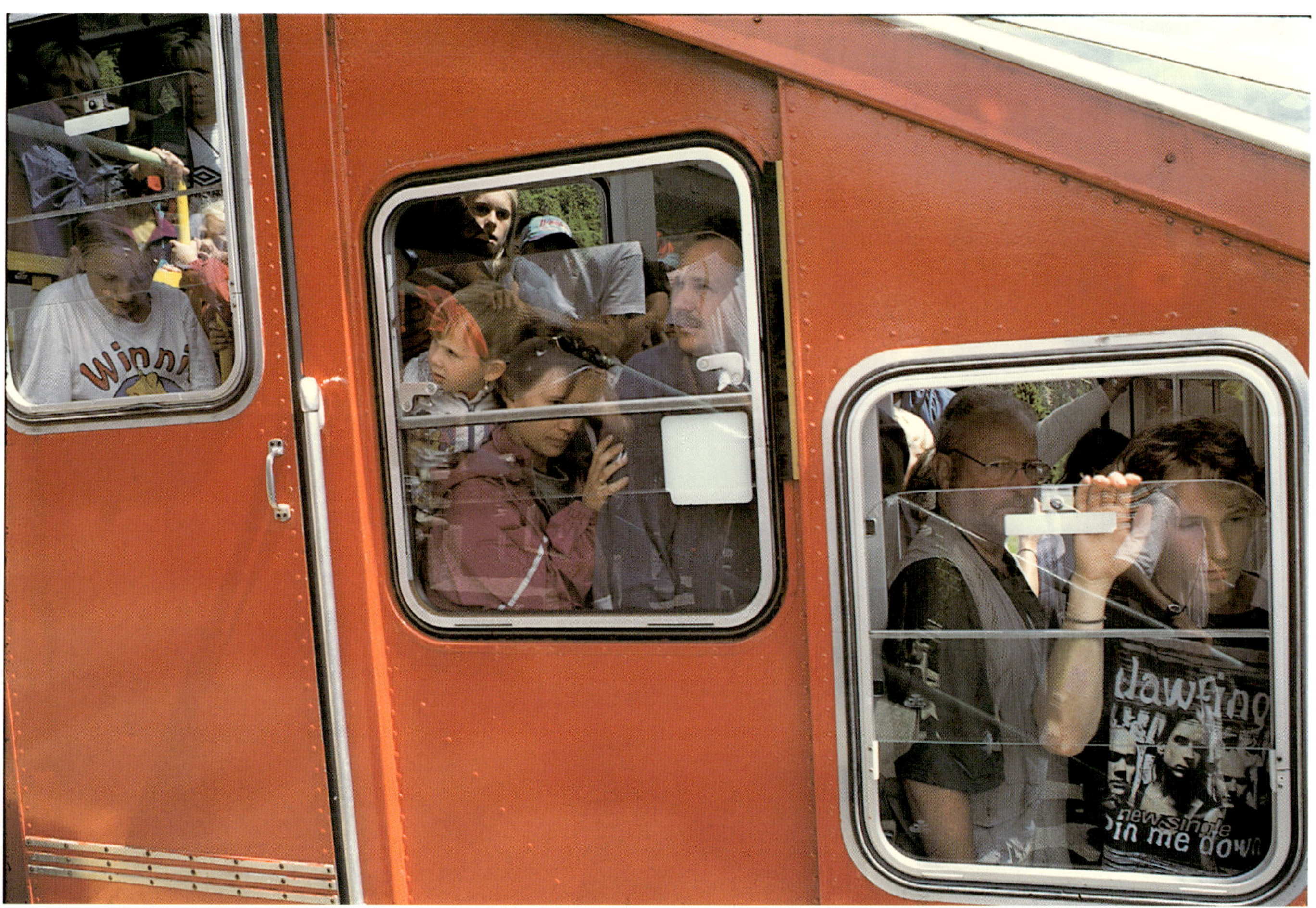

Reisseck 1998

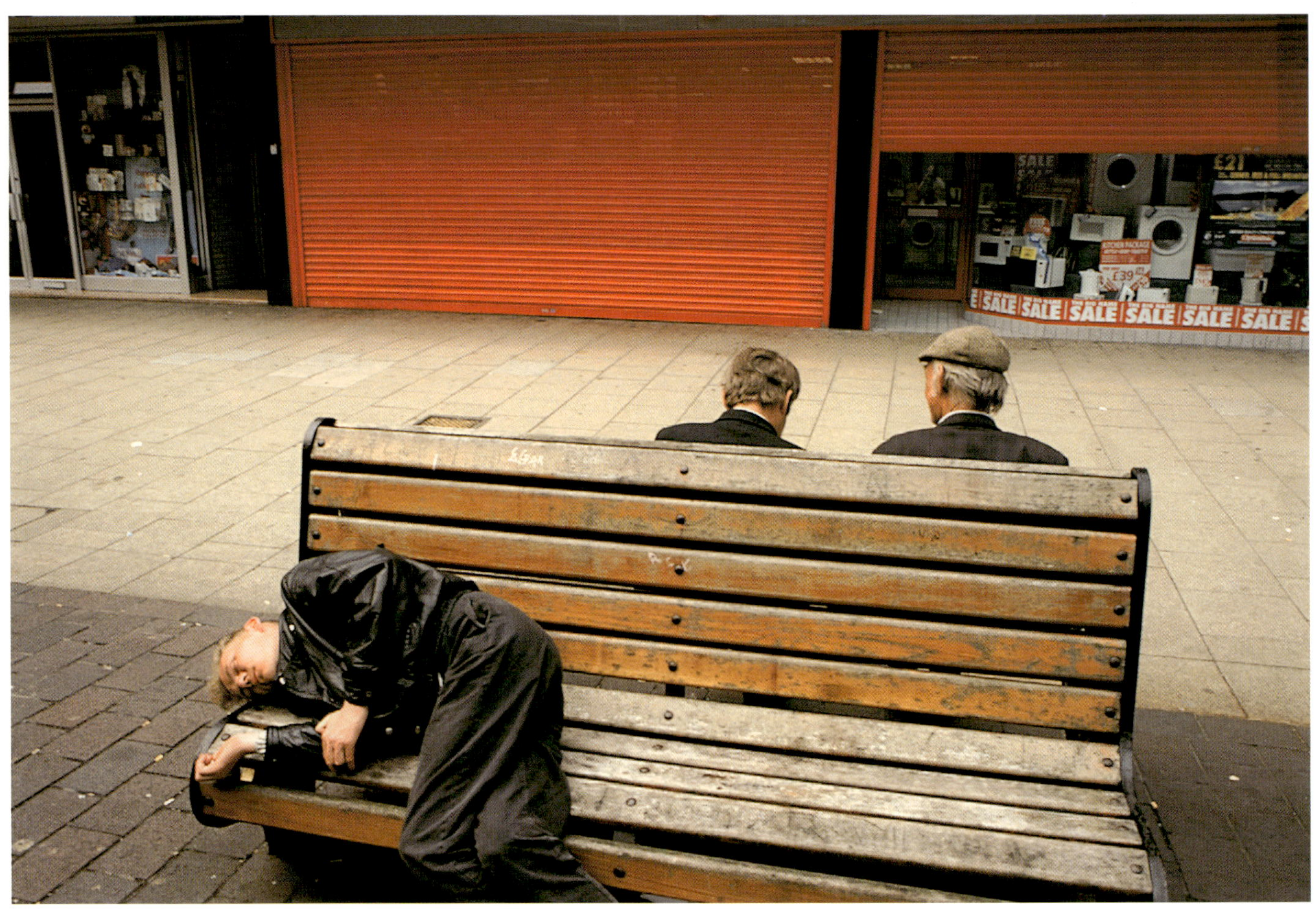

Glasgow 1993

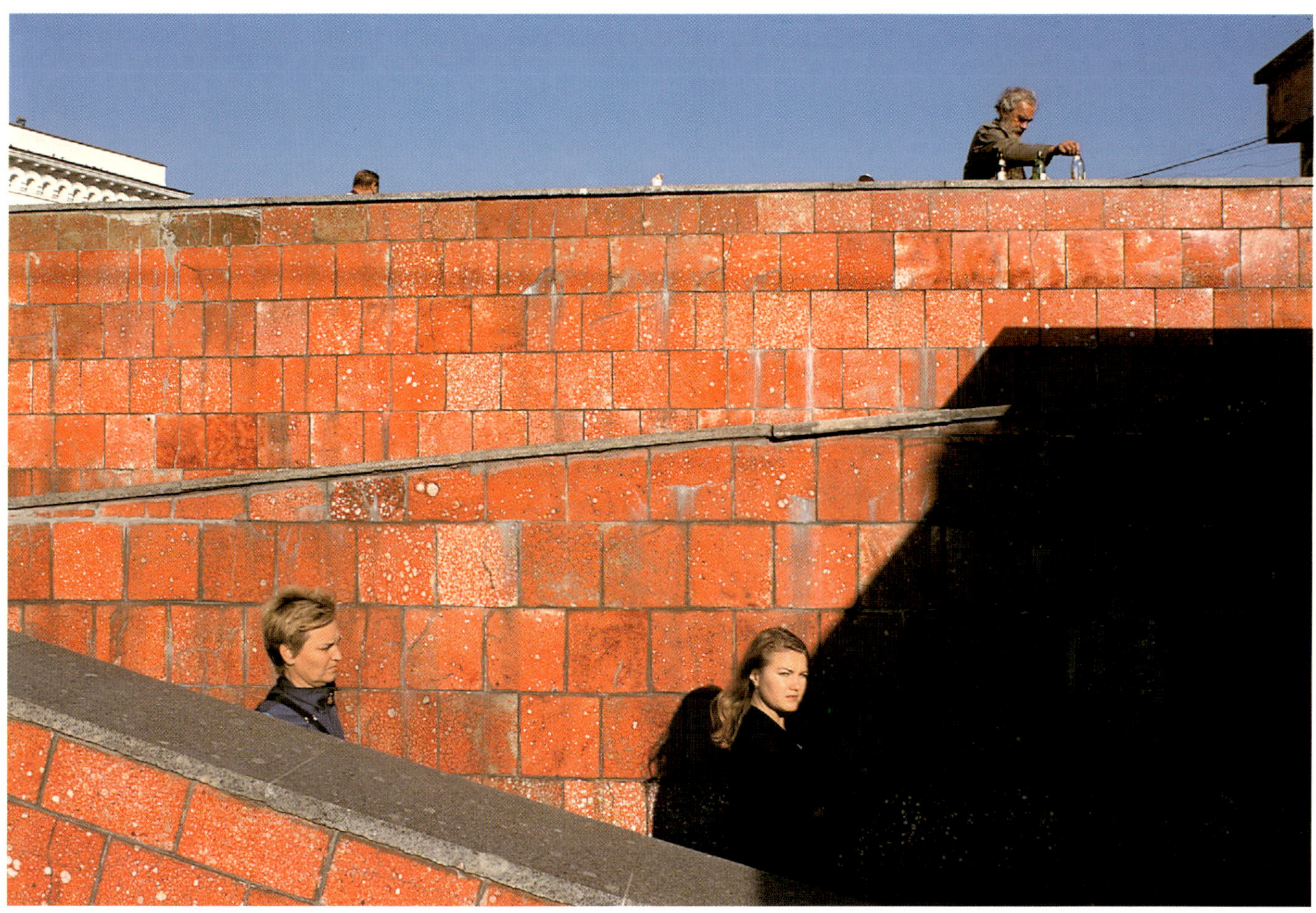

Moskva / Moscow 2000

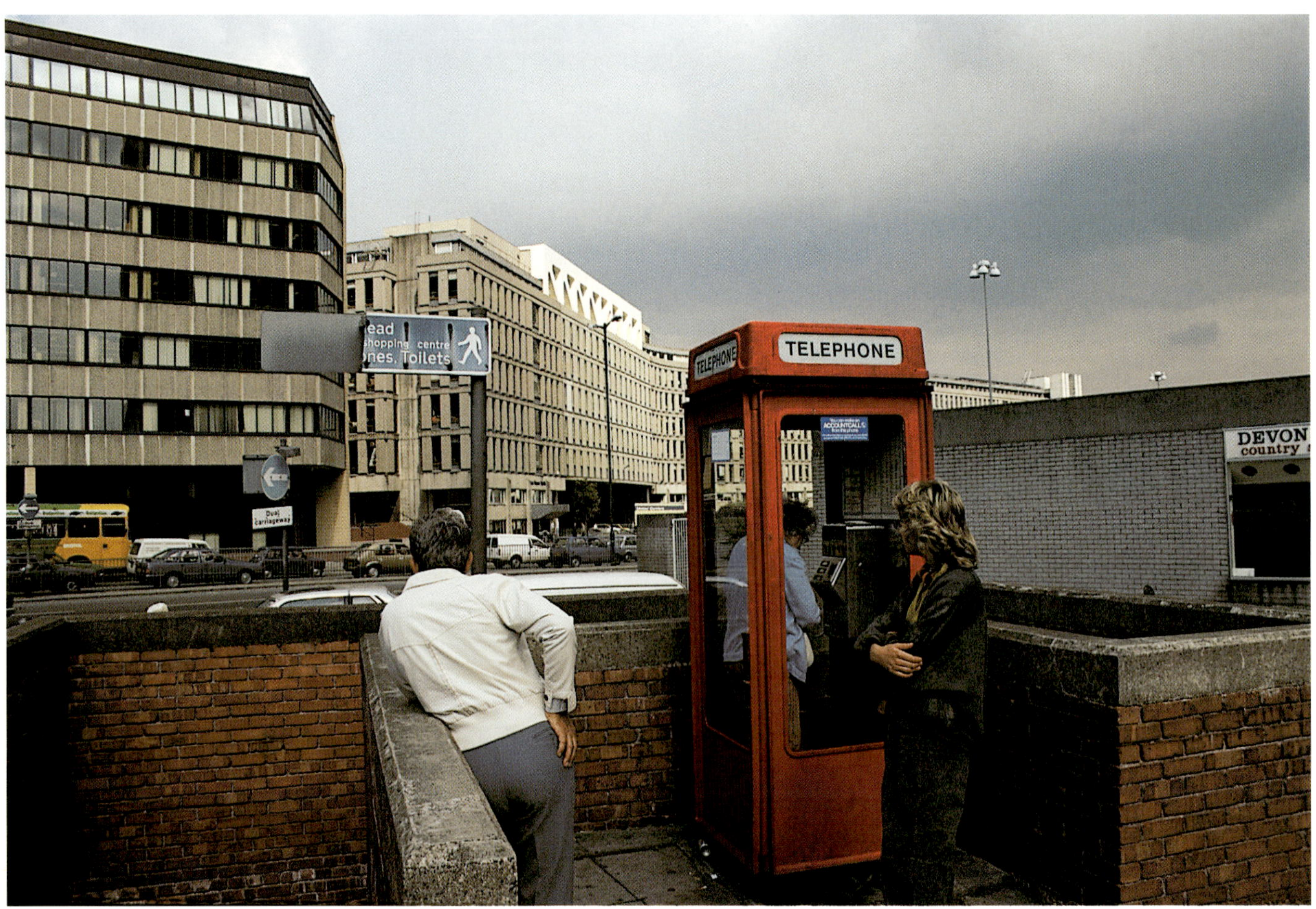

Bristol 1987

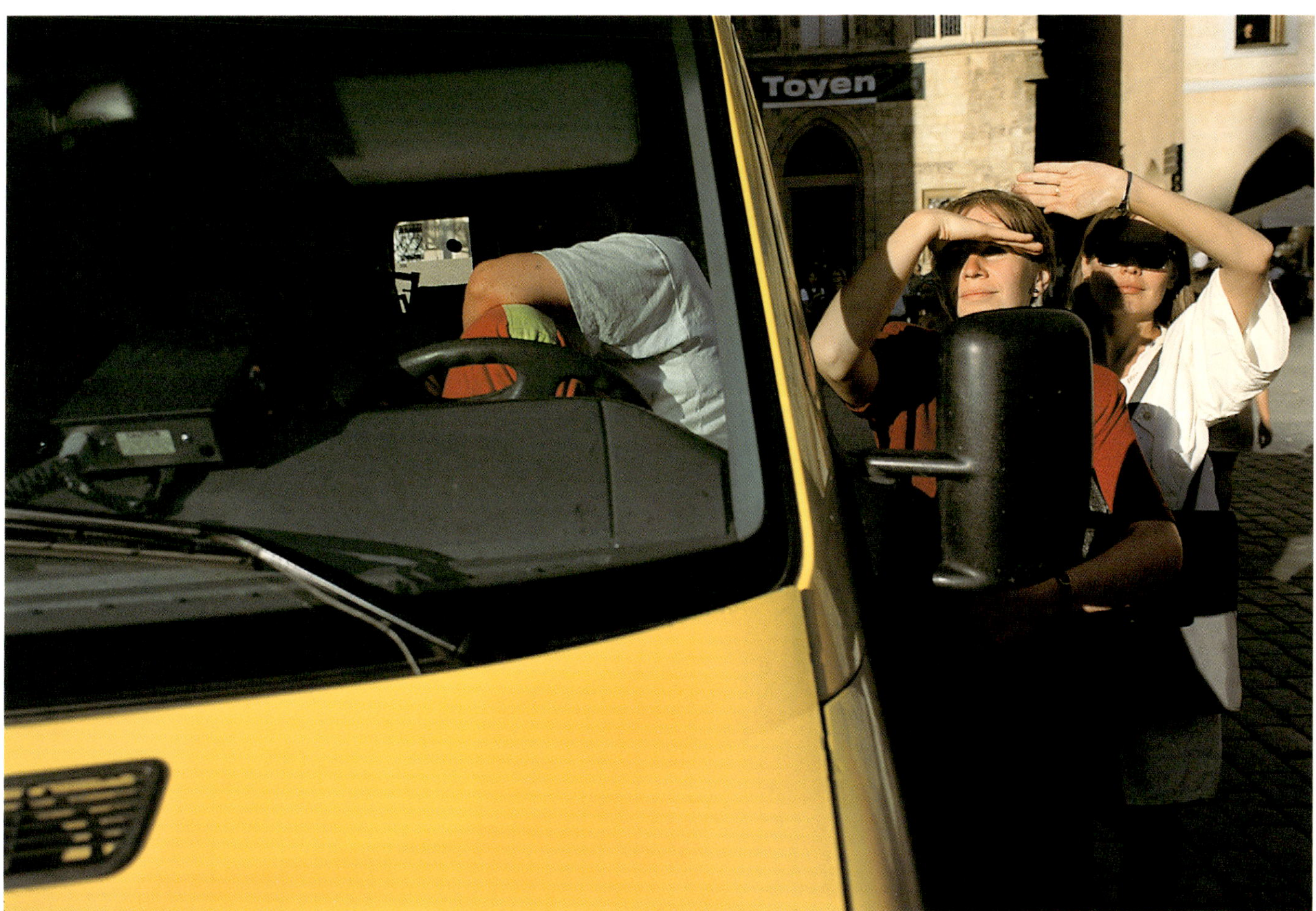

Praha/Prague 2000

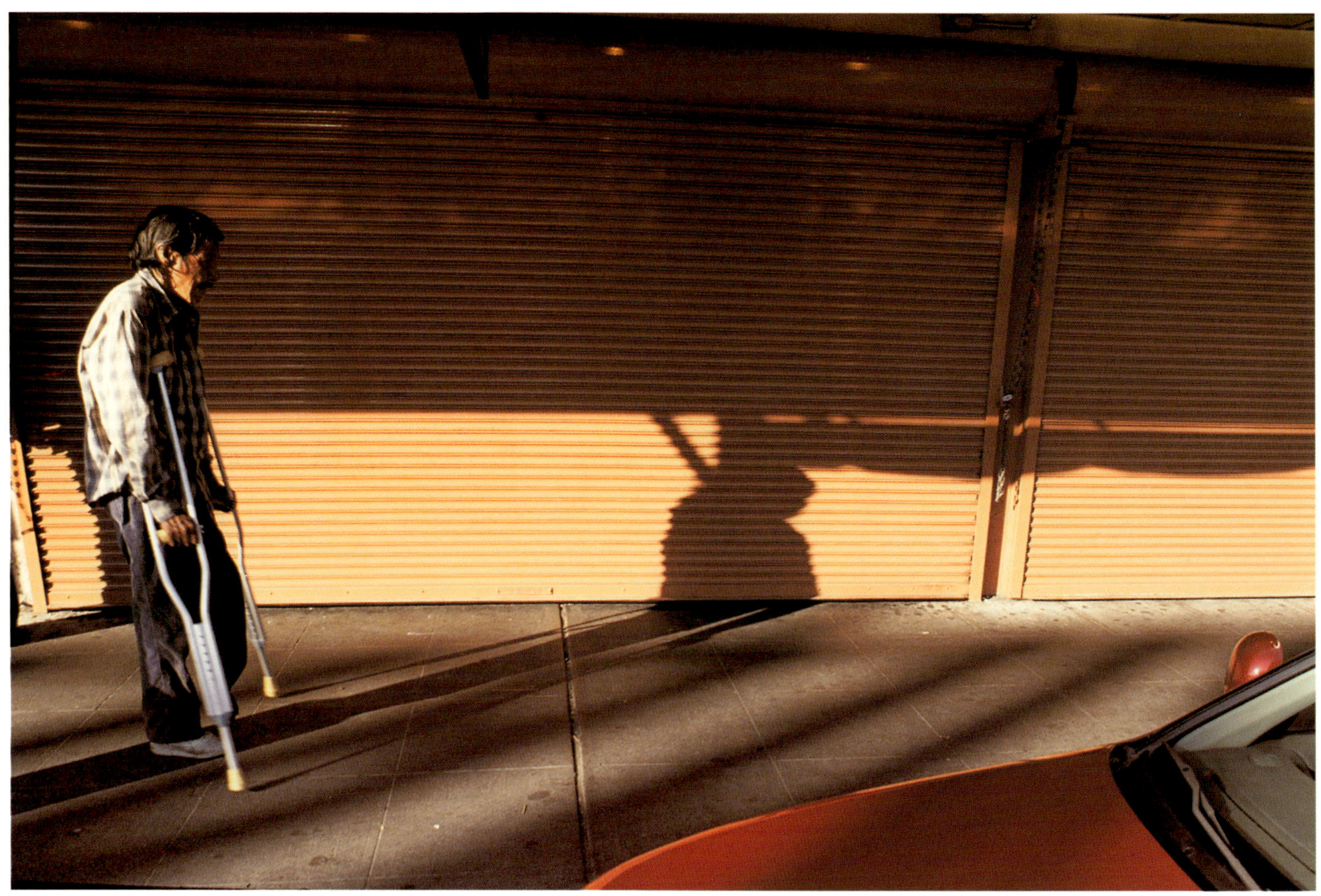

Seattle 1994

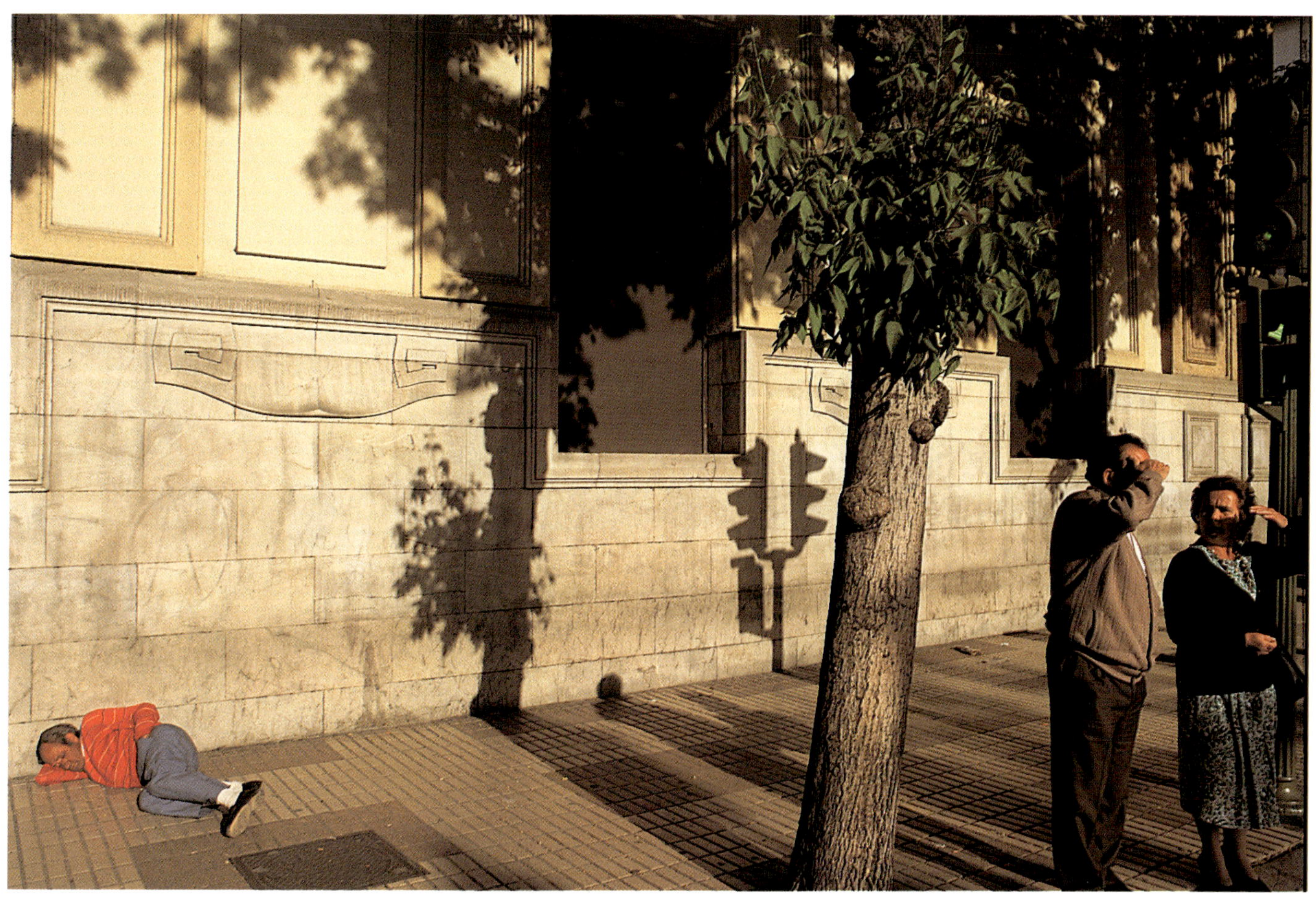

Sevilla 1992

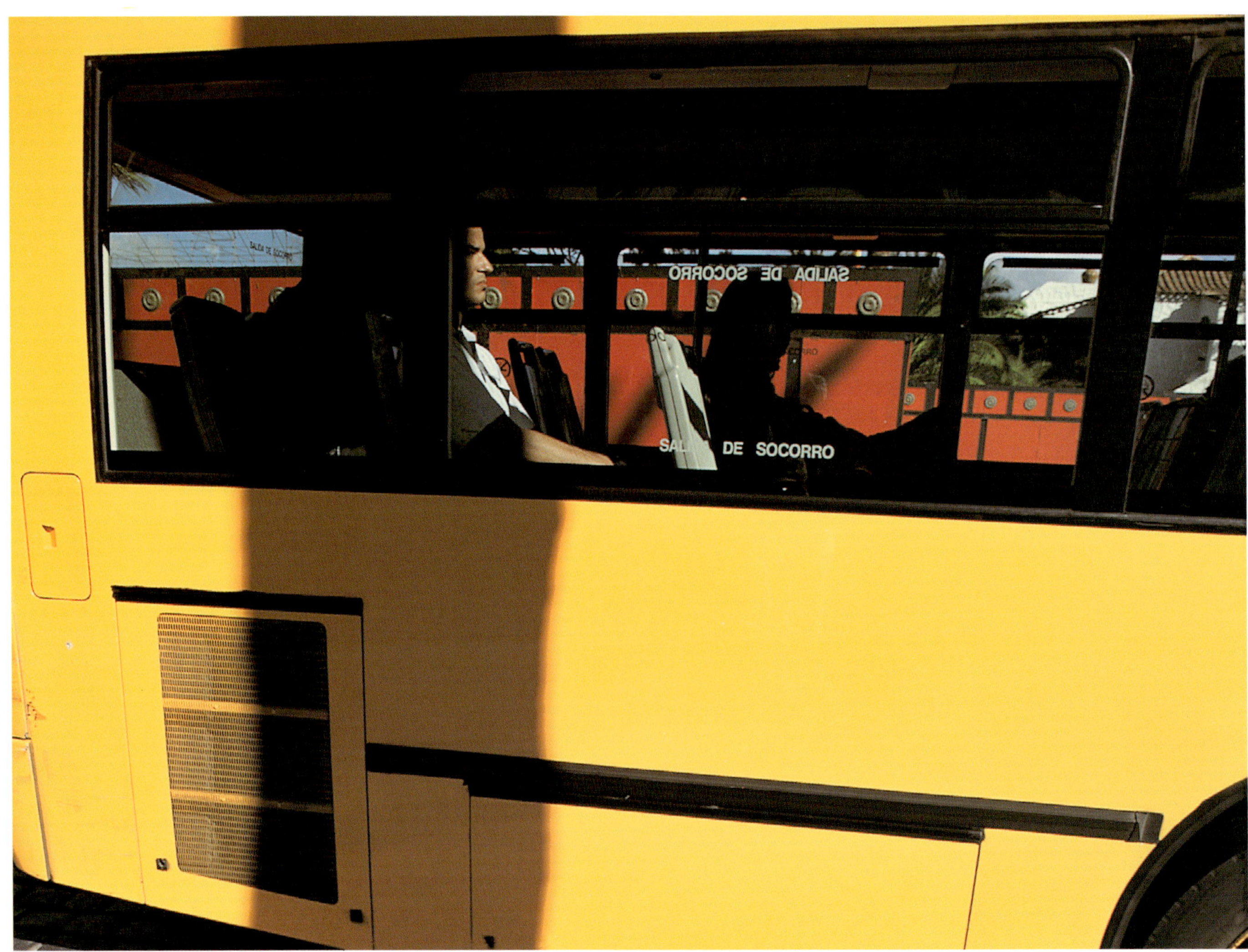

Las Palmas 1999

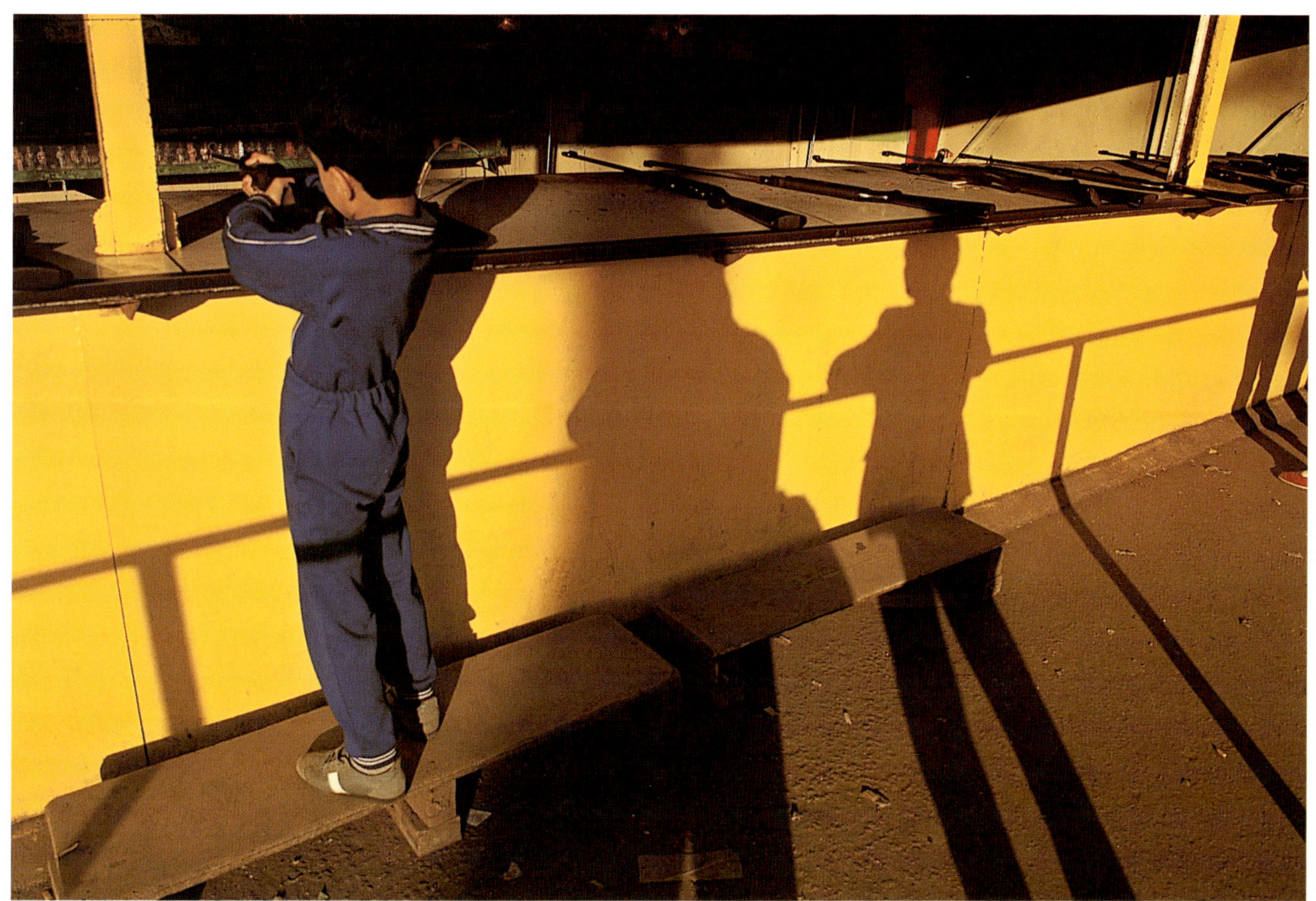

Moskva / Moscow 2000

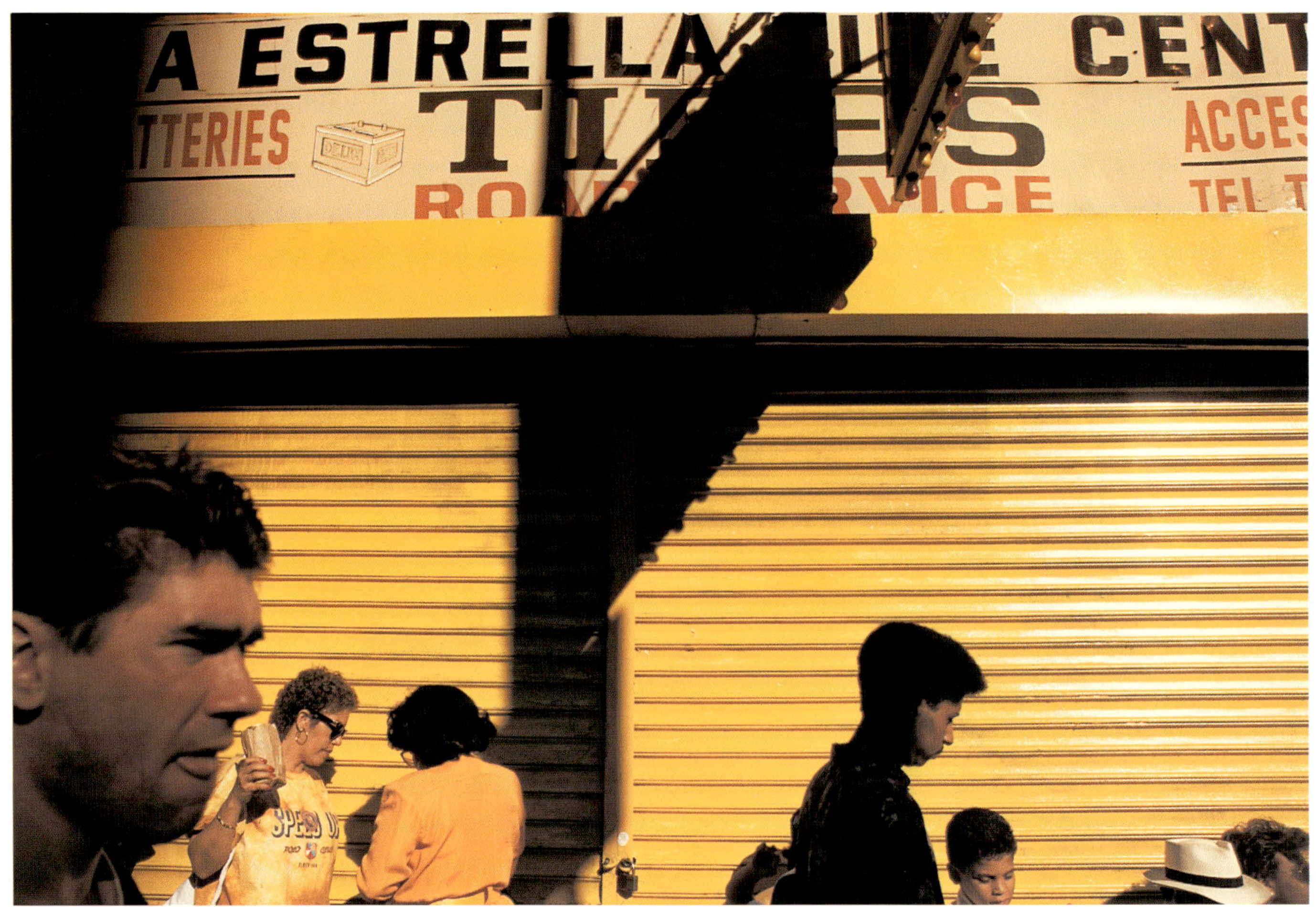

New York 1993

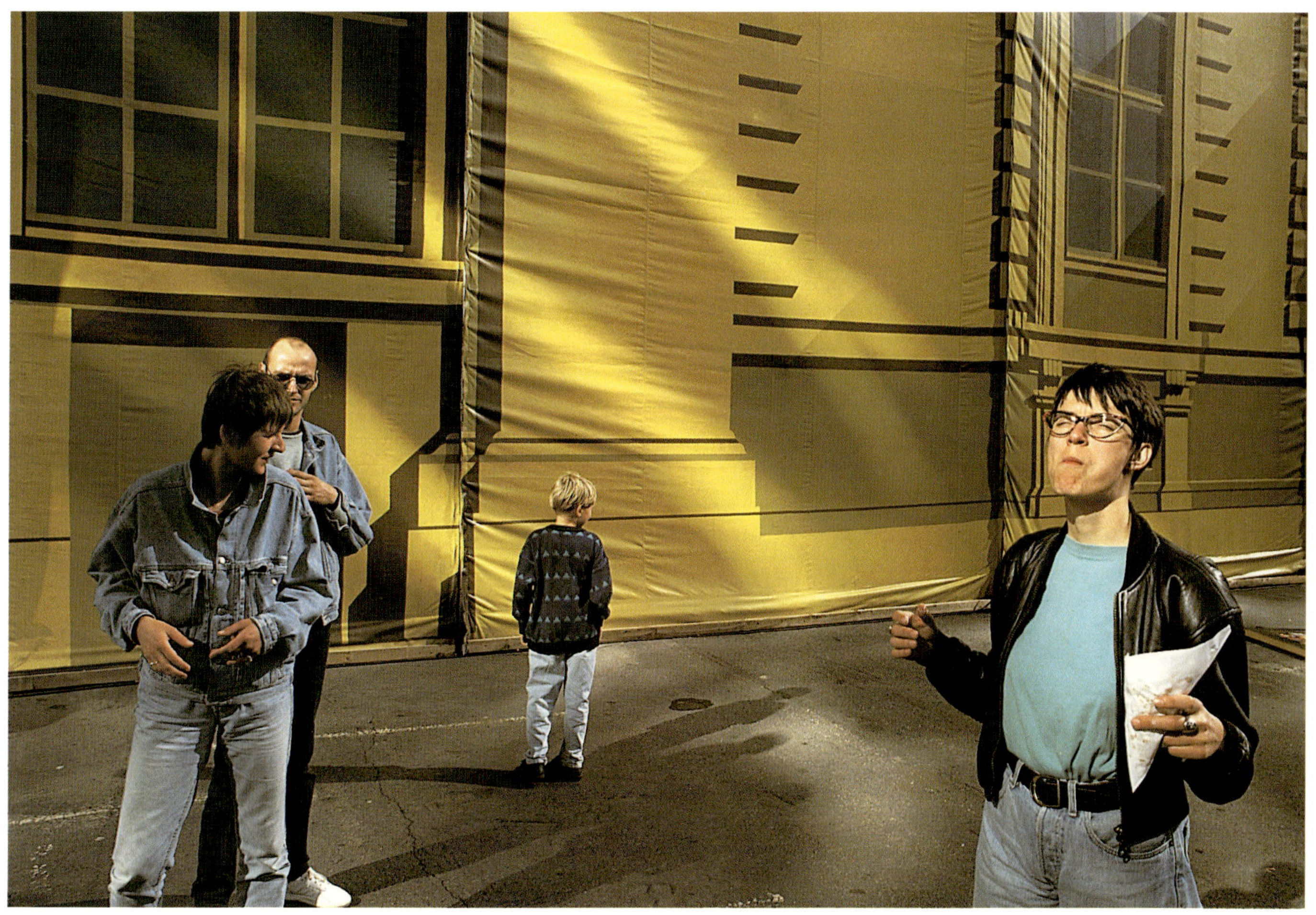

Berlín / Berlin 1993

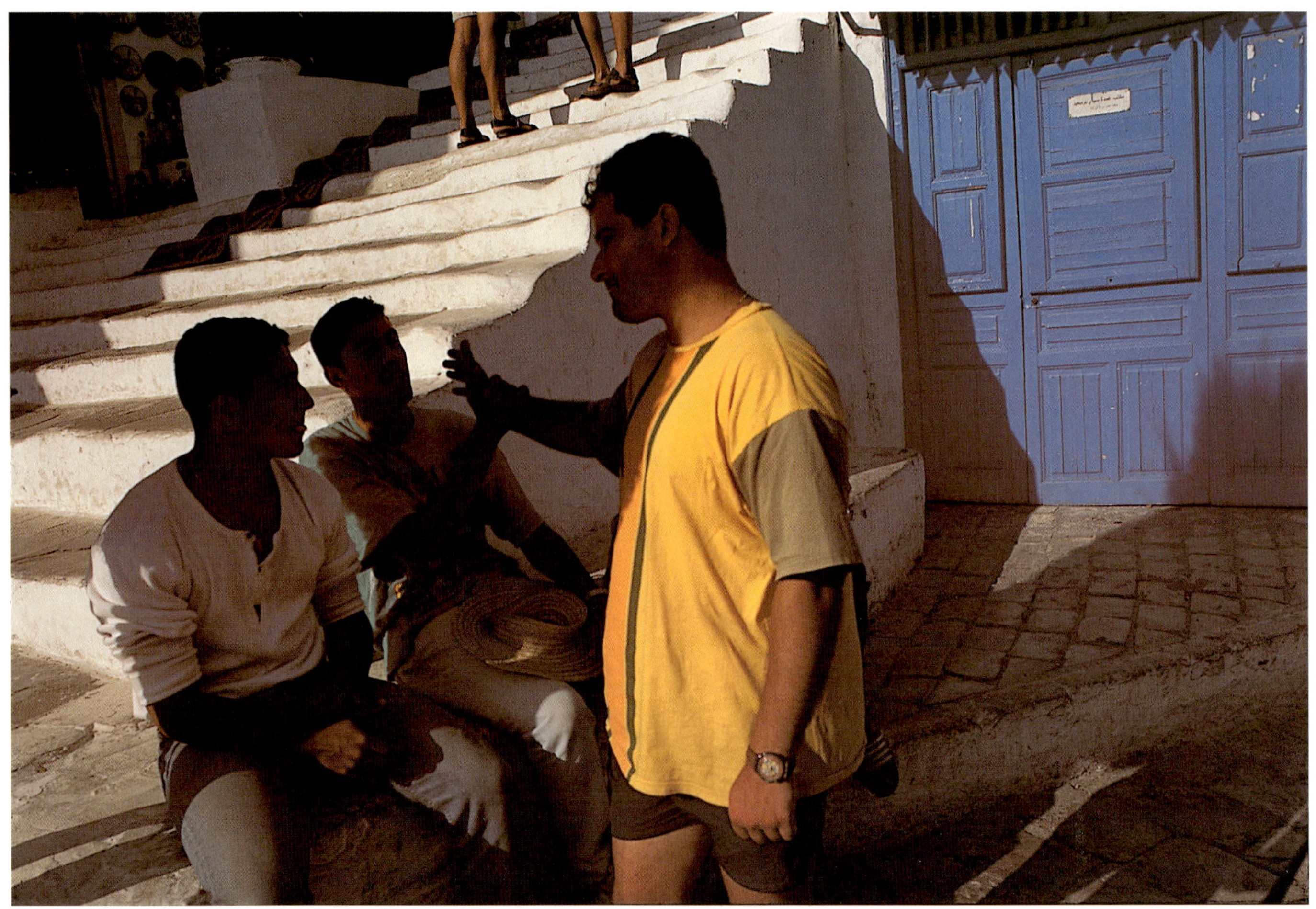

Tunis 1999

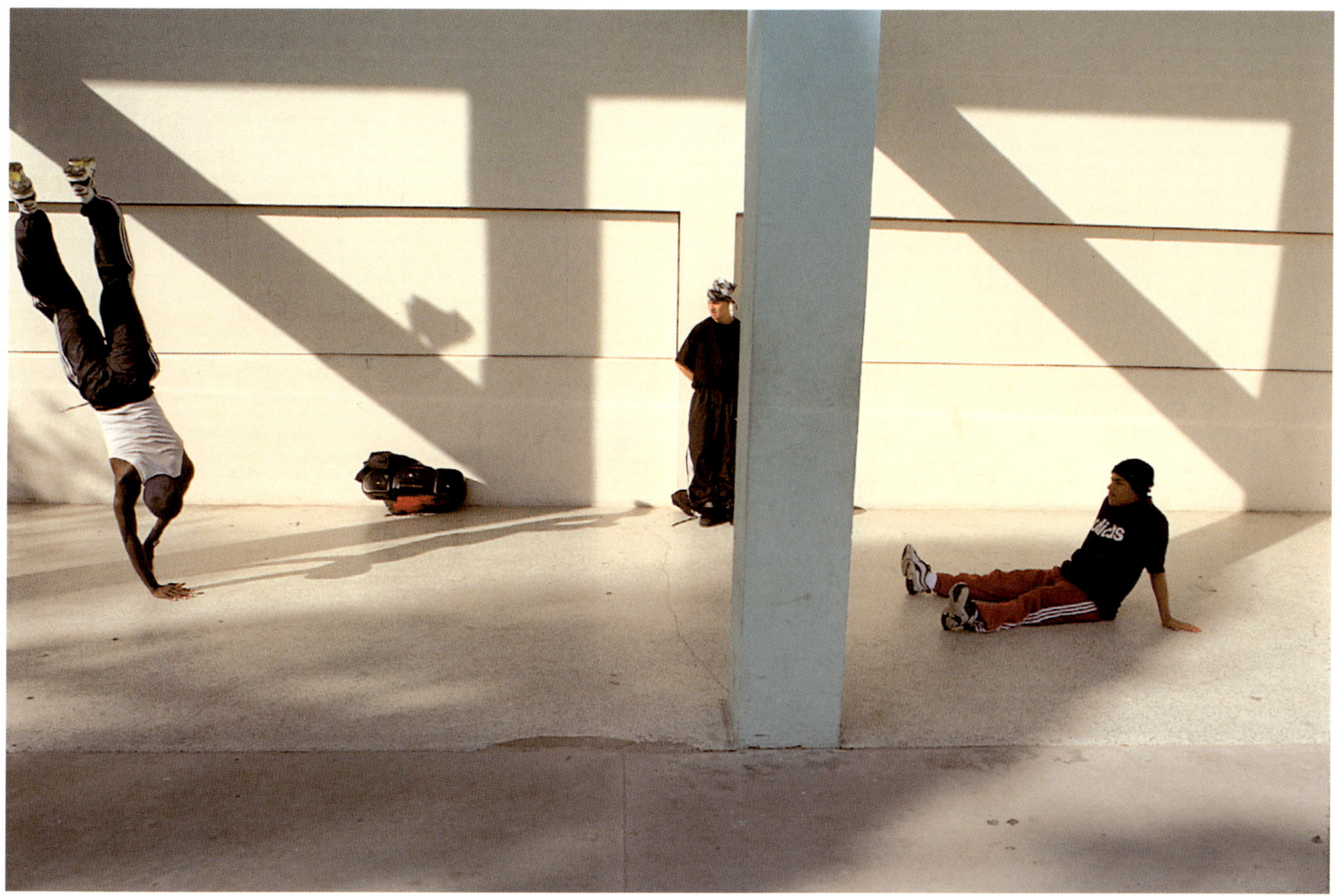

Miami Beach 1999

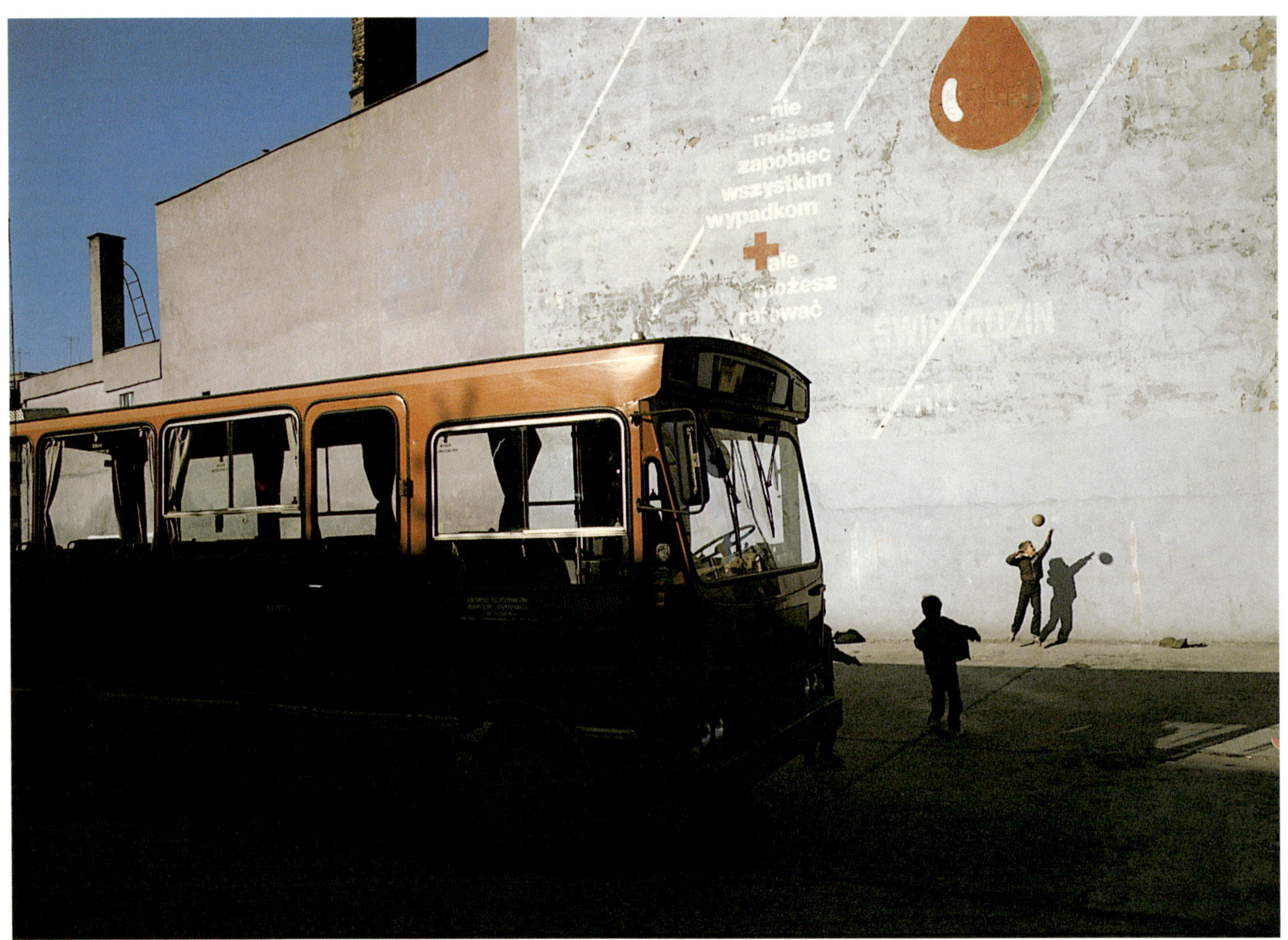

Gorzów 1986

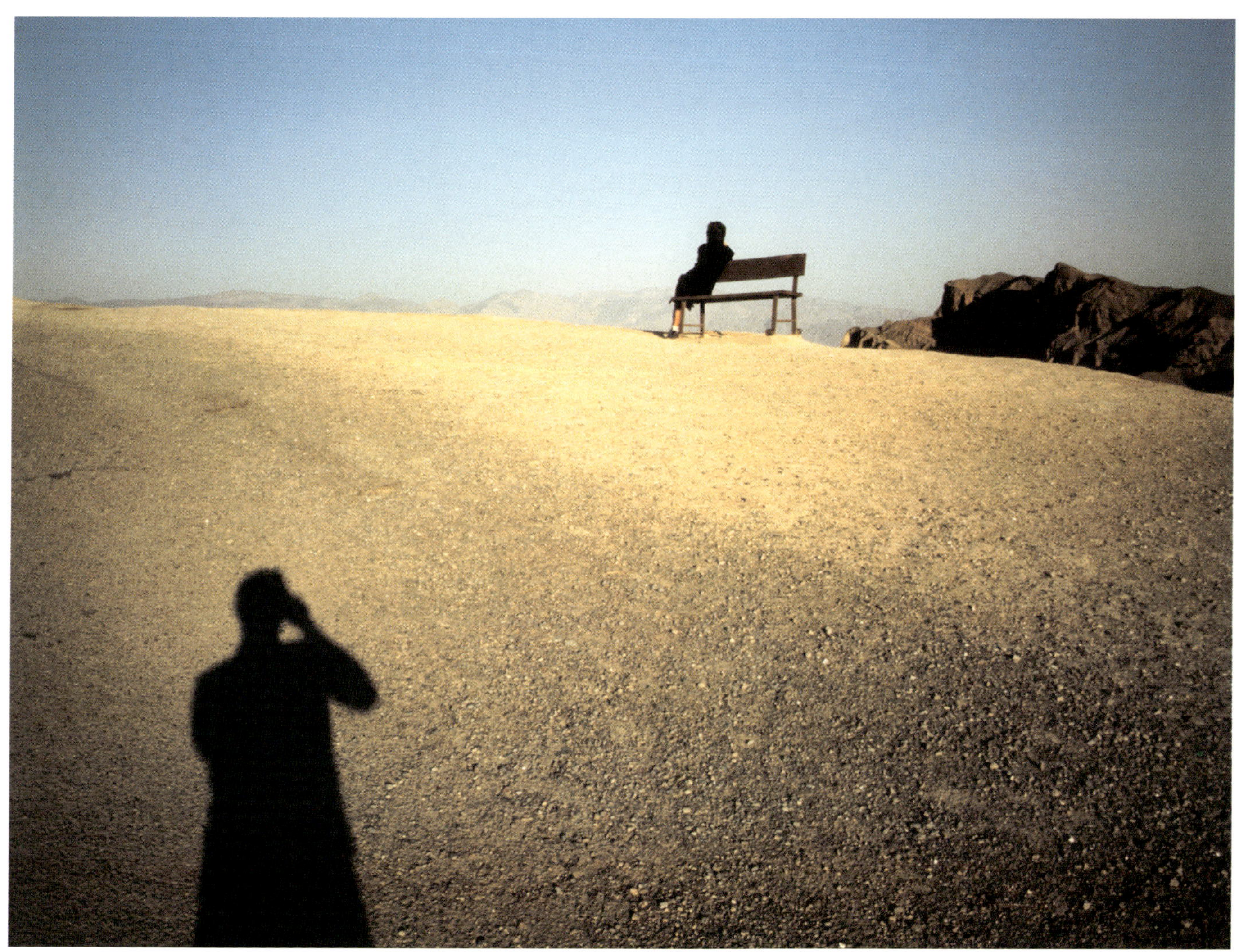

Death Walley 1986

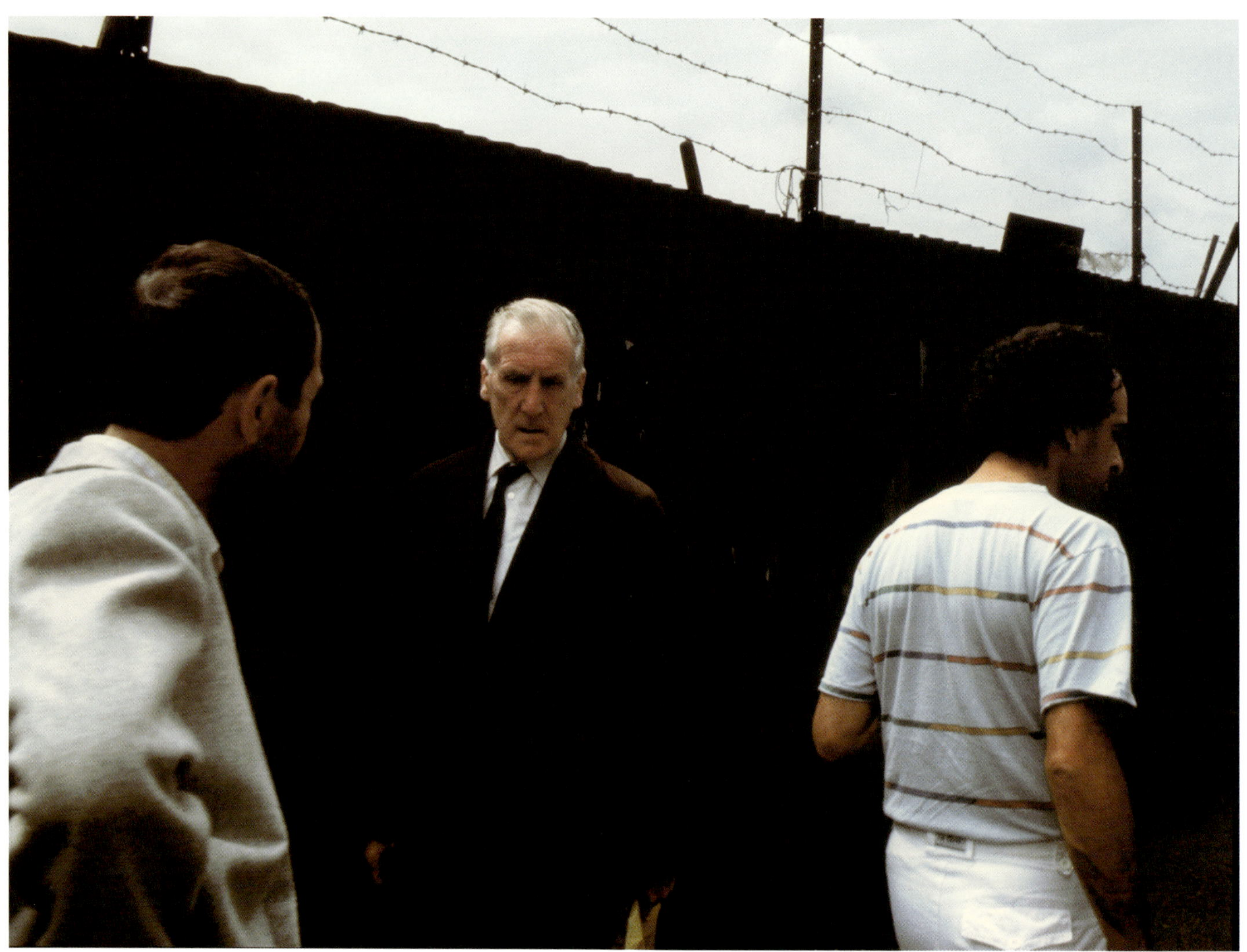

Londýn/London 1992

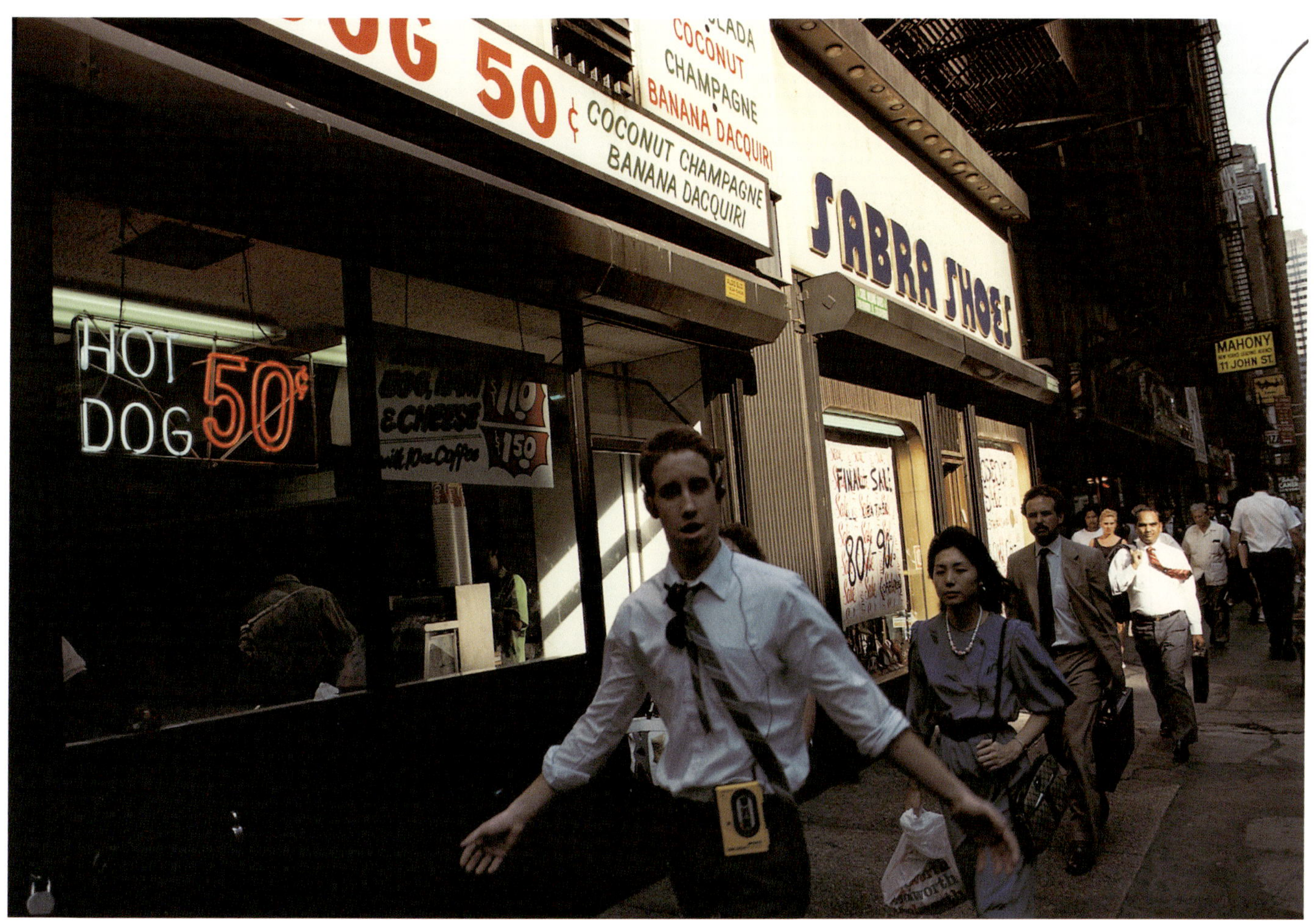

New York 1991

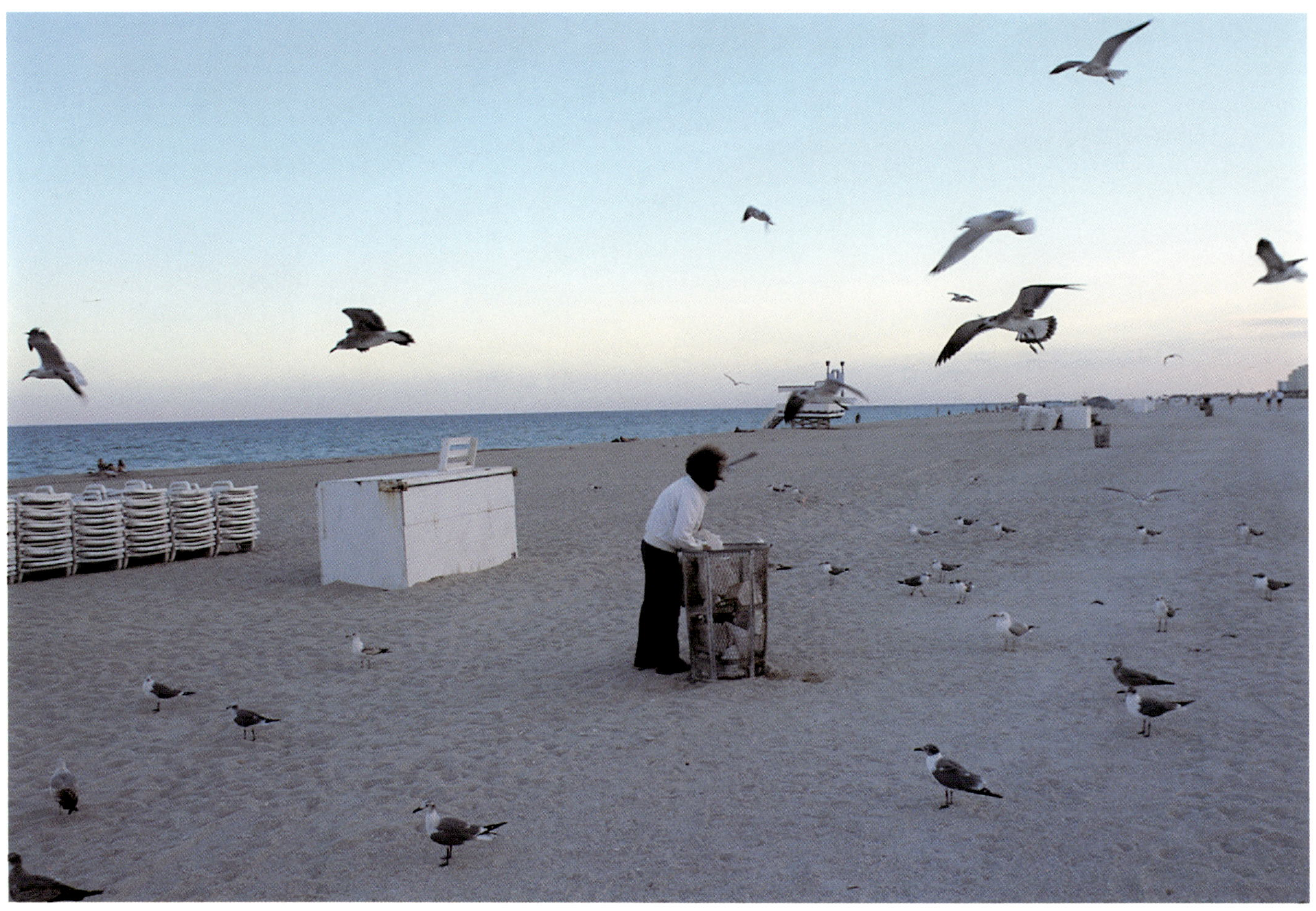

Miami Beach 2000

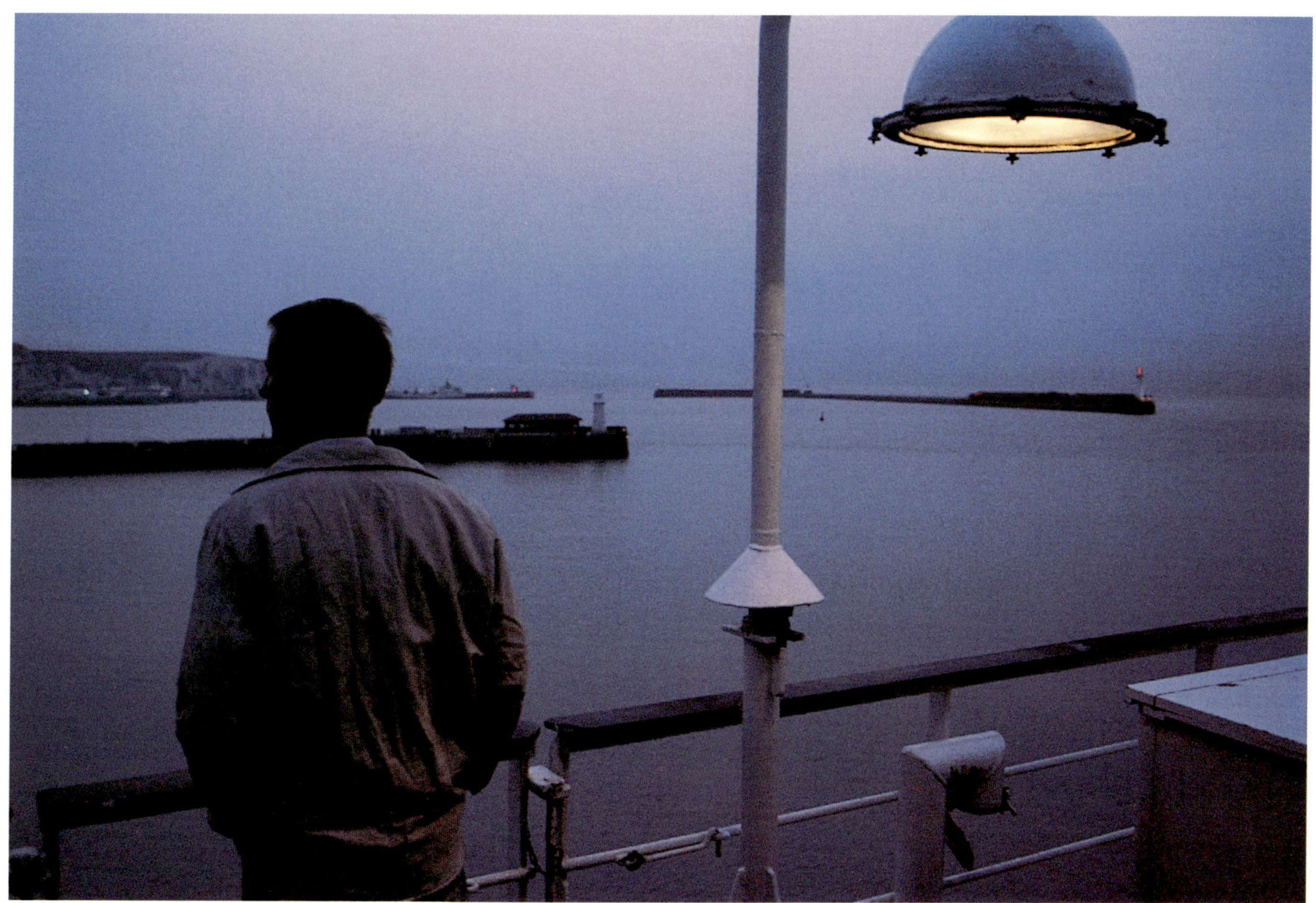

Dover 1987

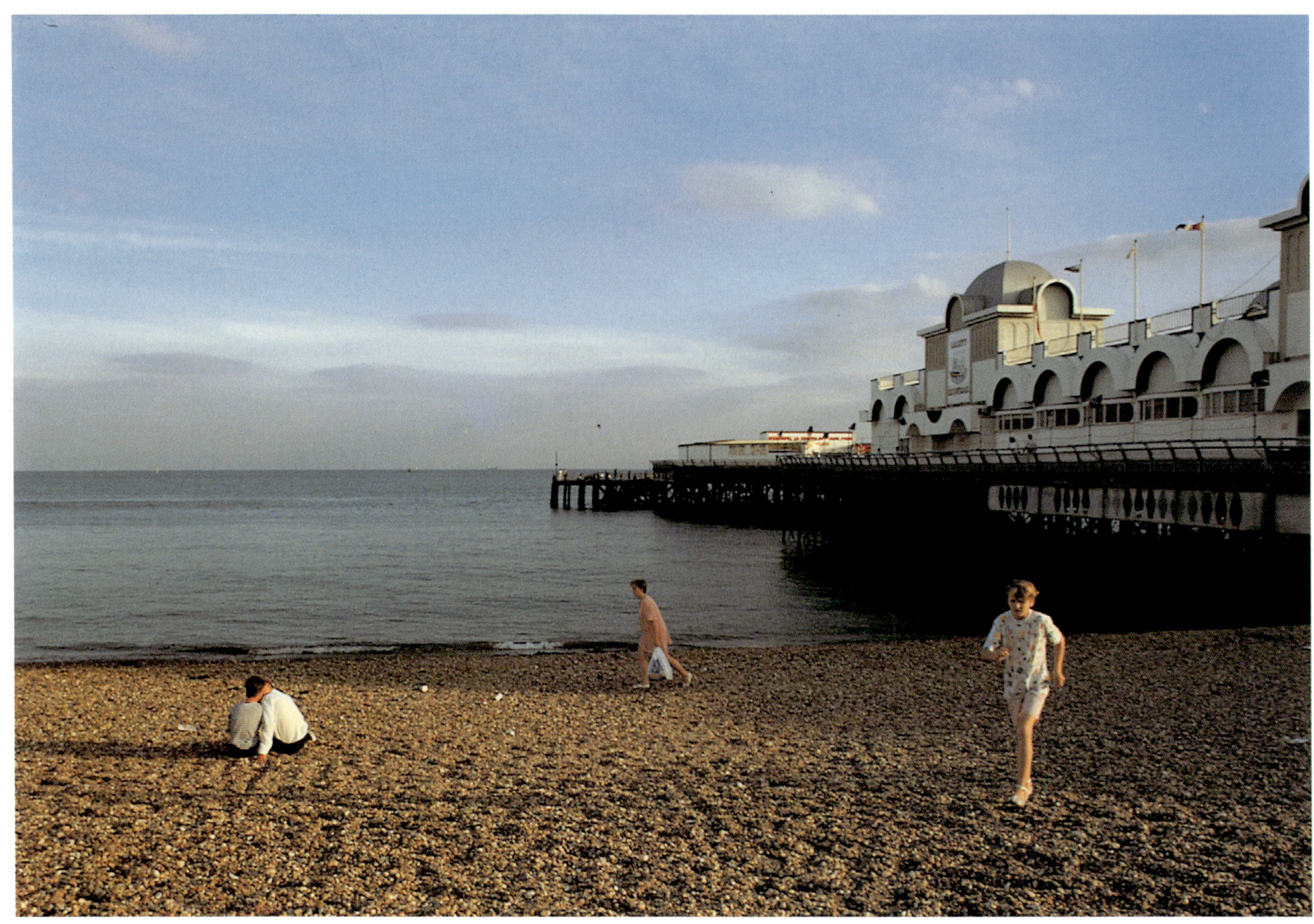

Portsmouth 1987

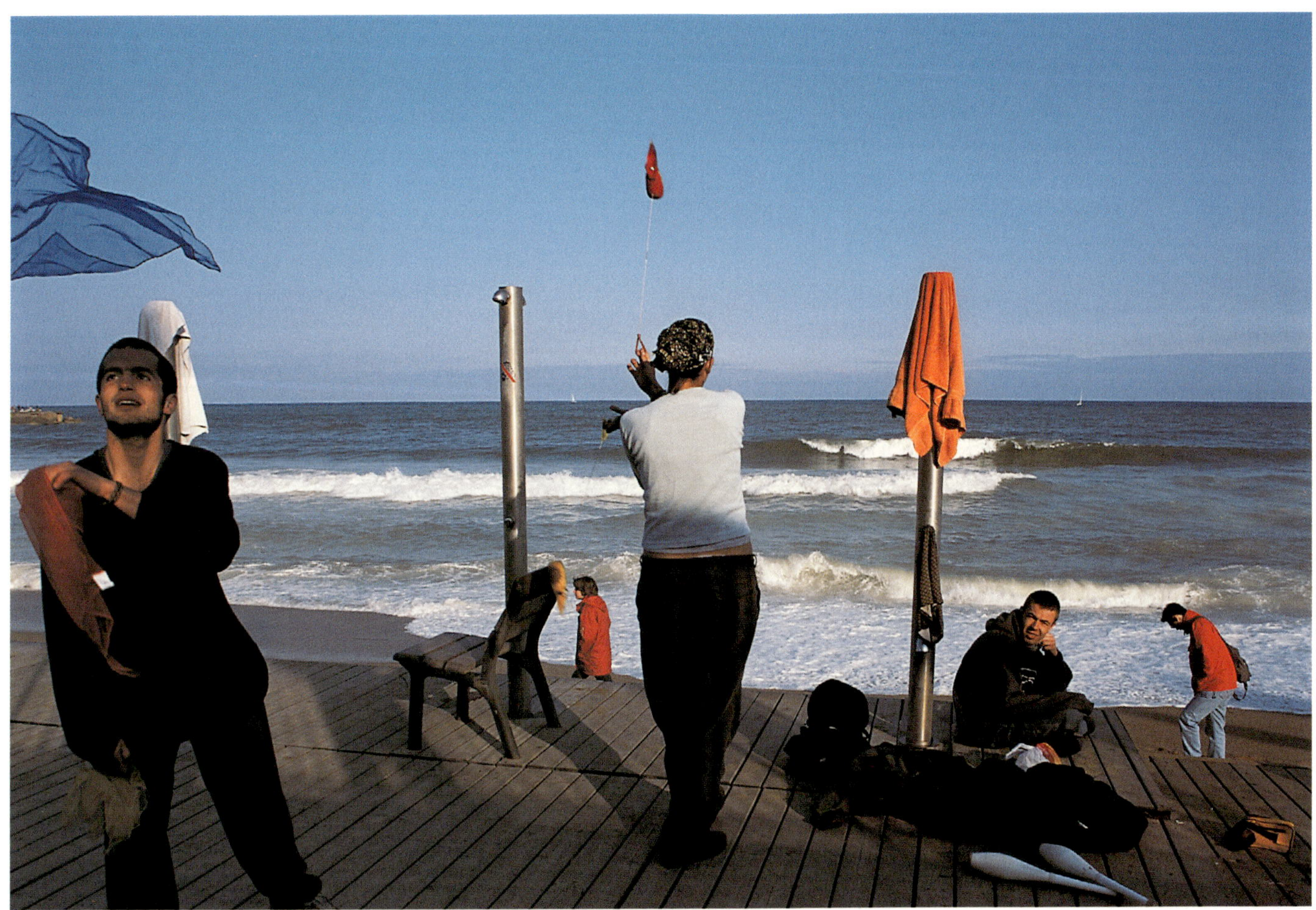

Barcelona 2002

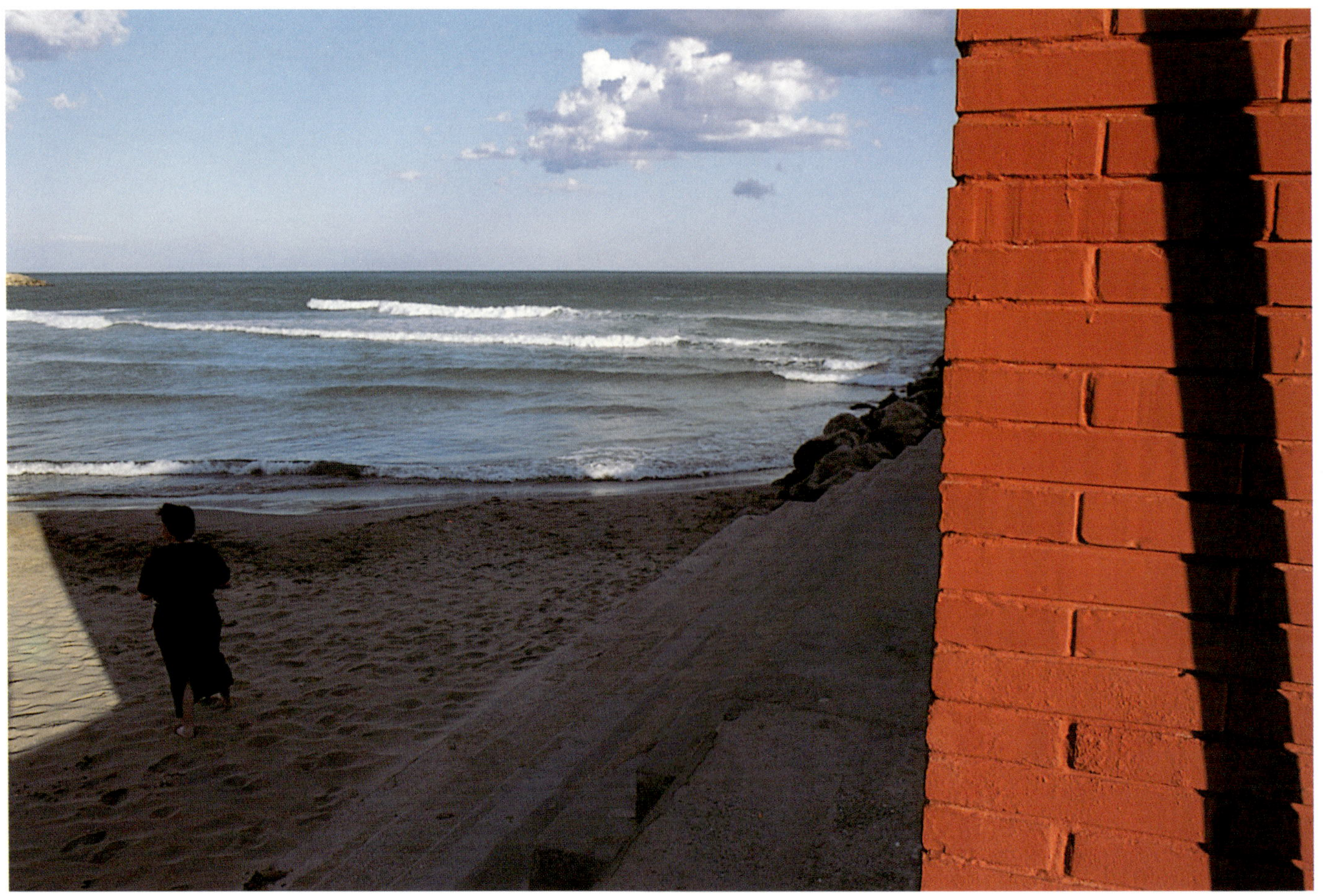

Siges 2000

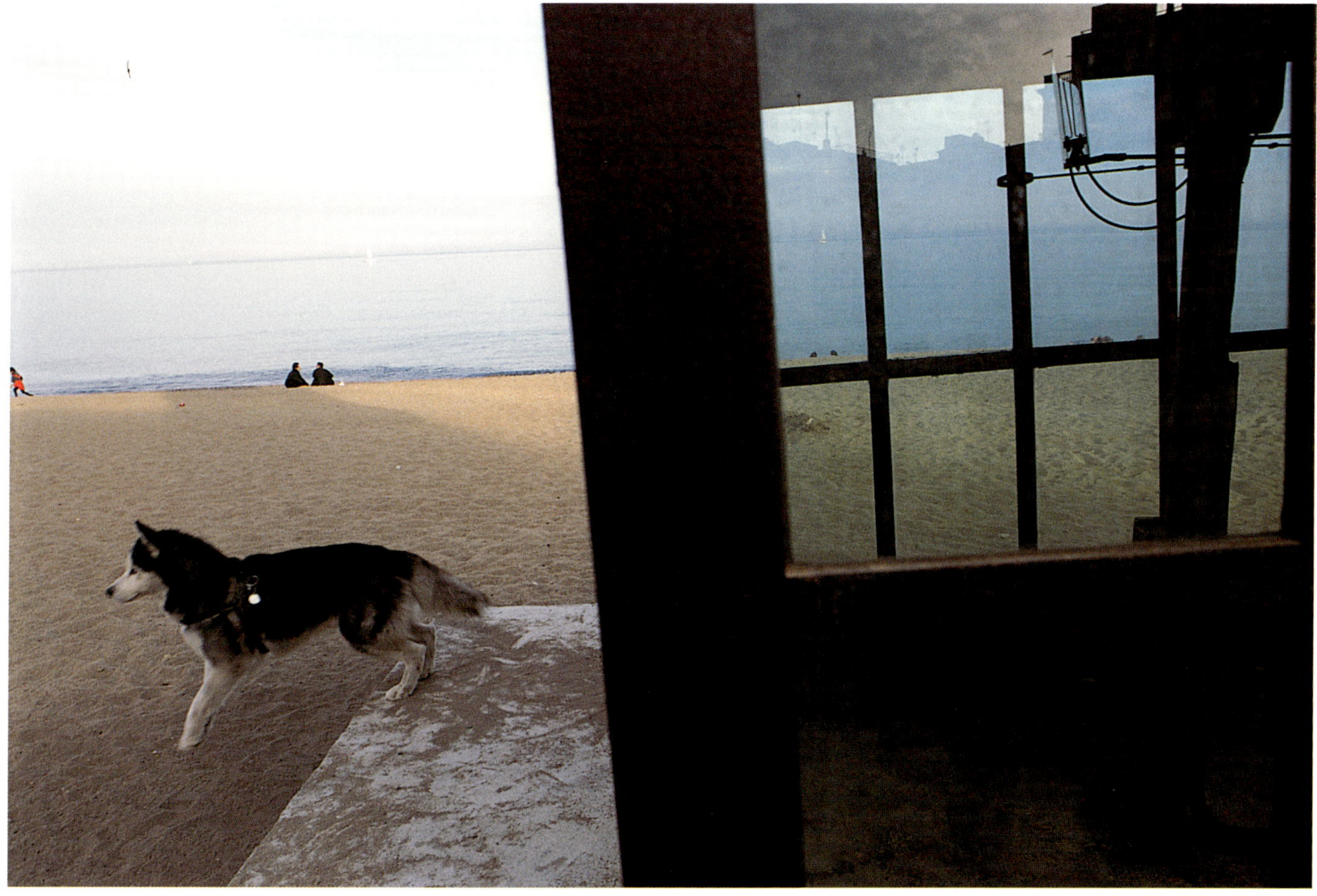

Barcelona 2000

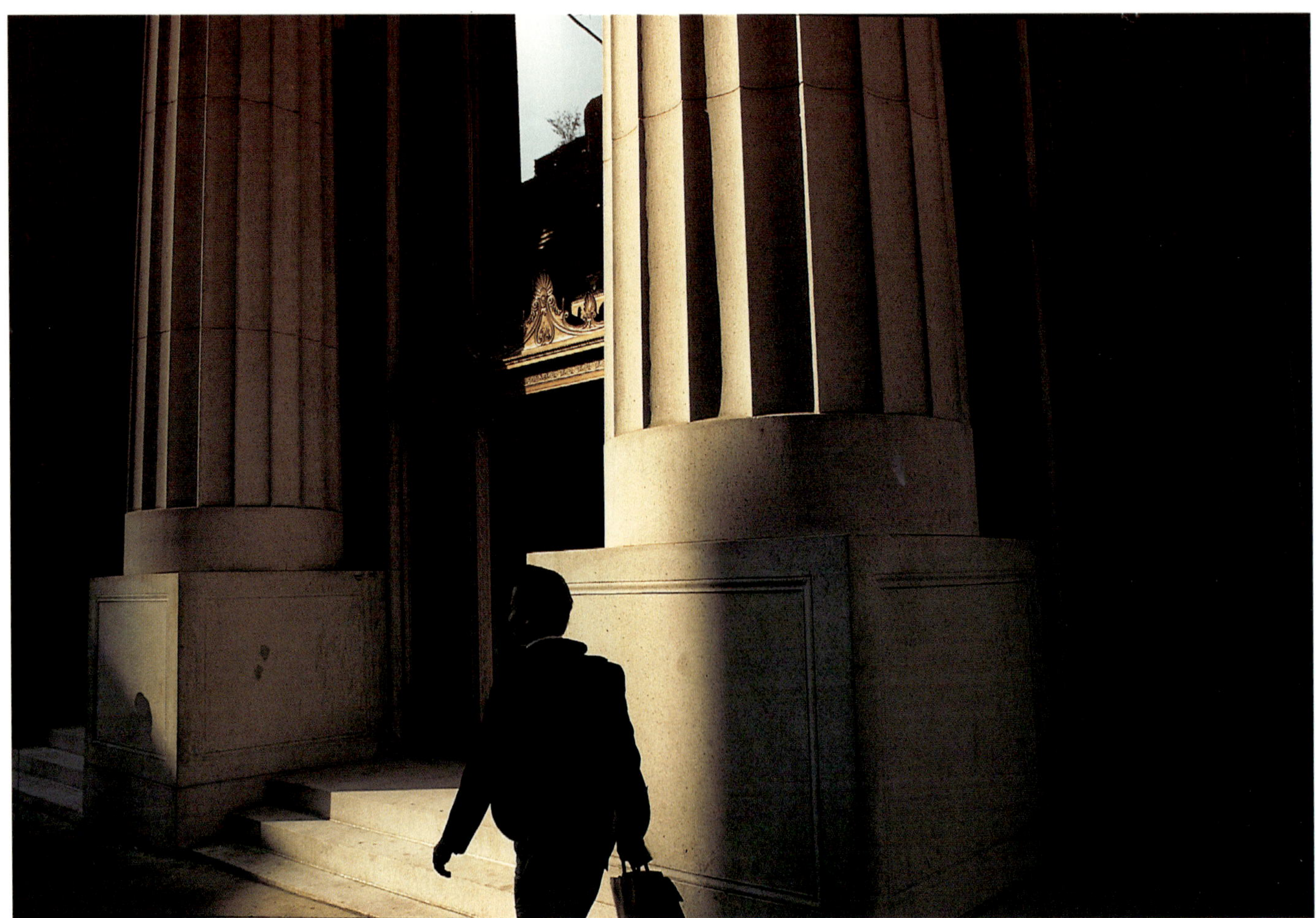

New York 1991

Literatura (výběr) / Literature (selection)

Zykmund, Václav (pseudonym Alena Šlachtová): Vladimír Birgus. Katalog, Galerie mladých, Brno 1976.

Klimpl, Petr: Vladimír Birgus. Československá fotografie, 1977, č. 4, s. 180-184.

Dufek, Antonín: Skupina Dokument. Československá fotografie, 1978, č. 11, s. 488-491.

Klimpl, Petr: Vladimír Birgus. Reflexions (Amsterdam), 1978, č. 12, s. 4-5.

Ihrke, Gerhard: Vladimír Birgus. Fotografie (Leipzig), 1979, č. 4, s. 145-193.

Zykmund, Václav (pseudonym Alena Nádvorníková): Cosi nevyslovitelného ve fotografiích Vladimíra Birguse. Revue Fotografie, 1980, č. 2, s. 36-39.

Zykmund, Václav: Vladimír Birgus. Fotoforum (Oslo), 1982, č. 3, s. 40-46.

Soller, Georg: Im Bild: lauter Gerechte. Fotomagazin (München), 1983, č. 7, s. 33-34.

Tesáková, Juliana: Fotografie Vladimíra Birgusa a Josefa Pokorného o súčasnosti. Výtvarníctvo-fotografia-film (Bratislava), 1984, č. 6, s. 13.

Hruška, Martin: Člověk na fotografiích Vladimíra Birguse. Československá fotografie, 1985, č.2, s. 68-76.

Kosińska, Barbara: Birgus, Maršálek, Friedlaender. Fotografia (Warszawa), 1985, č. 1, s. 18-22.

Van der Spek, Dirk: Vladimír Birgus. Focus (Amsterdam), 1985, č. 9, s. 24-29.

Zykmund, Václav (pseudonym Alena Nádvorníková): Vladimír Birgus. Reflexions (Amsterdam), 1985, č. 21, s. 4-5.

Auer, Michéle & Michel: Photographers Encyclopaedia International 1839 to the Present. Camera Obscura, Hermance / Genéve 1985.

Dufek, Antonín: Vladimír Birgus. In: Černobílá fotografie. Odeon, Praha 1987, s. 110-111.

Šmok, Ján: Irgend etwas Unausgesprochenes – Fotografíen von Vladimír Birgus. Fotografie (Leipzig), 1988, č.12, s. 448-455.

Dufek, Antonín: Dokument. Vladimír Birgus, Petr Klimpl, Josef Pokorný. Katalog, Dům umění města Brna, Brno 1988.

Kosińská, Barbara: Fotografia jako czubek góry lodowej. Rozmowa s Vladimirem Birgusem. Foto (Warszawa), 1989, č. 1, s. 9-11.

Šolc, Ladislav: Fotografie Vladimíra Birguse. Revue Fotografie, 1989, č. 1, s. 50-57.

Timofejev, Valerij: Subjektivnyj fotodokument. Sovetskoje foto (Moskva), 1989, č. 11, s. 45-47.

Balajka, Petr: Vladimír Birgus. Foto Professional News (Chemnitz), 1991, č. 2, s. 19-21.

Zollner, Manfred: Vladimír Birgus-Lenins Lido. Fotomagazin (München), 1992, č. 4, s. 36-41.

Dufek, Antonín: Vladimír Birgus. In: Encyklopedie českých a slovenských fotografů. ASCO, Praha 1993, s. 30-31.

Hruška, Martin - Lacina, Jan: Barvosvět. Reflex (Praha), 1993, č. 4, s. 58-61.

Kdo je kdo v České republice 94 / 95. Modrý jezdec, Praha 1994, s. 46.

Šmok, Ján: Vladimír Birgus. In: Contemporary Photographers. St. James Press, Detroit & London 1995, s. 98-100.

Dictionary of International Biography. IBC, Cambridge 1996, s. 31.

Balajka, Petr: Vladimír Birgus. In: Nová encyklopedie českého výtvarného umění. Academia, Praha 1995, s. 70-71.

Silverio, Robert: Vladimír Birgus. In: Mesiac fotografie 1996 – Month of Photography 1996. Nadácia FOTOFO, Bratislava 1986, s. 32-35.

Volf, Petr: Vladimír Birgus - Cosi nevyslovitelného. Reflex (Praha), 1997, č. 15, s. 55.

Balajka, Petr – Šmok, Ján – Vojtěchovský, Miroslav: Vladimír Birgus. Katalog, Institut tvůrčí fotografie FPF SU, Opava 1997.

Vránová, Jana: Fotografie Vladimíra Birguse. Ateliér (Praha), 1997, č. 25, s. 7.

Vránová, Jana: Vladimír Birgus. Katalog, Galerie Caesar, Olomouc 1998.

Podestát, Václav: Vladimír Birgus: Niewyslowione / Unspoken. Katalog, Centrum Kultury Zamek, Poznań 2001.

Kosińska, Barbara: Wokól dokumentu: fotografie Vladimír Birgus. Pozytyw (Warszawa), 2001, č. 11, s. 48-49.

Zachorska, Izabela: Birgus na ulicy. Bez pretekstu (Poznań), 2001, č. 2.

Podestát, Václav: Coś niewyslowionego. O fotografii Vladimíra Birgusa. Kwartalnik Fotografia (Września), 2001, č. 6, s. 12-17.

Šmok, Ján: Vladimír Birgus – Fotografie 1976-1996. Katalog, Galeria Fotografii pf, Poznań 2001.

Stignějev, Valerij: Vladimír Birgus. Portfolio (Moskva), 2002, č. 2, s. 38-43.

Pospěch, Tomáš: Mlčenlivá řeč nevyslovitelného. Fotografie Magazín (Praha), 2002, č. 11, s. 17-22.

Podestát, Václav: Vladimír Birgus - Something Unspeakable. Imago (Bratislava), 2002, č. 14, s. 16-23.

Lubowicz, Elzbieta: Rzecy i cienie. Fotografia postartystyczna Vladimira Birgusa. Format (Wroclaw), 2002, č. 41, s. 71-73

Brudna, Denis: Vladimír Birgus. Etwas Unaussprechliches. Photonews (Hamburg), 2002, č. 11, s. 14-15.

Jsme rádi, že jsme mohli přispět ke vzniku
této vyjímečné publikace

Kodak Professional

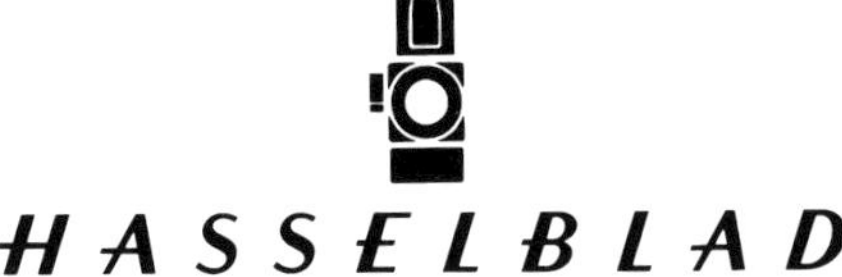

Vladimír Birgus
Cosi nevyslovitelného / Something Unspeakable

Koncepce a výběr fotografií / Concept and selection of photographs: Vladimír Birgus
Text / Text: Tomáš Pospěch
Překlad / Translation: Antonín Otáhal, Matthew S. Witkovsky
Grafická úprava / Graphic design: Otakar Karlas
Litografie / Lithography: FPS Repro
Tisk / Printed by: PROTISK České Budějovice
Vydavatel / Published by:
Nakladatelství KANT (Karel Kerlický), 2003
Kladenská 29, 160 00 Praha 6, Czech Republic
e-mail: kant@znet.cz

ISBN 80-86217-31-0